KB007397

두려움과의 대화

LIFE'S OPERATING MANUAL by Tom Shadyac
Copyright © 2013 by Tom Shadyac
Originally published in 2013 by Hay House Inc. USA
Korean translation © 2014 by Shanti Books
Korean translation rights are arranged with Hay House UK Ltd. through
Amo Agency Korea.
Tune into Hay House broadcasting at: www.hayhouseradio.com

이 책의 한국어판 저작권은 아모에이전시를 통해 저작권자와 독점 계약한 도서출판 샨티에 있습니다.
신 저작권법에 의해 한국 내에서 보호받는 저작물이므로 무단 전재와 무단 복제를 금합니다.

두려움과의 대화

2014년 3월 20일 초판 1쇄 발행. 2016년 3월 15일 초판 2쇄 발행. 톰 새디악이 쓰고, 추미란이 옮겼으며,
도서출판 샨티에서 이홍용과 박정은이 펴냅니다. 이근호가 본문 및 표지 디자인을 하였으며, 소연이 마
케팅을 합니다. 제판은 한국커뮤니케이션(주), 인쇄는 수이북스, 제본은 성화제책에서 하였습니다. 출
판사 등록일 및 등록번호는 2003. 2. 6. 제10-2567호이고, 주소는 서울시 마포구 성미산로16길 18, 전
화는 (02) 3143-6360, 팩스는 (02) 338-6360, 이메일은 shantibooks@naver.com입니다. 이 책의 ISBN
은 978-89-91075-88-7 03190이고, 정가는 16,000원입니다.

이 도서의 국립중앙도서관 출판시도서목록(CIP)은 e-CIP홈페이지(http://www.nl.go.kr/ecip)와 국가자료공동목록시스템(http://
www.nl.go.kr/kolisnet)에서 이용하실 수 있습니다. (CIP제어번호: CIP2014008526)

두려움과의 대화

톰 새디악 지음 · 추미란 옮김

【샨티】

차례

그를 구도자로 보지 마라……
그가 구하는 것이 무엇이든 그는 이미 그것이다.
　　　　—루미

머리말

마음속 신성神性의 루비 광산을 캐지도 못한 채…… 죽지는 마라.
—하피즈Hafiz

나는 25년 경력의 영화감독이자 스토리텔러이다. 그러니 스토리 하나로 시작해 보자……

영화 〈라이어 라이어Liar, Liar〉(짐 캐리 주연의 1997년작 코미디 영화—옮긴이)가 상영을 마친 직후인 1998년 6월, 나는 짐 캐리와 또다른 친구 한 명과 함께 알래스카에 가기로 결정했다. 자연 경관을 만끽하며 맑은 공기도 좀 마시고 사랑과 인생을 논하며 그 의미도 찾아보자는 취지였다. 그렇게 떠나 며칠째 모험을 즐기고 있을 때였다. 추가치 산맥 위를 높이 날던 무렵이었는데 우리의 부시 파일럿bush pilot(미개척지를 소형 비행기로 운행하는 파일럿—옮긴이)으로부터 근처 빙하에 발이 묶인 스무 명 정도의 도보 여행자들에게 휘발유를 배달하라는 무전 연락을 받았다. 그때 내 머릿속에 재미있는 생각이 떠올랐다. "이봐 짐, 자네가 배달해 주지 그래?" 짐이 그 시나리오가 불러올 즐거움을 감지하는 데는 단 1초도 걸리지 않았다. 아시다시피 우리가 있는 곳은 오지 중의 오지였다. 숙소에서 가장 가까운 포장도로도 300킬로미터 이상 떨어져 있었다. 그런 곳이라면 다른 인간을 만나는 것만도 행운인데, 세상에 '에이스 벤츄라Ace Ventura'(영화 〈에이스 벤츄라〉에서 동물을 찾아주는 사립 탐정. 짐 캐리 분—옮긴이)가 휘발유를 배달해 준다니! 그건 정말 상상도 못할 일 아닌가! 그런데 바로 그런 일이 이제 막 일어날 참이다. 파일럿이 동의했고, 우리는 기대감에 들떠 있었다.

얼마 안 가 비행기는 그 문제의 여행자들로부터 70미터 정도 떨어진 곳에 착륙했다. 짐이 휘발유 통을 손에 들고 비행기에서 내려, 짐 캐리가 오리라고는 전혀 상상도 못하고 있는 사람들 쪽으로 걸어갔다. 다음 순간 짐은 그 빨간 휘발유통을 높이 쳐드는가 싶더니 에이스 벤츄라 목소리로 말했다. "안녕, 나는 짐 캐리야! 당신들 휘발유 필요하다고 했지?" 나는 믿을 수 없다는 듯 입을 쩍 벌리고 쳐다보던 그 스무 명 여행자의 모습을 절대 잊을 수 없다. 짐은 휘발유통을 내려놓고 한마디 덧붙였다. "조금 있다가 톰 크루즈가 트레일 믹스trail mix(견과류와 말린 과일 등을 섞어 만든 강정 종류의 비상 식량—옮긴이)를 갖고 올 거야." 극적인 효과를 높이기 위해 짐은 영화에서처럼 발뒤꿈치에 힘을 주고 몸을 홱 돌려 비행기로 돌아왔다. 그리고 우리는 냉큼 그 자리를 떠났다. 너무 놀라 얼어붙은 사람들의 얼굴을 바라보며 미친 듯 웃어재끼면서 말이다. "알래스카 빙하의 자연 속으로 짐 캐리가 휘발유를 배달하러 오다니, 믿을 수가 없어!" 모두 그렇게 말하고 있는 듯했다.

이 책을 쓰고 있자니 내가 약간이나마 그때의 짐 캐리가 된 듯

하고, 독자들은 예상치 못한 일을 당한 그 도보 여행자들 같다는 생각이 든다. 아무리 봐도 나란 사람은 잘못된 세상을 뜯어고칠 메시지를 전달할 만한 사람 같지는 않으니까 말이다. 세상의 눈에 비친 나는 그저―〈에이스 벤츄라〉〈너티 프로페서〉〈라이어 라이어〉〈패치 아담스〉〈브루스 올마이티〉〈에반 올마이티〉 같은 영화를 만든―코미디 영화감독일 뿐, 도저히 이런 책을 쓸 사람으로는 보이지 않을 테니. 맞는 말이다. 사실은 그래서 다큐멘터리 영화 〈아이 엠〉을 만들고 또 지금 이 책을 쓰는 사이에 나는 거의 죽을 뻔한 경험을 해야 했다.

그렇다고 내가 진짜로 엄청난 죽을 고비를 넘겼다는 말은 아니다. 사실 홀마크 영화Hallmark movie(미국의 텔레비전 채널 '홀마크'에서 제공하는 영화. 주로 역경을 딛고 일어서는 내용의 감동적인 가족 영화를 상영한다―옮긴이) 정도의 가치도 없는 이야기다. 나는 그저 산악 바이크를 타다가 가벼운 뇌진탕을 겪었을 뿐이다. 그런데 그 뇌진탕의 징후들이 사라지기를 죽도록 거부한 게 문제였다. 바로 뇌진탕후증후군post-concussion syndrome(PCS)이라 알려진 현상에 시달리게 된 것이다. PCS는 주로 권투, 하키, 축구 선수나 모험을 즐기느라 머리를 자주 박곤 하는 나 같은 중년 남자가 걸리는 병이다.

당신이 뇌진탕을 한 번도 경험해 보지 않았다면, 분명히 말하겠는데 정말 괴롭다. 빛이나 소리에 매우 민감해지고 기분이 들쑥날쑥하는 것은 물론 머릿속에서 계속 요란한 종소리가 울려댄다. 한 달은커녕 하루도 견디기 힘든 고문이다. 그런데 나는 다섯 달이나 견뎠다. 그 고통이 얼마나 큰지 약간 설명해 보자면, 방송 사고 때

텔레비전 수상기에서 나오는 일정 톤의 삐~ 소리를 상상해 보기 바란다. 그런데 그 소리가 최고 수준으로 높아진다. 리모컨을 잡고 소리를 줄여보려 하지만 소용이 없다. 집 밖으로 나가려 해도 문이 밖에서 잠겨 있다. 그 소리 살육의 현장에서 벗어날 길은 없다. 어쩔 수 없이 자리에 앉아 그 생지옥을 견뎌보려 한다. 문제는 그 소리가 사라지지 않는다는 것이다. 꼬박 한 시간을, 한 주를, 한 달을, 아니 몇 달을 그렇게 빽빽 댄다. 그것이 내가 경험한 PCS였다.—창문에 등화관제용 커튼을 치고 침실 벽장 속에 들어가 완벽하게 고립되고 나서야 어느 정도 잠들 수 있었다.—그렇게 긴 몇 달을 보내고 났을 때 나는 아주 간단한 사실 하나를 깨달았다. 몸이 회복되지 않는다면 나는 그리 오래 못 살고 죽을 것이라는 깨달음이었다. "내 인생의 마지막 장을 지금 보고 있는 거야."

자신의 죽음에 직면하는 일만큼 엄청난 일도 없을 것이다. 죽을 수도 있다는 사실은 사람을 움직이게 한다. 죽음을 받아들이고 나자 이런 생각이 들었다. "너의 이야기를 하나도 말하지 않고 죽을 수는 없어. 진짜 네가 누군지 한 번도 말하지 않고 죽을 수는 없다고." 그 당시 나는 15년 넘게 내 삶을 바꿔오던 과정 속에 있었다. 집단 수면 상태에서 깨어나 세상에 대한 하나의 비전vision을 보기 시작했고 세상이 작동하는 방식을 깨달아가던 중이었다. 그리고 내가 이제 막 보기 시작한 세상의 비전과는 반대로 움직이던 우리 문화의 위선과 내 자신의 위선도 알아가던 중이었다. 그 문화란 토머스 머튼Thomas Merton(20세기 미국 로마 가톨릭교회의 작가. 1949년에 성직자로 서품되었다—옮긴이)이 말한 '물질주의의 살인적 소음' 속에 휩쓸려 제 길을 잃어버린 문화이다. 나는 그런 물질 과잉 문화 속에서 자랐고 그것의 공허한 매력에 현혹되어 제멋대로 행동했었다. 다행히도 지금은 소비가 아닌 자비의 마음을 회복하려고, 물질적 부가 아닌 참된 부를 추구하려고 노력하면서 비록 불완전할지라도 그 과거의 행동들을 되돌릴 수 있기를 희망하며 기도하고 있다. 삶의 은총 혹은 감히 말하자면 신의 은총* 덕분에 나는 새로운 관점을 찾을 수 있었다. 그러니까 이 책은 내 인생의 고백이자 지금 내 속에 있는 아이디어들에 대한 일종의 성명 발표인 셈이다. 우리가 모두 로봇처럼 발맞춰 좇아가고 있는 현재 문화의 비전이 아닌, 분명 삶을 더 단순하고 더 깊고 더 풍요롭게 만드는 비전이 있다고 느끼는 모든 사람들에게 고하는 성명 발표 말이다.

그런데 우리의 그 알래스카 도보 여행자 친구들은 어떻게 되었을까? 우리는 그들을 지역 편의점에서 우연히 다시 만났는데, 말을 들어보니 영하의 날씨가 얼마나 추웠는지 뜻밖의 메신저가 선사한 놀라움은 휘발유의 유용함에 금방 묻혀버렸다고 한다. 이 책에서도 어쩌면 그럴지 모르겠다. 톰 새디악이라는 이 뜻밖의 메신저에 대한 놀라움은 이 책이 제공하는 다른 연료 혹은 그 어떤 빛에, 그리고 지금부터 밝혀질 원칙들에 의해 곧 희미해질지도 모르

여기에서 '신'이라는 말을 선택한 이유는 미스터리, 원천, 창조자, 힘, 생명, 사랑, 혹은 거대한 전자Big Electron(미국의 유명 코미디언 조지 칼린이 말하는 높은 차원의 질서—옮긴이)를 떠올릴 때 내가 생각할 수 있는 가장 적합한 단어가 신이기 때문이다. '신'이라고 해서 특정 종교를 옹호한다는 뜻은 아니다. 왕좌에 앉아 심판을 하는 흰 수염 난 남자의 전형적인 이미지를 떠올리게 하려는 의도도 전혀 없다. 나는 '신'이라는 말을 통해 불가능한 일, 정의할 수 없는 것, 억제할 수 없는 신성의 불꽃—당신과 나 그리고 모든 살아있는 존재들 속에 있는, 절대 소진되지 않고 타오르는 불 등—을 조금이나마 설명하려는 것뿐이다. 당신이 머리로 이해하고 가슴으로 믿는 다른 더 편안한 단어나 표현이 있다면 부담 없이 대체하기 바란다.

겠다. 원칙들 속에서만 정도正道에서 벗어난 인류의 길을 바로잡고 우리 모두가 꿈꾸는 사랑과 친절과 자비가 가득한 세상이 탄생할 수 있기 때문이다. 세상과 세상의 문제에 대한 우리의 관점은 필요 이상으로 복잡하고 난해해져 버렸고, 우리는 지금 이 세상의 비애에 단체로 압도당해 그 조류를 바꾸는 일은 감히 생각도 못하고 있다. 전쟁, 기아, 집단 학살, 위기에 처한 환경 문제는 너무 어둡고 너무 큰 그림자라서 한 사람의 힘으로는, 그리고 간단한 아이디어나 개념만으로는 도저히 해결할 수 없을 것 같다. 하지만 이렇게 생각해 보자. 사실 진짜 문제는 전쟁, 기아, 집단 학살, 환경 문제가 아니라고 말이다. 그것들은, 밝혀지고 조명을 받으면 '해결될 수 있는', 더 깊고 고질적인 문제의 '징후들'일 뿐이라고.

지성이란 근본 원인을 밝혀낼 수 있는 능력이라고 한다. 이 책을 쓴 나의 의도가 바로 세상이 병든 근본 원인을 밝혀내고 그렇게 함으로써 그 해결책도 자연스럽게 찾아내며, 나아가 우리 모두에게 힘을 실어 앞으로 반드시 필요하게 될 교정 과정에 각자 맡은 역할을 다하게 하는 것이다.

경고

인생을 교정해 나아가는 열 단계를 알아보겠다고 이 책을 읽고 있다면 금방 실망할 것이다. 이 책은 열 단계가 아니라 한 단계에 관한 책이다. 한 단계란 간단하지만 의미 깊은 '원칙'을 이해하는 단계이다. 이 원칙을 진심으로 포용하고 구현할 때 모든 것이 바꿰게 될 것이다. 랠프 월도 에머슨Ralph Waldo Emerson도 그 원칙을 매우 잘 이해했다. 그 원칙에 대한 글을 쓰기 위해 그는 유니테리언(반삼위일체적 개신교—옮긴이)의 목사직을 그만두었고, 하버드대에서 그 원칙을 언급했다가 30년 동안 다시는 그곳에 초대되지 못했다. 본질만 뽑아내 보면 그가 말하고 쓴 것은 사실 모두 그 원칙에 관한 것이다. 간디의 글, 마틴 루터 킹 주니어의 연설, 노자老子의 가르침, 루미의 시도 마찬가지다. 그 원칙은 시공간을 초월하고 문화적·교육적·종교적 구분도 초월한다. 그리고 당신의 심장에 무한한 이해의 화살을 쏠 수도 있다. 부처란 현명한 자가 아니라 깨어난 자를 가리킨다는 것을 기억하기 바란다. 이 책이 바라는 것이 그런 깨달음이다. 나는 이 책으로 그 원칙을 가장 간결하고 가장 강력하고 가장 완벽한 그 자체로 드러낼 수 있기를 바라고, 따라서 독자들이 깨어날 수 있기를 바란다.

몇 년 전 버지니아 주 샬롯스빌 시에서 노숙자 쉼터를 마련하는 일을 도운 적이 있다. 우리의 노력이 저항에 부딪혔을 때 나는 노숙자 중 한 명인 찰리 우즈에게 인내를 부탁하며 이렇게 말했다. "찰리, 우리는 이 지역 사람들에게 노숙자들이 처한 상황을 이해시키려고 최선을 다하고 있어요." 그러자 찰리가 대답했다. "사람들은 너무 오랫동안 이해만 하고 있어요. 이제 그만 이해를 끝낼 필요가 있어요." 세상의 잘못과 그 잘못을 바로잡는 문제에 관해서라면 나는 찰리 편에 설 수밖에 없다. 우리는 너무 오랫동안 이해만 하고 있다. 이 책은 이해를 끝내기 위한 나의 시도이다.

서론 내 안의 늑대 두 마리

정말로 진리를 추구한다면, 살면서 한 번은
가능한 모든 것을 의심해 볼 필요가 있다.
—데카르트

〈스타워즈〉에서 〈트랜스포머〉까지 오늘날의 영화 산업은 선과
악, 빛과 어둠, 천사와 악마 사이의 끝나지 않는 싸움에 대한 옛 선
조들의 이야기에 큰 빚을 지고 있다. 나는 특히 아메리카 원주민
사이에 잘 알려진 두 마리 늑대 이야기를 좋아한다. 그 두 마리 늑
대는 우리 안에 살고 있는데 우리 삶을 장악하기 위해 서로 죽일
듯이 싸운다. 그 중 두려움으로 가득한 늑대는 늘 화, 에고, 시샘,
탐욕, 분노, 거짓말 쪽을 향해 간다. 다른 쪽, 진리로 가득한 늑대
는 감사, 친절, 사랑, 기쁨, 자비, 동정 속에서 살아간다. 나는 내 두
려움의 늑대가 고함치며 던져주는 고약한 충고들을 참 오랫동안
들어왔다. "맞춰 살아! 평지풍파 따위는 일으키지 말라고! 시키는
대로 해!" 하지만 비록 시간은 걸렸지만 고맙게도 내 진리의 늑대
가 그 자명한 지혜를 속삭이며 망상으로 가득한 쌍둥이 늑대의 어
두운 외침을 잠재우더니 결국 그 위로 올라섰다. "진리를 찾아! 가

슴이 하는 말을 따라! 놓아줘!" 그러니 나의 내면에서 싸우고 있
는 그 두 목소리—간단히 말해 두려움과 진리—사이의 대화가 이
책의 상당 부분을 차지하는 것도 그리 이상하지는 않을 것이다.

　이슬람교의 수피 수행자들은 신성에 접근하는 데 세 가지 방
법이 있다고 믿었다. 첫째가 기도이고, 기도보다 한 단계 높은 것
이 명상이며, 명상보다 한 단계 높은 것이 대화이다. 나는 그런 수
피의 가르침을 마음으로 받아들인 후 이 책의 독특한 구성을 완
성했다. 각 장은 먼저 더 친절하고 더 자비가 넘치는 세상을 만드
는 과정에서 개인과 사회가 직면하는 여러 문제에 대한 나의 생각
을 짧은 에세이 형식으로 들려줄 것이다. 다음으로는 나의 가정假
定과 그 가정의 실제 적용을 놓고 두려움과 진리 사이에서 오가는
대화가 이어질 것이다. 강의를 하고 질의응답 시간을 갖는 일반적
인 수업 형태와 그리 다르지 않다. 딱 하나 다른 점이라면 대화에
참여하는 두려움과 진리의 목소리가 둘 다 나의 것이라는 점이다.
이 점이 사실 매우 크게 다가올 것이다! 나의 두려움이 나의 진리
에 도전하는 것이니까.

　두려움과 진리의 대화가 천사와 악마 사이의 대화는 아님을 알
아주기 바란다. 두려움이 나쁜 것도, 진리가 좋은 것도 아니다. 두
려움은 단순히 존재할 뿐이고, 앞으로 보게 되겠지만 두려움도 나
름의 자리와 목적을 갖고 있다. 덧붙여 이 책에서의 두려움과 진
리의 목소리가 모든 사람의 두려움과 진리의 목소리는 아니란 것
도 알아주기 바란다. 여기서의 '두려움'은 내 안에 존재했고 또 존
재하고 있는 목소리이다. 나는 다만 내 안의 두려움이 여러분 안

의 두려움을 떠올리고 인식하는 데 도움이 되기를 바랄 뿐이다. 여기서 진리란 단순히 신, 근원, 삶이 현재의 나를 통해서 작동하고 있는 방식을 말한다. 나는 모든 종류의 두려움을 다 말하는 것도 아니고, 모든 진리를 다 알며 진리 외에는 아무것도 모른다고 주장하는 것도 아니지만, 움켜잡고 있을 때 생기는 두려움과 그것을 놓아주는 법을 알 때 깨닫게 되는 진리, 이 두 가지만큼은 잘 알게 되었다.

나는 영화감독 일의 8할이 '놓아주기'임을 발견했다. 당신은 "감독들이란 확실히 완벽주의자에다가 만사를 자기 뜻대로 하려고 들어요"라고 말할지도 모르겠다. 하지만 최고의 감독은 간단히 말해 잘 들어주는 사람이다. 우리가 한 발 비켜서면 창조적인 아이디어들이 터져 나오게 되어 있다. 물은 흐르는데 억지로 강기슭에 붙어 있고 싶을 때, 성과를 내고 결과를 따지고 나아가 삶을 통제하고 싶을 때 두려움이 찾아온다. 물을 거슬러 올라가고 싶을 때 두려움이 찾아온다. 부여잡은 것을 풀어주고 결과에 연연하지 않으며 삶이 제대로 흘러가고 있다고 믿을 때 진리가 찾아온다. 나는 앞으로 나올 대화들로 독자들이 강기슭에서 나뭇가지를 꼭 붙잡고 있던 팔의 힘을 조금은 더 쉽게 풀고 강물의 흐름에 지금보다 더 몸을 맡길 수 있게 되기를 바란다.

서로 싸우는 두 마리 늑대에 대한 아메리카 원주민 신화로 되돌아가 보자. "어느 늑대가 이겼나요?" 당신은 이렇게 질문할지도 모르겠다. "두려움 늑대? 아니면 진리 늑대?" 대답은 간단하다. "당신이 먹이를 주는 쪽이 이깁니다……"

앞으로 등장하는 대화들이 당신의 진리 쪽에 먹이를 줌으로써 당신이 진리 속으로, 당신 가슴속으로 걸어가도록 돕고, 그리하여 마침내 당신이 모든 것의 가슴the Heart of All 속으로 걸어 들어갈 수 있기를 바란다.

다음은 하나의 샘플 대화로, 잘못된 세상에 대한 나의 생각을 써보겠다는 의도를 이 책의 머리말에서 천명할 때 내 안에서 벌어진 것들이다.

두려움 그러니까 책을 쓰겠다고? 흠! 개나 소나 책을 쓴다는군.

진리 개나 소는 내가 알 바 아니야. 그런 걱정은 네 소관이지.

두려움 하지만 네가 글쓰기에 대해 뭘 알아? 너는 코미디 영화감독일 뿐이잖아.

진리 코미디 영화감독이 나의 전부는 아니야.

두려움 하기야 글도 쓰고 강연도 하긴 하지.

진리 그런 일들은 내가 하는 일들이야. 그것들이 나는 아니지.

두려움 그렇다면 너는 누군데?

진리 그게 이 책의 주제야. 우리 모두 대답해야 하는 하나의 질문, "너는 누구인가?"

두려움 그러니까 네가 그 주제에 대해 특별히 새롭게 할 말이라도 있다는 거야?

진리 중요한 건 새로운 게 아니야. 어차피 전에도 다 말해졌던 것들이니까. 수십억 년 동안 말이야.

두려움 수십억 년? 인간이 말하기 시작한 건 10만 년 전부터라고! 이것 봐! 이렇게 무식한데 어떻게 글을 쓰겠냐고?

진리 말이 인간에게만 한정된 것이라고 봐? 별들도 말하지 않나? 태양도 찬미를 하지 않나?

두려움 그들이 우리처럼 말하지는 않지.

진리 우리보다 더 잘 말할지도 몰라. 토머스 머튼도 그렇게 믿었지.

두려움 그 수도자 말이야? 그는 침묵하며 살았어. 그 사람이 말에 대해 뭘 알아?

진리 그는 나무들 사이에서 신의 말을 들었어.

두려움 그렇다면 제 정신이 아닌 거지.

진리 바로 그거야. 그는 제 정신mind이 아니었고 제 가슴heart이었던 거지.

두려움 그런 말이 아니잖아! 〈에이스 벤츄라〉 감독이 무슨 권리로 사람들에게 살아가는 법 따위를 말할 수 있다는 거지?

진리 그럴 권리는 없어. 나는 사람들에게 살아가는 방법 같은 건 절대 말하고 싶지 않아. 그냥 내가 아는 것을 나누고 싶은 거지.

두려움 하지만 너는 사람들이 바뀌길 바라고 있잖아. 인정해!

진리 나는 하나의 시각을 보여주고 싶을 뿐이야. 그 다음 일은 내 소관이 아니야.

두려움 좋아! 어차피 사람들은 바뀌지 않을 테니. 심지어 너희 종교인들조차 인간이란 흠 있는 존재라고 하지. 타락했다고도 하고 말이야.

진리 사람들은 타락한 게 아니야. 그냥 잊어버린 거지.

두려움 잊어버려? 뭘?

진리 진짜 자기가 누구인지.

두려움 또 그 얘기! 그것 외에는 질문할 게 없는 거야? 좋아, 책을 써. 하지만 나도 가만히 있지는 않을 거야. 나도 내 생각을 말할 거라고.

진리 확실히 너는 '가슴의 느낌'이 아니라 '머리에 있는 생각'을 말하겠지.

두려움 그게 뭐 어쨌다는 거지? 생각이 우리를 특별하게 하잖아. 데카르트도 말했어. "나는 생각한다, 고로 존재한다"라고.

진리 나는 "나는 존재한다, 고로 생각한다"라고 말하겠어.

두려움 헷갈리는군. 이 일로 대체 뭘 얻고 싶은 거지?

진리 그런 것 없어. 나는 이미 다 얻었는걸.

두려움 흠! "예수님이 구원의 은총을 내려주셨다"며 열변을 토하는 기독교도 같은 말이군.

진리 아! 그 문제라면, 이 책은 기독교나 여타 종교들과는 아무 상관도 없다는 걸 말해둘게. 이 책은 단지 대답을 찾아보자는 거야. 무엇에 대한 대답이냐면……

두려움 알아, 알아! 알고 있다고! "네가 누구냐?"에 대한 대답이 잖아.

진리 그래, 바로 그거, "너는 누구인가?" 우리 같이 한번 그 대답을 찾아볼까?

망가진 세상

인류가 살아남으려면 새로운 종류의 사고가 필요하다.
— 아인슈타인

나는 오랫동안 내 절친(절친한 친구의 줄임말—옮긴이)들은 다 죽었다고 말해왔다. 나에게 절친이란 나와 오랜 시간을 함께한 사람들, 내 영혼에 빛을 쏟아 부어준 사람들, 나의 진짜 정체성을 인식한 사람들이다. 그들의 말과 생각과 행동에서 얻은 영감 덕분에 나는 사랑과 이해의 새로운 고지로 나아갈 수 있었다. 물론 나는 예수, 간디, 노자, 에머슨, 헨리 데이비드 소로, 하피즈, 루미, 칼릴 지브란, 토머스 머튼, 아시시의 성 프란체스코, 라이너 마리아 릴케, 마틴 루터 킹 같은 급진적이고 자유로운 영혼의 소유자들을 말하는 것이다. 그런데 이 성자 성인의 장송 목록에 들어가지 않는 예외의 절친이 한 명 더 있다. 바로 퓰리처상 수상 시인으로, 멀쩡히 살아있는 메리 올리버Mary Oliver다. 2007년에 나는 그녀와 대화를 나눌 황금 같은 기회를 잡을 수 있었다. 다음은 그때 이야기다.

연예계, 더 크게 예술계는 사교 나이트클럽과 별반 다르지 않다.

우리는 만나서 밥만 먹는 게 아니라 동시에 일상적인 대화도 나누고 기술도 공유하고 서로 배우기도 하고 같이 일할 수 있을지 가능성을 타진하기도 한다. 하지만 메리로 말할 것 같으면, 나는 그녀가 내뿜는 빛을 좀 쐬어봤음 좋겠다는 바람 하나로 몇 년 동안 그녀와 만나려고 호시탐탐 기회를 노리고 있었다. 오랫동안 그녀가 쓴 시 덕분에 나의 영혼이 살아 움직일 수 있었기 때문이다. 그녀는 하찮은 것 속에서 영혼의 아름다움을 감지해 낸다. 아니, 더 정확히 말하면 풀잎이나 돌 같은 유독 하찮은 것들 속에서 전깃불 같은 빛과 덕성德性을 찾아낸다! 그러던 중 처음 접촉을 시도한 것이 허사가 되어버렸고—'내 스태프'들에게 시켜 '그녀의 스태프'들에게 전화를 걸게 하는 큰 실수를 범하고 말았다. '성자'와 연락을 취하려면 적어도 그렇게 해서는 안 된다—다시 두 해가 흘러갔다.

그러던 어느 날 친구 한 명이 나쁜 소식을 전해주었다. 메리 올리버가 재정적인 문제로 힘들어서 사는 집을 처분해야 하는 상황에 이르렀다는 것이었다. 나는 당시 메리가 47년을 함께한 일생의 동반자를 힘든 암 투병 끝에 떠나보낸 상태라는 것을 잘 알고 있던 터라 혹시나 그것이 메리가 처한 곤경의 원인이 아닐까 추정했다. 그 이유가 무엇이든 간에 나로서는 받아들일 수 없는 사태였다. 메리 올리버는 나에게 소중한 사람이었고, 그녀의 글과 예술과 영혼은 매우 많은 사람에게 매우 큰 일을 하고 있었다. 나는 도움이 될 수 있는 일이라면 뭐든 해야 했다. 그 즉시 그녀의 스케줄 담당자에게 전화를 걸어 내 생각을 전달했다. 그는 메리가 처한 곤경에 대해 전혀 모르고 있었고, 상황을 알아보고 난 뒤에 연락해 주겠다고 했다. 그리고 5분 후 나에게 전화를 걸어온 사람은 다름 아니라 메리 본인이었다.

그녀는 재정적인 문제는 없다면서 내 친절에 감사를 표했다. 그리고 우리는 그녀의 작품에 대해 간단한 대화를 주고받았다. 나는 영감으로 가득한 그녀의 시가 내 삶에 깊은 영향을 주었다고 말했다. 막 통화를 끝내려던 참에 그녀가 전혀 예기치 않은 말을 했다. "세상은 망가졌어요, 톰. 당신도 알고 있지요?" 그 말이 나를 멈춰 세웠다. 그 간단하고 직접적인, 확신에 찬 두 문장에 마음이 매우 아파왔다. 그 말이 새로워서가 아니라 이미 알고 있는, 오랫동안 내 마음속에서 부글부글 끓고 있던 진실이라서였다. "세상은 망가졌어요, 톰. 당신도 알고 있지요?" 나도 분명코 알고 있었다. 우리 중에도 알고 있는 사람이 많다. 우리가 보는 주변 세상은 전쟁, 집단 학살, 기아, 불평등, 환경 파괴 같은 문제 속에 빠져 있다. 그런 파멸을 부르는, 계속해서 되풀이되는 경향 모두가 뭔가가 매우 잘못되어 있음을 말하고 있다.

무엇일까? 정확하게 무엇이 잘못된 것일까? 인류는 불량품이라서 자신과 자연 모두를 파괴할 운명인 것일까? 이 폭력적이고 공격적이고 이기적인 경향들이 정말 우리의 모습일까? 혹시 우리가 뭔가를 놓치고 있지는 않을까? 망가진 세상을 더없이 행복한 세상으로 바꾸어줄 어떤 아이디어나 관점 같은 것 말이다.

대화 1

두려움   메리 올리버, 또 다른 몽상가. 그녀의 시는 야망조차 회의
하더군.

진리   맞아, 아주 멋진 생각이었지. 인용해 보자면 이래.

"갑자기 들판 끝에서 나타나
확신에 가득 찬 날카로운 눈으로 나를 응시하는 저 여우,
야망이 저 여우가 준 것보다 더한 것을 나에게 줄 수 있을까?"

두려움   메리는 들판의 여우처럼 되고 싶은 건가? 겨우 여우?

진리   현재의 순간에 열린 마음으로 집중하는 들판의 여우보다 더
대단한 것이 뭐지? 여우는 자신에게 아주 만족하고 있잖아?

두려움   만족이라니, 너무 과대평가한 거야. 자신에게 만족한다면
너는 야망이 없는 거야. 학교에서는 아이들에게 야망을 가르치
지. 그래야 행동할 수 있고, 세상에서 뭔가도 할 수 있으니까.

진리   그렇다면 너는 아이들이 어떤 야망을 갖기를 바라지?

두려움   뭐든, 전부 다.

진리   그러니까 야망은 그 자체로 좋다는 거지? 네가 좋다고 믿는
과학 기술처럼?

두려움   과학 기술이 어때서? 그것의 이점을 부인할 수는 없어!

진리   과학 기술은 좋지 않아. 그리고 나쁘지도 않아. 그 자체는 중
성적이지. 우리는 똑같이 휴대폰을 쓰면서 사랑을 전할 수도 있
고 자동차를 폭파시킬 수도 있어. '생각의 자유로운 교환을 허락

한 기술'(인터넷을 가리킴—옮긴이)이 그대로 괴롭힘과 따돌림에 이용될 수도 있고.

두려움 기술은 생명을 구해! 세상 사람들을 연결하지! 문명을 발전시켜!

진리 아! 그래, 그 문명. 그놈의 문명 때문에 인간은 결국 죽게 될 거야.

두려움 지긋지긋한 감상, 그런 것 따위는 집어치워. 에머슨이 그런 말을 했지. 하지만 그는 틀렸어. 문명이 인류를 구했잖아.

진리 현재의 문명을 뒷받침하는 인류의 사고방식이 변하지 않는다면 이 문명과 함께 인류는 사라지고 말 거야.

두려움 현재 인류의 사고방식이 어떤데?

진리 야망과 아주 깊이 관련된 사고방식이지.

두려움 믿을 수가 없군! 지금까지 발명, 창조, 제작된 모든 것은 누군가의 야망 덕분이었어! 왜 그 점을 보지 못하는 거지?

진리 예수도 야망을 갖고 있었을까?

두려움 그럼.

진리 무엇에 대한 야망?

두려움 모르지. 제자를 많이 거느리고 싶었을까? 낯간지럽지만, 사랑을 퍼뜨리고 싶어서?

진리 그렇다면 간디는?

두려움 간디는 정치적으로 인도를 통일시키겠다는 야망이 있었지.

진리 모든 인류의 통합에 대한 야망이었겠지.

두려움 그래서 뭐? 왜 갑자기 퀴즈를 내고 그래?

진리 왜냐하면 문제는 "야망을 갖고 있느냐"가 아니라 "무엇에 야망을 갖고 있느냐"이기 때문이야. 개인적인 획득, 돈, 권력, 명성, 영광, 물질적 소유에 대한 야망을 갖고 있다면 그것을 좋은 것이라고만 볼 수 있을까?

두려움 예로 드는 것들이 다 너무 부정적이군. 긍정적인 야망도 있잖아? 예를 들어 젊은이가 대통령이 되려 한다든지……

진리 어째서 그런 야망이 긍정적이라는 거야? 그게 왜 좋은데?

두려움 '미국'의 대통령이야. 그런 나라의 대통령이 되려 한다고!

진리 그건 내 질문에 대한 대답이 아니잖아. 너는 그 청년이 대통령이 되고 싶다고만 했지 '왜' 대통령이 되고 싶은지는 말하지 않았어.

두려움 그게 중요해? 대통령은 세상에서 제일 강한 자리라고!

진리 대통령이 세상에서 가장 강한 건 아니야. 사랑과 감사로 아이를 키우는 여성도 힘이 그보다 더하면 더했지 못하지는 않아.

두려움 말도 안 돼. 미국의 대통령은 수백만 명의 인생에 영향을 줄 수 있어.

진리 사랑으로 자란 아이도 그래.

두려움 그 아이는 우리를 전쟁터로 보낼 수 없어.

진리 전쟁을 묵인할 수도 있고 거부할 수도 있어. 힘은 양쪽 모두에 있지.

두려움 하지만 그래도 대통령보다 힘이 더 큰 것은 없어.

진리 너는 눈이 멀었어. 요즘 세상의 많은 사람들처럼 너도 모든 것을 오직 크기로만 보려고 해. 강력하고 효과가 크려면 뭐든 커야 한다고 믿고 있지. 그건 크기를 우상 숭배하는 거야. 그건 독이고 거짓말이야.

두려움 그게 대통령이 되고 싶은 아이와 무슨 상관이지?

진리 너는 야망을 긍정적인 것으로 보고 있어. 특히 아이가 대통령만큼 높은 자리에 올라가겠다는 정도의 야망을 가져야 제일 좋다는 식으로. 하지만 아이의 그런 야망이 권력에 대한 야망이라면 그 대통령이라는 자리는 절대 높은 자리가 아니야. 오히려 웅덩이에 빠진 격이지. 게다가 그런 사람은 우리 모두를 파괴할 사고방식의 소유자일 뿐이야.

두려움 그런 사고방식이 누군가를 파괴할지 아닐지는 너도 모르는 일이야.

진리 이미 수없이 파괴했는걸? 역사는 자각awareness을 선택하지 않고 야망을 선택한 문명들이 소멸해 온 이야기로 가득해. 자연이 작용하는 방식은 그렇지 않아. 또 자연을 번성하게 만드는 방식도 그렇지 않고.

두려움 자연이라, 그러니까 우리는 다시 메리 올리버로 돌아왔군.

진리 그래, 그 들판의 여우로 돌아왔어.

두려움 야망 없는 여우.

진리 진실한 야망만을 갖고 있는 여우.

두려움 그게 뭔데?

진리 원래의 자신으로 존재하는 것.

우리 시대의 위기

우리 사이의 심연을 건너지 못한다면 달 정복이 무슨 소용인가?
—토머스 머튼

　다음 그래프는 17만 5천 년 동안의 인류 역사를 어림셈으로 표시한 것이다. 검은 실선은 기본적으로 같은 양상을 보이는 인구 증가, 기술 발달, 환경 파괴(삼림 파괴, 종의 멸종, 탄소 배출, 공기·해양·식수 오염 등)의 궤적이다.

　인류의 기원부터 1800년까지는 검은 실선이 아주 천천히 단계적으로 상승하고 있다. 인구 증가가 믿을 수 없이 더뎌서 처음으로 10억 명이 될 때까지 17만 4,800년이나 걸렸다.*

　사실 예수가 살았던 2천 년 전만 해도 지구상의 인구는 2억 5천만 명 정도였다. 그런데 1800년 이후에 무슨 일이 일어났는지 보자. 10억 인구에 다시 10억이 더해지는 데 123년밖에 걸리지 않았

―――　인류의 역사가 언제부터 시작되었는지는 정확하게 말하기 어렵다. 200만 년 전까지 거슬러 올라가 인류의 기원을 찾는 사람들도 있지만 17만 5천 년 전으로 보는 편이 좀 더 조심스러운 추정이다. 이 책에서는 그 좀 더 조심스러운 편에 서는 것이 적합할 듯하다.

고, 세 번째 10억이 더해지는 데는 단지 33년, 그리고 네 번째 10억이 더해지는 데는 단지 15년밖에 걸리지 않았다. 현재 지구의 인구는 70억을 기록하고 있고, 2027년이 되면 꽉 찬 80억이 될 것으로 보고 있다. 기술 발달 과정도 여지없이 똑같은 단계적 상승을 보여준다. 불의 발견에서 시작해 바퀴의 발명, 금속 제련 기술의 발달과 농경의 시작을 거쳐 마침내 활자 기술의 발명에까지 이르는 역사의 거의 전 시기 동안 인류의 기술은 천천히 점진적으로 발전해 왔다. 그런데 다시 1800년대 산업 혁명 시기를 보자. 여기서부터 전기의 발견, 증기 기관 발명, 전신, 전화, 자동차, 비행기, 우주선, 컴퓨터, 휴대폰, 인터넷의 등장과 함께 기술 발달이 급격한 상승 곡선을 타기 시작한다. 그리고 인구의 폭발적 증가와 혁명적 기술의 발달 탓에 환경 오염, 종의 멸종, 생태계 파괴, 탄소 배출이 심해지고, 자연히 인류가 지구에 대재난을 불러올 가능성

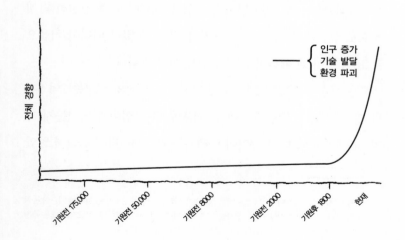

도 그만큼 커지게 되었다.

다음 두 번째 그래프—실제로 이런 그래프가 가능할까 싶지만—도 역시 어림셈이다. 회색 선은 지난 17만 5천 년의 인류 역사에서 도덕과 윤리의 흐름을 표시한 것이다.

물론 도덕성은 간단히 측정될 수 있는 것이 아니다. 여기 이 그래프는 지구상에 존재하는 하나의 종인 인류가 사랑과 자비와 평화와 조화를 향해 걸어간 전체적인 움직임 양상을 표시한 것이다. 물론 이런 시도는 확실히 한계가 있다. 하지만 인간 윤리의 경향을 아무리 합리적으로 평가한다고 해도 거기에는 함정이 있게 마련이다. 여기 이 그래프에서 우리는 기원전 2천 년 즈음부터 도덕성이 전반적으로 천천히 높아지기 시작했음을 볼 수 있다. 법전들이 편찬되었고, 노예 제도가 법적으로 마침내 폐지되었으며, 대부분의 나라에서 인종주의는 터부가 되었고, 성차별도 마찬가지 과

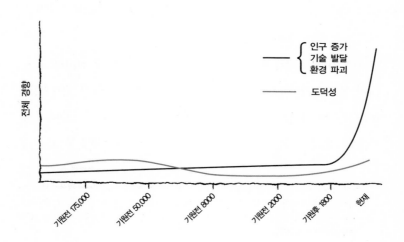

정을 겪었다. 여성들은 남성과 똑같은 권리를 갖기 위해 싸운 결과 정부의 고위직으로 진출을 많이 하게 되었다.* 하지만 여기서도 1800년 즈음 무슨 일이 벌어졌는지 살펴보자. 환경 파괴, 인구 증가, 기술 발달은 하늘 높이 치솟기 시작했지만 우리의 도덕과 윤리는 그에 부응하지 못하고 있다. 도덕성과 다른 요소들 사이의 간격이 점점 커져가는 것을 본 마틴 루터 킹 주니어는 1964년 노벨 평화상 수상 연설에서 다음과 같이 그 잠재적 위험성을 지적했다.

"과학 기술의 저 눈부신 발전과 끝 모를 전망에도 불구하고 현재 우리에게는 아주 기본적인 것이 빠져 있습니다. 우리는 윤택한 과학 기술 문명과는 너무나 대조적으로 일종의 영적 기아 상태에 처해 있습니다. 물질적으로 부유해질수록 도덕적·영적으로 가난해졌습니다. 우리는 새처럼 하늘을 날고 물고기처럼 바다를 헤엄치는 법을 배웠지만, 서로의 형제로서 함께 살아가는 법을 배우지는 못했습니다.…… 물질적으로 커진 힘은 영혼의 성장이 그만큼 뒤따르지 않을 경우 위험할 수밖에 없습니다."

나는 기술이 발달하고 인구가 증가한 만큼 도덕과 윤리가 성숙하지 못하고 있는 것이 우리 시대의 가장 큰 문제라고 생각한다. 메리 올리버가 상기시킨 '망가진 세상'과 마틴 루터 킹 주니어가 경고한 '우리의 무력한 윤리 속에 내재한 위험'에 대해 우리는 깊

왼쪽 축에서부터 시작되는 회색 선의 점진적인 상승은 초기 원주민 사회에서 도덕성이 매우 높았음을 보여준다. 많은 부족이 자연과의 합일unity과 하나됨oneness을 받아들였다. 합일과 하나됨의 이데올로기들은 기원전 8천 년경 농경 생활이 시작되면서 사라지거나 새로운 형태로 바뀌었다. 이 부분에 대해서는 뒤에 더 자세히 논할 것이다.

이 생각해 봐야 한다. 여기서 우리가 해야 할 질문은 "우리가 변할 수 있을까?"이다. "기술적 혁명만큼이나 극적이고 강력한 도덕적 혁명을 일으키려면 어떻게 해야 할까?" "왜 도덕성은 기술 발달 뒤에 그렇게 한참 뒤처져 있게 된 걸까?"

대화 2

두려움 그러니까 너는 혁명을 설파하겠다는 거야? 목표가 높은 줄은 알았지만 이제 보니 비현실적이기까지 하군.

진리 혁명이 불가능할 것 같아?

두려움 가능, 불가능을 논할 수도 없어. 이미 200년 전에 끝난 일이니까. 미국은 이미 혁명을 겪었어.

진리 미국 혁명은 혁명이 아니었어. 진정한 의미의 혁명은 아니었지.

두려움 미국 혁명이 혁명이 아니었다고? 소총을 들고 있던 군인들에게 그렇게 말해보시지. 길거리에서 환호하던 군중한테도 그렇게 말해보시고!

진리 진정한 혁명은 총이나 길거리에서의 환호 같은 것으로 시작하지 않아. 진정한 혁명은 침묵하는 내면으로부터 시작해.

두려움 흠, 아주 잘했어! 방금 독자들이 이 책을 덮어버렸네? 31페이지밖에 안 읽고!

진리 네가 말하는 혁명이 길의 방향을 확실히 한 번 바꾸긴 했지. 하지만 우리는 여전히 같은 길에 서 있어. 기업가들은 여전히 서로를 이용하거나 노예처럼 부려먹으려 하고. 정치인들은 여전히 정복을 꿈꾸고. 맞아, 미국은 더 이상 왕의 지배하에 있지는 않아. 하지만 여전히 그 왕을 지배한 무언가의 지배 아래 있지.

두려움 왕을 지배한 것이 뭔데?

진리 이 시대를 지배하는 것, 파괴적인 사고방식. 진정한 혁명은 훨씬 근본적이야. '근본적radical'이라는 말은 '뿌리'까지 바꾼다는 뜻인데, 우리는 아직 아무것도 그 뿌리까지 바꾸진 못했거든.

두려움 그렇다면 그 '뿌리'가 뭔지 말해봐. 진정한 혁명이 뭐라고 생각하는데?

진리 우리에게 필요한 일은 지구가 24시간 동안 한 바퀴 도는 것(원문에 쓰인 'revolution'이라는 단어에는 '회전'이라는 뜻과 '혁명'이라는 뜻이 함께 있다—옮긴이) 같은 일이야. 모든 것이 완전히 한 바퀴 돌게 만들어야 해.

두려움 어떻게? 어떻게 모든 것을 그렇게 만들 건데? 예를 들어 네가 이 시대의 문제라고 부르는 그 도덕적 간극을 어떻게 혁명적으로 메울 거지?

진리 그 도덕적 간극이 이 시대의 문제가 아니라 애초에 그 도덕적 간극을 야기한 사고방식이 이 시대의 문제야.

두려움 그리고 그 사고방식이 다른 모든 위기를 야기한 문제이고?

진리 그래.

두려움 그리고 그 사고방식이 전쟁을 일으켰고?

진리 그래.

두려움 집단 학살도?

진리 그래.

두려움 굶주림도?

진리 기아, 탐욕, 경제 위기, 부동산 경기 몰락, 급등하는 자살률, 환경 문제 등등…… 계속할까?

두려움 하지만 너의 그래프가 사실이라면 인간은 도덕적으로 전혀 진화하지 못한 것인데, 무슨 근거로 그런 인간이 네가 말하는 이 망가진 세상을 고칠 수 있다는 거지? 인류가 결함이 있고 부족하기 때문에 결국 세상이 이럴 수밖에 없는 것 아닐까? 역사를 보면 인간은 끊임없이 이기적인 행동을 해왔잖아?

진리 이런 위기가 똑같이 다른 모든 문화에서도 생겨났다면 어쩌면 네 말이 맞을지도 몰라. 그렇다면 역사의 모든 페이지들이 인간에게 유죄를 선고하겠지. 하지만 그렇지 않아. 서양 사람들이 들어가기 전 라다크에서는 아무도 가난하지 않았어. 우리가 말하는 가난이란 없었어. 부족 사회나 원주민 사회에서 집단 학살이란 말은 존재하지도 않았어. 칼라하리 사막의 산San 족 부시맨은 전쟁 무기 같은 건 한 번도 만들어본 적이 없어. 사람들이 본성상 결함이 있고 부족한 존재라면 왜 이 다른 문화의 사람들에게서는 우리가 오늘날 갖고 있는 문제들이 보이지 않는 거지?

두려움 그래서 너는 사람들이 변할 수 있다는 그런 이상주의 같은 생각을 하게 된 거야?

진리 사람들이 변할 수 없을 것 같아? 생각을 전환하고 행동을 바꾼 대중에 대한 사례들이 역사에 없는 것 같아?

두려움 있을지도. 하지만 드문 편이지.

진리 아니, 그런 예는 아주 많아. 한때 의사들은 전두엽 절제술이 정신 이상을 치료하는 데 도움이 된다고 생각했지? 너도 알고 있지?

두려움 물론이지, 1930~40년대 20년 동안 그 절제술이 주류를 이루며 곧잘 시술되곤 했지.

진리 하지만 지금 전두엽 절제술을 하는 경우는 거의 없어. 왜 그럴까?

두려움 그 시술로 얻을 수 있는 득보다 실이 많다는 것을 발견했으니까. 좋게 작용하지 않는다는 것을 안 거지.

진리 맞아. 좋게 작용하지 못했어. 그래서 사람들이 행동을 바꾼 거지. 담배의 역사도 봐봐. 처음 담배가 세상에 나왔을 때 사람들은 흡연이 긴장을 풀어주고 건강에도 좋다고 믿었어. 의사들도 환자에게 담배를 권했을 정도야. 하지만 그 후로 수백만의 사람들이 금연했지. 왜, 무엇이 그 많은 사람들로 하여금 그 강력한 담배의 중독에서 벗어나는 고통을 감행하게 했을까?

두려움 흡연이 암을 유발한다는 것을 발견했으니까. 담배가 우리를 죽일 수도 있다는 것을 안 거지.

진리 맞아. 그걸 알게 된 거지. 담배에 대한 작은 논쟁이 있었고, 그러자 사람들이 금연하기 시작했어. 행동을 바꾼 거지…… 세계관에 대해서도 똑같은 일이 일어날 수 있잖아? 사람들이 자신들이 하는 행동이 흡연보다 해롭다는 것을 알게 된다면 멈추지 않겠냐고?

두려움 해롭다는 걸 증명하기가 무척 힘들 거야.

진리 하지만 증명만 한다면 많은 사람이 변하고 싶겠지?

두려움 그럴지도. 하지만 책을 많이 써야 할 거야. 그리고 사람들은 절대 책을 안 읽어.

진리 책 같은 건 필요 없어. 인생이 어떻게 작동하는지 생각해 보기만 하면 돼.

두려움 그렇다면 나를 깨우쳐봐. 인생이 어떻게 작동하는데?

진리 그게 우리가 탐구할 주제야.

두려움 힌트도 줄 수 없는 거야? 인생 작동 방식이 도대체 뭐냐고?!

진리 이게 힌트야. "인생은 완벽하게 작동한다."

두려움 완벽하다고?! 세상은 엉망진창이야. 부당하다고!

진리 세상은 완벽하게 정당해. 사람들이 지금 걱정하는 것을 계속 걱정한다면, 경쟁과 다툼 속에서 서로 대항한다면, 세상은 그런 행동의 완벽한 반영이 될 거야. 세상은 사람들이 창조해 낸 그대로야.

두려움 세상이 완벽하게 정당하다면 너는 그 세상을 왜 바꾸려 하는 거지?

진리 나는 세상을 바꾸려는 게 아니야. 세상은 문제될 것 하나도 없어. 우리가 없어도 계속 아무렇지 않게 잘될 거야.

두려움 그럼 너는 사람을 바꾸고 싶은 거야?

진리 아니, 사람도 바꿀 필요 없어.

두려움 어떻게 그런 말을 하지? 너의 저 도덕성 그래프를 보라고! 사람들은 탐욕스럽고 이기적이고 폭력적이야! 그런 사람들과 함께 행복할 수는 없어.

진리 그들 자체는 문제될 게 없어. 그들이 그들 자신과 더 이상 접촉하지 않는 것이 문제인 거지. 폭력, 탐욕, 이기성…… 이런 것들은 인간이 원래의 자기가 누군지 망각한 데서 생겨났어. 그리고 가면과 망상을 믿는 데서 생겨났지. 원래의 자신으로, 그러니까 진짜 현실에서 다시 깨어나기만 하면 그런 행동들도 사라지게 될 거야.

두려움 그래도 어쨌든 사람들이 깨어나길 바라는 거잖아. 그건 곧 사람들이 변하기 바라는 것이고.

진리 바로 거기에 역설이 있는 거지. "결코 변할 수 없음을 깨달을 때 변하고, 따라서 세상도 변할 것이다."

인생 사용 설명서

세상에 질서를 세울 필요는 없다. 세상은 이미 질서정연하다.
다만 우리가 그 질서와 조화를 이뤄야 한다.
—헨리 밀러

2011년 여름 나는 한 콘퍼런스에서 800명의 청소년들을 상대로 강연을 해달라는 요청을 받았다. 아프리카 최장기 전쟁에 종식을 고하고 어린이 병사들에게 자유를 찾아주는 일을 집중적으로 추진해 온, 청소년을 위한 자선 기관 '보이지 않는 아이들Invisible Children'이 후원한 콘퍼런스였다. 강연 주제는 '인생 사용 설명서 Life's Operating Manual'였다. 나는 슬라이드 쇼와 함께 강연을 진행했는데, 먼저 컴퓨터 키보드에 커피를 쏟아 붓는 한 남자의 이미지로 시작했다.

그렇다. 한 남자가 의도적으로 뜨거운 자바 산 커피를 자신의 노트북에 쏟아 붓고 있었다. 맞다. 아이들이 움찔하며 웃는 모습으로 봐서도 그렇다. 커피를 키보드에 쏟아 붓는 것은 좋은 생각이 아니다. "이런 방식으로 컴퓨터를 켜려고 한다면 어떤 일이 벌어질까요?" 나는 여전히 약간 소란스러운 아이들에게 물었다. 여기

저기서 아이들이 소리쳤다. "망가져요!" "키보드가 다 익고 말 거예요!" "키보드에 작별의 키스를!" 나는 반격했다. "왜죠?" "왜 망가뜨릴까요?" 누군가가 재빨리 소리쳤다. "그건 컴퓨터를 켜는 방식이 아니니까요! 컴퓨터는 그런 식으로 작동하지 않아요!" 모두가 동의한다는 듯 고개를 끄덕였다. "맞아요!" 나는 말했다. "그런데 사람들은 컴퓨터가 작동하는 방식을 어떻게 알죠?" "그냥 알아요!" 또 다른 아이가 소리쳤다. "처음부터 그냥 알지는 않았겠죠." 나는 논박했다. "어딘가에서 정보를 얻었을 거예요. 어디서 그 정보를 얻었을까요?" 모두들 생각해 잠긴 듯 긴 침묵이 이어지는가 싶더니 한 아이가 질문인지 대답인지 큰소리로 외쳤다. "컴퓨터 사용 설명서에서요?" "그렇죠!" 나는 소리쳤다. "컴퓨터를 사면 항상 사용 설명서가 따라오죠! 그리고 그 설명서에 컴퓨터 작동법이 적혀 있고요!" 모두가 동의한다는 듯 고개를 끄덕였다. "그 설명서가 컴퓨터를 선선하고 건조한 곳에 두라든지, 알맞은 전기 코드가 어떤 것이라든지, 먼지를 피해 잘 보관하라는 등의 말을 해주죠. 그런데 설명서는 왜 그런 것들을 말해줄까요?" 아이들은 이미 내 강연에 몰두한 상태였다. "그렇게 해야 컴퓨터에 좋기 때문에요. 그것이 컴퓨터가 작동하는 방식이니까요." 내가 물었다. "그냥 작동하는 방식이 아니라, 어떻게 작동하는 방식?" 한 학생이 소리쳤다. "잘! 잘 작동하는 방식이요!" "바로 그거예요! 그것이 컴퓨터가 잘 작동하는 방식이니까요. 좀 이상하지만 그것이 컴퓨터가 번성하는 방식이라고 말해봅시다. 그런 방식은 우리가 사용 설명서라고 부르는 것에 다 들어 있어요."

다음으로 나는 손에 쥐고 있던 작은 리모컨을 눌러 두 번째 슬라이드 필름으로 넘어갔다. 지구 모습을 가장 상징적으로 보여주는 이미지, 파란색과 초록색이 어우러진 큰 지구가 우주 공간에 유유히 떠 있는 모습이 나타났다. 나는 우리가 집이라고 부르는 그 마술 같은 행성을 가리키며 다시 질문했다. "이것도 사용 설명서와 함께 우리에게 왔다고 볼 수 있을까요?" 정적이 흘렀다. 대부분 그런 생각은 해본 적이 없었을 것이다. "그 사용 설명서에 무엇이 쓰여 있는지 잘 안다면 우리는 (지구를 가리키며) 이것을 잘 작동하게 하는 방법이 무엇인지 알게 되지 않을까요?" 아이들이 내 이야기가 마음에 든다는 듯 조금씩 고개를 끄덕이기 시작했으므로 나는 좀 더 진행해 보기로 했다. "그런 사용 설명서가 존재한다면 여러분은 그것을 어디서 찾아볼 것 같아요?" 강연장 여기저기에서 당혹스러워하는 표정들이 터져 나왔다. "그렇게 어렵지 않아요." 나는 말했다. "컴퓨터 작동법을 알고 싶다면 컴퓨터를 보겠지요? 그렇죠? 그리고 인생 작동법을 알고 싶다면 어디를 봐야 할까요?" 아이들은 모두 이해했다는 듯 갑자기 한 목소리로 외쳤다. "인생이요!" 나는 물었다. "그럼 여러분이 말하는 그 인생이란 정확하게 무엇일까요? 정확하게 무엇을 본다는 것이지요?" 아이들은 재빨리 대답했다. "자연이요!" "바다요!" "열대 우림!" "생물학!" "우리 자신!"

나는 말했다. "맞아요. 우리 자신과 자연을 비롯해 그 모든 것을 볼 테지요. 단세포 생물에서부터 다세포로 이루어진 창조물까지, 생물학에서 생물권까지, 떡갈나무에서 개미 집단까지 다 볼 거예요. 인간도 보고 벌새도 볼 거고요. 그런데 그것들에서 정확하게 무엇을 볼 건가요?" 다시 한 번 아이들은 생각에 잠겼다. 잠시 후 누군가가 대답했다. "그것들이 잘 작동되게 하는 것을 찾을 거예요." 나는 만족스럽다는 듯 말했다. "맞아요. 여러분은 삶을 잘 살 수 있도록 해주는 공통의 원칙들을 찾을 거예요. 삶이 번성하게 만드는 원리와 행동 말이에요."

인생 사용 설명서가 존재할까? 나는 존재한다고 믿는다. 에머슨, 간디, 마틴 루터 킹 주니어, 그리고 다른 많은 사람들도 그렇게 믿었다. 그 설명서는 종이가 아니라 별들에, 행성들의 자전 속에, 들판의 풀들 속에, 그리고 당신과 내 속에 쓰여 있다. 인생 사용 설명서가 존재한다는 증거는 많다. 자연은 자신의 원리를 40억 년이나 이어왔다. 그리고 그 40억 년 동안 매일 삶의 역학과 존재의 법칙—도덕적인 동시에 물질적인—을 증명해 왔다.

다큐멘터리 영화 〈아이 엠〉을 찍기 위해 데스몬드 투투Desmond Tutu를 인터뷰하면서 나는 다른 인터뷰들에서 했던 똑같은 질문을 던졌다. "무엇이 세상을 병들게 했습니까?" 투투 대주교는 이렇게 대답했다. "톰, 신은 우리에게 우리가 '인간'이라고 부르는 이 물건이 담긴 상자에 설명서를 함께 주셨어요. 우리가 이 상자에 붙어 온 설명서를 따르지 않고 있지만요." '상자에 붙어 온 설명서'라는 말로 그가 가리킨 것은 성경이나 여타 종교적인 신조가 아니었다. 그는 원칙, 윤리, 가치를 말했다. 그리고 모든 것이 작동하는 방식을, 인생 사용 설명서를 말했다. 이제 우리가 해야 할 질문은 "그 상자에 붙어 온 지시 사항들을 우리가 과연 알아볼 수 있

는가?"이다. 우리는 정확하게 무엇이 인간의 삶과 생명 있는 모든
것들의 삶을 번창하게 하는지 적절하게 그리고 확실히 알아낼 수
있을까? 우리는 인생 사용 설명서를 '읽을' 수 있을까? 그리고 그
만큼 중요한 질문은 "과연 우리가 거기에 쓰여 있는 지시대로 살
아갈 지성과 용기를 모을 수 있을까?"이다.

대화 3

두려움 인생 사용 설명서라니 깜찍하군. 하지만 비현실적이야.

진리 모든 것이 작동하는 법에 대해 한 가지 관점을 제시하는 것
　　이 비현실적이라고?

두려움 세상 문제에 대한 해결책이 설명서 하나에 들어갈 수 있다
　　고 말하는 것이 비현실적이란 뜻이야. 세상의 문제는 그렇게 해
　　결되기에는 너무 복잡하다고.

진리 사실 전체 설명서도 필요 없어. 문단 하나면 충분해.

두려움 전쟁, 기근, 집단 학살 문제를 말하는 거야. 지금 그 모든 것
　　에 대한 답을 알고 있다고 주장하는 거야? 네가 굶주림을 끝낼
　　수 있어?

진리 그래. 사람들이 굶주림을 끝낼 수 있어.

두려움 그렇다면 왜 안 끝내고 있는 건데?

진리 사람들은 굶주림을 없애려면 돈이 필요하고, 적절한 프로그
　　램이 있어야 한다고 생각해. 혹은 적당한 씨앗을 뿌려둬야 한다
　　거나. 사람들은 굶주림의 문제를 기술적인 방식으로 접근해. 하

지만 굶주림의 문제는 기술이 아니라 사고방식으로 해결될 거야. 인간의 마음이 바뀌어야 해. 그럼 굶주림도 사라질 거야.

두려움 그게 너의 사용 설명서라는 게 갖고 있는 또 다른 문제야. 모든 종교적 설명서처럼 너는 마음을 통제하고 사람을 통제하려고 하지.

진리 나는 사람을 통제하려는 게 아니야. 나는 단지 알려주고 싶을 뿐이야.

두려움 무엇을?

진리 그들에게 힘이 있다는 것을 말이야.

두려움 무슨 힘? 사람들한테 진짜 힘 따윈 없어. 이런 지구적인 차원의 문제를 해결할 힘은 더더욱 없고.

진리 사람들이 무력하다는 것은 커다란 기만이야.

두려움 한갓 개인한테 무슨 힘이 있어서 다국적 기업에 대항하겠어?

진리 우리 각자한테는—다국적 기업에 유익하게 작용하는—각자의 힘을 철회할 힘이 있어.

두려움 참 대단한 힘이겠군. 심지어 정부들도 다국적 기업들에 휘둘리는 판에.

진리 그러니까 네 말은 다국적 기업들이 최강자라는 거야?

두려움 다들 알고 있는 사실이지.

진리 그렇다면 그 힘은 어디서 나오는 거지?

두려움 그 모든 힘이 어디서 나오냐고? 그야 돈이지! 그들은 수십억 달러를 벌어들이잖아.

진리 그렇다면 그 돈은 어디서 오지?

  (긴 침묵……)

두려움 사람들한테서 나와.

진리 맞아, 사람들한테서 나오지. 사람들이 주지 않으면 어떤 기업
도 힘을 가질 수 없어. 사람들이 주지 않으면 어떤 정부도 힘을
가질 수 없고. 기업이란 게 결국 우리 에너지의 반영이라는 사실
을 사람들이 이해한다면, 그리고 우리가 그 에너지를 책임감 있
게 써야 한다는 사실을 알게 된다면, 기업의 전능함이란 그 원래
의 모습대로 한갓 환상이라는 게 보일 거야.

두려움 좋아. 이제 너는 기업의 힘을 없애버렸네? 그 다음은 뭐지?
전쟁?

진리 좋은 생각이야.

두려움 쳇! 너는 네가 만든 영화들에서나 보여줄 수 있는 불가능한
해피엔딩을 말하고 있어. 나는 인생의 사실적인 결말 쪽을 보겠
어. 진짜 인생의 엔딩은 행복하지 않아.

진리 그건 더 심한 기만이군.

두려움 무슨 기만? 진짜 인생은 어둠으로 가득하다고! 죽음, 이혼,
소외, 상실, 고통, 괴로움으로 가득해. 그런 것들이 이야기의 끝에
서 우리 모두를 기다리고 있지.

진리 그런 것들이 이야기의 끝은 아니야.

두려움 끝이 맞아. 죽음은 삶의 끝이고, 이혼은 결혼의 끝이라고.
죽음에서, 상실에서 무슨 행복이 나올 수 있겠어? 할리우드 영화
에서는 가능하겠지만 진짜 인생에서는 불가능해.

진리 정확하게 진짜 인생이니까 가능해. 인생은 계속될 거야. 이야기도 계속되고. 이야기는 더 진전이 되어갈수록 합일과 사랑 쪽으로 나아가는 경향을 보여.

두려움 어린 소년이 아우슈비츠 가스실에서 죽어가는데 어떻게 이야기가 사랑 쪽으로 나아간다고 볼 수 있지?

진리 너는 이야기를 너무 빨리 끝내버렸어. 계속 읽어봐. 결의와 연합이 곧 히틀러를 물리쳤지. "다시는 그런 일이 일어나서는 안 된다"는 사람들의 울부짖음이 전 세계에 울려 퍼졌어. 이 시대의 사랑은 인종주의와 증오에 대응할 정도로까지 상승했어. 그 소년의 이야기는 계속되고 있고, 분명 사랑으로 나아가는 경향을 보이고 있어.

두려움 그것도 역시 할리우드 방식이야. 할리우드에서는 모든 것을 깔끔하게 매듭을 지어서 끝내려고 하지.

진리 할리우드가 아니라 삶의 이야기야. 그리고 여기 매듭은 깔끔하지 않아. 엉망이다가 아름답다가 축복으로 가득해지지.

두려움 거기서 소년의 죽음, 아니 모든 죽음이 어째서 축복이지?

진리 너는 죽음을 끝으로 보지만 나는 시작으로 봐. "죽음으로 도대체 내가 뭘 잃어버렸던가?"라고 어느 시인이 노래하기도 했지.

두려움 다른 모든 시인처럼 그 루미Rumi라는 작자도 제정신이 아니야!

진리 먼지에서 나와 먼지로 돌아가는 그 살덩어리에 집착하는 것이 더 미친 짓 아닐까? 구도자 루미에게 죽음은 놀라움으로 이어지는 문이야.

두려움   고통으로 이어지는 문이겠지.

진리   그래, 죽음에는 고통이 따르긴 하지. 하지만 그 고통이 세상에 삶과 사랑과 아름다움을 더하고 싶은 열정에 연료를 제공하지. 죽음의 아름다움과 죽음이라는 '환상'을 보지 못하면 너는 진정한 너를 알 수 없을 거야.

두려움   진정한 나를 안다고 해서 하나뿐인 아들을 잃은 어머니의 고통을 없앨 수 있을까?

진리   나는 그 고통을 없애길 바라는 것이 아니야. 단지 그 고통을 바라보는 다른 관점을 제공하려는 것뿐이야.

두려움   이해할 수 없군. 너는 인생을 말하고 인생의 작동 방식에 대해 말하지만, 어쨌든 사람들 인생이 제대로 작동되고 있는 것 같지는 않아.

진리   네 시야는 좁아. 근시안적이라고. 눈에 보이는 것 너머를 볼 수 있다면 인생이 실제로 잘, 아주 잘 작동되고 있다는 걸 보게 될 거야. 그 소년의 이야기가 좋은 예가 될 수 있지. 한동안 증오심이 일 수도 있지만 늘 사랑이 그것을 극복할 거야.

두려움   그런데 왜 인생 작동 이야기를 하고 있는 거지? 나는 이 책이 "너는 누구인가?"에 대해 답하는 것이라고 생각했는데?

진리   인생 작동 방식을 알면 네가 누군지도 알게 될 거야. 그리고 네가 누군지 알면 인생 작동 방식도 알게 될 거고.

두려움   진정한 나와 인생 작동 방식이 하나이고 서로 같다고?

진리   이제 좀 알아듣는군.

두 명의 주인

그들 전 세대가 잘못된 원리를 채택했고, 실은 나라를 가난하게 했으면서도
나라를 풍요롭게 했다고 믿으며 무덤 속으로 들어갔다.
—랠프 월도 에머슨

나는 언어를 사랑한다. 그리고 말 속에서 진리가 스스로 그 모습을 드러내는 것이 좋다. 면밀히 살펴볼 수만 있다면 우리는 말로 새로운 의미와 의도를 깨우칠 수 있다. 예를 들어 'mortgage'('융자'라는 뜻)라는 단어는 '죽음의 맹세'라는 뜻이다.(라틴어로 'mort'는 'death', 즉 '죽음'이라는 뜻이고, 'gage'는 'pledge', 즉 '맹세'라는 뜻이다.) 그러므로 융자를 받을 때 우리는 죽어도 좋다는 맹세를 하는 것이다! 'courage'('용기'라는 뜻)라는 단어는 두 개의 프랑스 어, 'coeur'('심장' '가슴'이라는 뜻)와 'âge'('나이' '시대'라는 뜻)라는 단어가 합쳐진 것으로 '가슴의 시대'라는 뜻이다. 그리고 'community'('공동체'라는 뜻)라는 단어는 참으로 아름답게도 'come'('이르다'라는 뜻)과 'unity'('합일'이라는 뜻)가 합쳐진 말이다.

그러므로 내가 'hypocrite'('위선자'라는 뜻)라는 말이 그리스 어 'hypokrites', 즉 '배우'에서 나왔음을 발견했을 때 그리 놀랄 이유가 없었다. 전직 연기 선생이자 현재 영화감독인 나는 배우로 사는 것이 무엇을 의미하는지 정확히 알고 있다. "배우는 상상 속 상황을 사실처럼 살아가는 사람이다." 사실 배우에게 그 상상 속 상황을 건네주는 것이 영화감독인 나의 일이다. 배우의 일은 그 상황들이 사실인 것처럼 행동하는 것이다. 이런 이야기를 하는 이유는 내가 어른이 된 후 상당 기간을 위선자로 살아왔기 때문이다. 그렇게 생각한다는 것이 아니다. 오랜 시간 살펴보고 반성한 뒤 최근에 그렇게 깨달았다고 말하는 것이다. 말하자면 나는 인생이라는 무대의 배우였다. 누군가 혹은 무엇인가가 나에게 상상의 상황들을 주었고, 나는 그 상황들이 사실인 것처럼 행동해 왔다.

여기서 내 위선적인 행동들 일부를 구체적으로 자백해 보겠다. 무엇보다 나는 늘 스스로를 매우 영적인 사람으로 생각했다. 어릴 때부터 사랑과 연민에 대한 예수의 가르침이 강력한 진리라고 생각했다. 토마스 아퀴나스가 "지푸라기 같다"던 종교적 교리에는 거의 관심이 없었고, 토머스 머튼이 그랬듯이 내가 필요한 것은 교리가 아니라 살아있는 신이라고 느꼈다. 다시 말해 주요 종교들에서 공통으로 말하는 이상들과 소통하는 쪽이었다. 그 이상들은 나에게 이렇게 말했다. "상대가 너를 대우해 주기 바라는 대로 그를 대우하라." "이웃을 네 자신처럼 사랑하라." 심지어 "원수를 사랑하라"고 말하기도 했다. 나는 일찍부터 그런 원칙들에 삶을 바치기로 결심했었다.

여러 해 동안 나는 매일 아침 기도를 하고 일기를 쓰면서 예수, 노자, 토머스 머튼, 랠프 월도 에머슨, 헨리 데이비드 소로, 마하트마 간디, 라이너 마리아 릴케, 사막의 교부들, 헨리 나우웬Henri Nouwen, 매들렌 렝글Madeleine L'Engle, 메리 올리버, 월트 휘트먼 Walt Whitman, 루미, 하피즈 같은 사람들의 말씀을 양식으로 삼았다. 일요일에는 대체로 교회에 나갔고, 트라피스트Trappist 회(기도, 침묵 등을 강조하는 가톨릭교회의 관상 수도회—옮긴이) 수도자의 삶을 경험하기 위해 토마스 머튼이 머물렀던 켄터키 주의 트라피스트 수도원에 가서 침묵하며 살기도 했다. 그리고 유니버셜에서 연예 기획사인 쉐디 에이커스Shady Acres—〈에이스 벤츄라〉에 나오는 '정신 병원' 이름을 회사 이름으로 삼았다. 당시로서는 참으로 적합한 이름이란 걸 알 턱이 없었다!—를 창업했을 때에는 기부 부서도 따로 마련해 가치 있는 곳에 돈을 쓰고자 노력했다.

하지만 예수와 간디를 바라보고 살았음에도 불구하고 나는 시쳇말로 '넘치게' 살았다. 어쨌든 내 영화들이 대충 20억 달러(약 2조 원—옮긴이)의 수익을 올렸고, 여기서도 전리품은 승자에게 돌아갔기 때문이다.—'망가진 사람'을 뜻하는 'spoils'는 '전리품'을 뜻하기도 하는데, 포획질도 결국 망가진 사람이 하는 짓이다!—나는 개인 비행기로 가고 싶은 곳은 모두, 어디든 날아다녔다. 비싼 집, 골동품은 물론이고 소더비 경매에서 거장들의 작품도 사들였으며, 진짜 페르시아 카펫을 산답시고 수천 달러를 지불하기도 했다. 놀랍게도 나는 그런 라이프스타일이 성자와 성인이 말하는 윤리에 대한 나의 신념과 모순된다고는 전혀 생각하지 않았다. 나와 같은 세상 속에서 살아가는 누구도 그런 생각은 하지 못하는 것 같았다. 그들은 나를 성공의 모델, 꿈을 이룬 사람, 그것도 아주 뜻

깊고 좋은 꿈을 이뤄낸 사람으로 치켜세웠다. 나는 내가 속한 문화의 가르침을 잘 배워 그 문화로부터 최대한 많은 것을 뽑아냈다. 사실 내가 필요한 것보다 너무 많은 것을 뽑아냈고, 그만큼 역사를 통틀어 내가 영적인 멘토와 스승으로 생각하는 사람들의 가르침에 역행해 갔다.

어떻게 그럴 수 있었을까? 좀과 녹이 파괴하는 이 땅에 보물을 쌓아두지 말라는 예수를 사랑한 내가 어떻게 물질적 성공의 전형을 보여주며 보물들을 쌓아놓는 것으로 좀과 녹에게 파괴할 것을 무한 제공할 수 있었단 말인가? 신과 돈, 그 두 주인을 섬길 수 없음을 잘 알았던 내가 어떻게 바로 그 두 주인을 섬기는 짓을 죽을 힘을 다해 해왔던 말인가? 빈부의 격차를 욕하던 내가 어떻게 바로 그 빈부의 격차가 '되어'버렸단 말인가? 그리고 가장 중요하게는, 그 모든 일이 벌어지고 있음을 어떻게 나와 내 주변 사람들은 알아채기조차 못했단 말인가?

대화 4

두려움 이해할 수가 없군. 웬 불평? 너는 게임에서 이긴 거야. 너는 부자라고!

진리 그리고 어떤 면에서는 매우 가난해. "엄청나게 부자인 지식인은 있을 수 없다. 제대로 된 지식인이라면 이 세상을 살피고 수천의 영혼에 양식을 제공하는 것으로 그 돈을 다 써버릴 테니"라고 말한 시인도 있잖아.

두려움 수피 카비르Kabir! 그도 몽상가야. 다른 사람들과 다를 바 없어. 그 사람한테 부자를 심판할 자격은 없어. 그가 뭐라고 돈이 너를 나쁜 사람으로 만들었다고 말할 수 있겠어?

진리 나는 나쁜 사람은 아니었어. 단지 잠자고 있었던 거지. 잠자 느라 다른 사람이 필요한 것들을 보지 못한 거지. 그리고 자연히 세상이 나를 필요로 하고 있다는 것도 보지 못했고. 진정한 나를 비롯한 다른 모든 것이 진정으로 작동하는 방식도 보지 못했어.

두려움 모든 것이 작동하는 방식? 나는 모든 것이 아름답게 작동 하고 있다고 말하겠어. 너는 잘살았어.

진리 나는 돈과 물건들을 갖고 있었지. 그렇다고 잘살았다고 할 수는 없어.

두려움 정말 이해할 수가 없어. 돈을 되도록 많이 버는 것이 왜 잘 못이지? 너는 원한다면 다 줘버릴 수도 있어.

진리 넌 정말 그렇게 말할 수 있어? 다른 사람에게 어떤 영향이 미 칠지는 생각도 하지 말고 가질 수 있는 한 다 가지라고? 정비공 이나 청소부 같은 사람들은 가족조차 부양하기 힘든데 나더러 수백만 달러를 달라고 하라고?

두려움 너는 그러라고 말할 수 있어. 일단 다 가져. 그 다음에 정비 공이나 청소부에게 주고 싶은 만큼 주면 되지!

진리 지독한 논리군. 나중에 관대하기 위해 지금 탐욕스러워야 한 다는 거야?

두려움 결과가 수단을 정당화하거든. 그래서 그래.

진리 결과는 수단을 정당화하지 않아. 수단이 곧 결과야.

두려움 그래서 너는 네 돈을 챙기지도 않고 회사에 돈을 다 줘버리 겠다는 거야? 그건 좀 순진한 발상 같지 않아?

진리 그렇다면 예수도 간디도 순진했겠군. 그 둘도 연설하면서 당 연히 돈을 요구할 수 있었고, 그 돈으로 배고픈 사람에게 먹을 것을 주고 헐벗은 사람에게 입을 것을 줄 수도 있었어. 하지만 그들은 온몸을 던지면서도 아무것도 요구하지 않았어. 왜? 왜냐 하면 굶주림의 문제를 해결할 수 있는 것은 돈이 아니라 사랑이 라는 걸 알았기 때문이야.

두려움 하지만 돈이 있어야 사랑도 할 수 있지!

진리 그래도 돈을 전부 갖겠다는 것, 혹은 필요한 것보다 더 요구 하는 것을 사랑이라고 할 수는 없어.

두려움 하지만 사람들은 열심히 일해. 너도 열심히 일하고. 너는 당연히 받을 것을 받은 거야.

진리 그만큼 스트레스도 받았지. 건강도 나빠졌고, 사람들과도 멀 어졌고, 무엇보다 진정한 내 자신과도 멀어졌지.

두려움 무슨 병이라도 걸렸던 것처럼 말하는군.

진리 아메리카 원주민들은 정신병을 웨티코wetiko라고 부르지. 다 른 사람의 살을 먹는 사람이라는 뜻이야.

두려움 이제 네 속의 감독 기질이 나오기 시작하는군. 자진해서 정 신병이 있다고 말하는 것은 극적 과장의 고전적인 형태지. 너처 럼 부자인 사람에게 정신병은 없어.

진리 그렇다면 정신병이 뭔지 정의해 봐.

두려움 정신병은 매우 다양한 양상을 보이기 때문에 하나로 정의 내릴 수 없어.

진리 그래도 기본적인 정의는 있을 거 아냐? 정신적으로 아픈 사
람들이 모두 갖고 있는 특징 같은 거. 그런 거 알아?

두려움 교과서적인 정의는 알고 있지. 정신병자는 실재의 경계 밖,
즉 현실 경계 밖에서 살아.

진리 맞아. 정신병자는 우리가 보는 것처럼 보지 않지. 그런데 말
이야. 신비주의자들이 말하는 대로 모든 것이 서로 연결되어 있
다면—가장 근본적인 현실은 하나이고, 우리가 모두 형제자매들
이며, 내가 모든 창조물들과 연결되어 있다면—다른 사람들이
헐벗고 있는데 혼자만 너무 많이 갖고 있고 생각 없이 자원을 낭
비하고 있는 나야말로 현실 경계 밖에서 사는 진짜 정신병자가
아닐까?

두려움 신비주의자들이 하는 말이 사실이라면 그렇지. 하지만 나
는 그들의 이상에 동조할 수 없어!

진리 그건 앞으로 따져보면 알겠지. 하지만 만약에 그들이 수천
년 동안 주장해 온 그런 전제를 받아들인다면? 그리고 그것이 사
실이라면 내가 정신병에 걸렸었다고 말할 수 있는 거겠지?

두려움 그렇게 전제하면, 그래, 그렇게 말할 수 있겠지.

진리 어떻게 그렇지?

두려움 그걸 꼭 말해야 하나?

(긴 침묵)

두려움 좋아. 말하지. 만약에 모든 것이 하나라면, 다른 사람들은
헐벗고 있는데 너만 너무 많이 갖고 있을 경우 너는 네 자신에게

상처를 주는 거야. 다른 사람이 고통받으면 너도 고통받는 것이지. 그래 그렇게 이해했어! 하지만 용어의 사용이 좀 부적절하지 않아? 네 자신을 정신병자라고 부르는 것은 진짜 정신병에 시달리고 있는 사람에게 결례를 범하는 것 같단 말이지.

진리   그들을 비꼬거나 할 생각은 전혀 없는걸? 어차피 나의 사고 방식이 다른 사람의 고통에 일조한다면 그것은 정신병보다 더한, 병 중에서도 최악의 병이잖아.

두려움   너의 말대로 그런 게 병이라면 아주 흔한 병이겠군.

진리   정말 흔한 병이야. 세계적 유행병이지.

두려움   그렇다면 그것은 인류가 불량품이라는 또 다른 증거가 되겠네. 벗어날 길이 있기나 한 걸까?

진리   고려해 볼 가치가 큰 아주 좋은 질문이야. 그럼 같이 생각해 볼까?

인셉션

어떤 곳이든지 사회는 음모를 꾸며 그 구성원 모두의 인간성을 거스르려 한다.
—랠프 월도 에머슨

　사실 당신은 그냥 잠만 자고 있는 것이 아니다. 그 잠 속의 당신의 생각도 이미 당신의 생각이 아니다. 당신은 다른 사람들로부터 가능한 모든 영향을 받고 있다. 심지어 통제당하고 있다고 볼 수도 있다. 크리스토퍼 놀란 감독의 공상 과학 스릴러 영화 〈인셉션〉도 기본적으로 그런 전제 아래 만들어진 영화이다. 이 영화도 누군가의 마음속으로 들어가 하나의 생각을 심을 수 있고, 그때 그 개인은 새롭게 심겨진 그 생각이 자신의 생각이라고 믿게 된다고 본다. 초현실적이고 환상적으로 들리겠지만 공상 과학에서만 나오는 얘기라고 치부할 수는 없다. 아무도 모르는 사이에 당신과 내 속에서, 그리고 우리 문화에 속하는 대부분의 사람들 속에서 벌어지고 있는 일일 수도 있다.

　역사상 인간이 오늘날처럼 많은 것들로부터 영향을 받고 살던 시대는 없었다. 단추 하나만 누르면 그 즉시 우리 컴퓨터의 스크린이나 텔레비전 수상기, 심지어 휴대폰에까지 전 세계로부터 이미지들이 쏟아져 들어온다. 그리고 그 이미지들에 딸려온 메시지들은 우리가 주목해 주기를 간청하고, 우리가 자기 편이 될 것을 원하며, 자기를 받아들이라고 대놓고 요구한다. 주유소에서 기름을 넣을 때도, 이메일을 볼 때도, 텔레비전을 시청할 때도, 잡지를 읽을 때도, 도시를 어슬렁거릴 때도, 비행기를 타고 여행을 할 때도, 누군가는 상품이건 약속이건 라이프스타일이건 무언가를 디밀며 팔고 있다. 그런 메시지들이 전달하는 말이 무엇인지는 너무도 확연하다. 그 메시지들은 우리가 사랑으로 가득한 창조자의 눈에 이미 아름답게 비치는 누군가라고 말하지 않는다. 그 대신 다른 누군가가 되어야 한다고 말한다. "이게 바로 성공이라는 거야! 이 사람은 양복을 입고 넥타이를 매고 연봉도 많고 직업도 괜찮고 몸매마저 좋아." "너는 최신형 아이패드와 아이폰이 필요해. 그리고 우리가 아이카iCar를 만들면 그것도 필요할 거야!" "그리고 잊지 마. 네 자신을 먼저 돌봐야 한다는 것 말야. 첫째가 돼. 무엇보다 언제나 이겨야 해!" 메시지는 더할 수 없이 투명하다. 메시지는 현재로서는 우리가 기대에 부응하지 못하고 있다고 말한다.

20세기 신비주의자 토머스 머튼은 그처럼 교활하게 영향을 미치는 것들을 즉시 알아챘고, 그것들이 결국 '거짓 자아'를 만들어 낸다고 믿었다. 진짜 자아를 잃어버리고 다른 사람의 기대와 통제에 좌우되는 자아를 진짜라고 믿게 된다는 것이다. '진짜'라는 뜻의 단어 'authenticity'를 살펴보자. 이 단어는 '저자'라는 뜻의 'author'라는 단어에서 유래했다. 가짜로 살 때 우리는 어떤 의미에서 우리 인생의 저자가 될 수 없다. 다른 사람 혹은 다른 것이 우리의 이야기를 쓰고 있는 것이다. 그때 인간 정신과 개인 생명력의 불꽃이 꺼지면서 파괴적인 결과들이 생겨날 수 있다. 멀리 갈 것도 없이 오늘날 자살률이 치솟고 우울증이 만연하며, 흥분제나 진정제같이 기분을 전환시켜 주는 약이 널리 애용되는 것만 봐도 얼마나 많은 사람들이 열정과 목적을 상실한 채 살아가고 있는지 알 수 있다. 신비주의 시인 라이너 마리아 릴케도 다음과 같이 한탄했다.

"아무도 자신의 삶을 살지 않는다.
아이 때부터 변장을 하고,
사람들의 말, 두려움, 작은 즐거움 속에
되는 대로 빠져서
가면 쓴 모습 그대로 늙어간다.
진정한 얼굴은 절대 말하지 않는다.
저기 어딘가 갑옷이나 오래된 마차처럼
혹은 벽에 늘어진 채 걸려 있는 옷들처럼,
이 모든 인생들이 따로 모여 있는
창고가 있음에 틀림없다.
어쩌면 모든 길이 그곳,
살아보지 못한 것들의 저장소에 다다를지도 모른다."

고대의 지혜와 영적 전통들은 다음과 같이 이 사회가 하는 말과는 매우 다른 말을 한다. "가득 채우려면 먼저 비워야 한다." "마음을 고요히 해서 네가 곧 신God임을 알아라." 하지만 현대 사회는 우리를 물질 속에 빠져 허우적거리고 쉴 없이 움직이게 함으로써 그런 지혜들을 "비우려면 채워야 한다" "마음을 시끄럽게 해서 내가 너의 신임을 알아라"로 바꿔버렸다. 우리의 가장 고귀한 목소리, 즉 신의 목소리는 그 과정에서 설자리를 잃었고 최후의 비극에 길을 내줘버렸다. 사회의 목소리를 우리의 목소리라고 착각하게 된 것이다.

우리의 진정한 목소리를 덮어버리는 그런 사회적 압박이 어떻게 생겨나게 되었을까? 인간이란 존재가 원래 그렇게 집단에 쉽게 휩쓸리는 바보 같은 동물일까? 어떻게 하면 그런 집단적 사고방식에서 벗어나 진실의 빛 속으로 걸어 들어갈 수 있을까?

대화 5

두려움 〈인셉션〉은 흥행에는 성공했을지 몰라도 그 철학을 널리 알릴 수는 없을 거야. 너는 정말로 사람들이 잠자고 있다고 믿는 거야?

진리 그래, 나는 아주 소수의 사람만이 자신의 삶을 살고 있다고 확신해.

두려움 너는 영화를 너무 많이 본 것 같아.

진리 나는 사회를 본 거야.

두려움 지금, 사회가 그렇게 만든 장본인이라는 거야?

진리 사회를 그 장본인으로 지목하는 것은 우리 바깥에 존재하는 것에 권력을 주는 거야. 사회는 개인들이 모여서 만들어지는 하나의 집단적 에너지일 뿐이야. 개인들이 각자의 목소리에 대한 책임을 져야 해. 토머스 머튼은 "오류에서 나온 권력은 어디에 있는가? 우리는 결국 그것을 도시 안에서가 아니라 우리 자신 안에서 찾을 수밖에 없다"라고 했지.

두려움 너는 정말로 개인들이 사회에 맞설 거라고 기대하는 거야? 사람은 다수의 의견을 따르게 되어 있어. 그들은 수천 명이고 나는 한 명이니까.

진리 그 한 명 속에 위대한 힘이 있어. 수천 명을 바꿀 힘이지.

두려움 다시 말하지만 너는 비현실적이야. 군중 속 한 사람이 무슨 일을 할 수 있겠어? 대체 어떻게 주변의 군중을 돌려세울 수 있겠어?

진리 개인이 군중까지 책임질 필요는 없어. 단지 군중에 대한 자신의 반응에 책임을 질 뿐이지. 개인은 자신의 진정한 목소리를 군중이 억압하게 가만히 둬야 할까? 아니면 용기를 내 자기만의 길을 닦아나가야 할까? 결국 사회라는 괴물의 포효에 굴복하고 그 괴물 속으로 흡수된다면 미쳐 날뛰는 그 짐승의 일부가 될 뿐이야.

두려움 그런데 사람들이 자신의 인생을 살지 않는다는 것이 무슨 뜻이야? 사람들한테는 선택권이 있어. 우리는 자유 사회에서 살고 있다고.

진리 감옥에 있지 않다고 해서 자유로운 것은 아니지. 감옥에서 살면서도 자유로운 사람도 많고, 마음대로 대로를 활보하지만 갇혀 있는 사람도 많지.

두려움   하지만 세상에는 우리 사회의 자유를 부러워하는 나라도 많아.

진리   미국 땅에 사는 아이 네 명 중 한 명이 고픈 배를 움켜잡고 잠이 들어. 그 아이들이 자유로울까? 미국 대학의 학생들 중에서 50퍼센트가 자살을 생각한 적이 있다고 해. 그 학생들이 자유로울까? 우리는 부모들이 양로원에서 죽어가게 돼. 그 부모들이 자유로울까?

두려움   모든 사회가 갖고 있는 문제야. 그것과 자유의 문제는 별개야.

진리   아이들이 경쟁에서 이겨야 가치 있는 사람이 된다고 믿고, 젊은이들이 있는 그대로의 모습에서가 아니라 얼마나 많은 일을 성취했느냐에서 자신의 정체성을 찾는다면, 노예의 주인도 부러워할 노예의 나라인 거지.

두려움   경쟁에서 이기는 게 뭐가 문제지? 또 자신이 이룩한 일에서 정체성을 찾는 게 뭐가 어때서? 우리가 하는 일이 바로 우리야.

진리   우리가 아무 일도 하지 않으면? 그럼 우리는 뭐지? 사람들은 그럴 때 자기가 아무것도 아니라고 느끼지. 천국이 우리 안에 있는데도, 사람들은 돈이 들어오지 않는다고 심란해 해.

두려움   자신이 하는 일에 자부심을 갖고 자립적으로 사는 것이 뭐가 문제지?

진리 아, 그래 그거. 독립에 대한 단호한 의지. 그것이야말로 서구 세상을 정복한 아이디어지. 하지만 진짜 정복해야 할 것은 정복하지 못했어.

（진리가 두려움을 직시한다……）

두려움 뭐? 지금 나, 두려움을 정복했어야 했다는 거야? 나는 사람들에게 좋은 존재야. 나는 사람들이 앞으로 다가올 일에 집중하게 한다고. 미래에 대해서 말이야.

진리 그런 일이 곧 모든 선지자들이 하지 말아야 한다고 강하게 경고했던 일이지.

두려움 선지자들은 모두 갈릴레오 같은 몽상가들이야. 예수는 "내일 일은 걱정하지 말라"고 했지. 흥! 우리가 내일을 걱정하지 않으면 누가 걱정해 주겠어?

진리 왜 걱정 없이 내일을 생각할 수는 없는 거지?

두려움 걱정하지 않으면 게을러지기 때문이야. 사람들로 하여금 적당히 걱정하게 해봐. 그럼 사람들은 깨어나게 되어 있어.

진리 걱정과 깨어남은 아무 상관이 없어. 걱정은 거의 아무런 가치도 없어. 하긴 걱정에 경의를 표하면서 자동차 보험, 건강 보험, 생명 보험, 퇴직 적립금제, 연금 같은 산업들이 대거 생겨났지. 하지만 너는 그런 것들이 하는 짓이 뭔지 정말 보지 못하는 거야? 그것들은 아픈 날을 위해 뭔가를 쌓아두게 하면서 우리를 정말로 아프게 만들고 있어. 통제할 수 없는 것을 통제하려는 것은 너, 바로 두려움이야. 그런데 너는 뭘 그렇게 필사적으로 통제하려는 거지?

두려움 그렇게 말하지 마! 더 이상 이런 대화는 하고 싶지 않아!

진리 그렇지. 너는 두려움을 직시하지 못하게 하는 일이라면 무슨 일이든 다 할 거야. 너는 죽은 인간조차 방부 처리해서 표정을 굳히고 벌레가 먹지 못하게 봉인된 상자 안에 눕히지. 육체의 불사라는 망상을 유지하기 위해 하는 짓들이야. 두려움, 너는 죽음이 삶의 일부임을 보지 못하지. 죽음은 앞으로도 늘 삶의 일부로 남을 거야. 네가 이 점을 받아들이고, 우리가 모두 자연 순환의 일부임도 받아들인다면, 퇴직 적립금제니 연금 보험이니 '보험 중의 보험'이니 하는 것에 쓸 돈을 미래에 대한 두려움을 없애는 데가 아니라 현재의 문제를 해결하는 데 쓰게 될 거야. 예수가 말했듯이 "내일 일은 걱정하지 마라. 내일 걱정은 내일에 맡겨라. 하루의 괴로움은 그날에 겪는 것만으로 족하기" 때문이야.

두려움 "그리고 너희 중에 누가 걱정하는 것으로 인생을 한 시간이라도 늘릴 수 있겠는가?" 어쩌고저쩌고! 아무리 그래도 걱정하며 미래를 대비하려는 나를 말리진 못할 거야.

진리 그렇게 애쓰느라 얼마나 피곤하니? 네가 애쓰지 않아도 주어지는 것들을 좀 봐. 수정된 난자는 자궁 속에서 아홉 달을 지내면서 완벽하게 자라나지. 그게 걱정 덕분일까? 혈액은 혈관 속을 거침없이 흐르며 몸 구석구석에 생명력을 불어넣지. 이게 걱정 덕분일까? 태양은 매일 아침 떠오른 다음 하늘에서 호를 그리며 모든 존재들에 생명력을 선사하지. 그게 걱정 때문일까? 모두 걱정 없이 이루어지는 일들이야. 의식적으로 걱정하지 않아도 그렇게 많은 것이 주어지는 걸 두려움, 네가 보게 된다면 너는 곳

간에 아무것도 저장하지 말라던 예수의 말을 받아들이게 될 거
야. 너는 어쩌면, 정말 어쩌면 들판의 백합들처럼, 하늘의 새들처
럼 편안하게 쉬게 될지도 몰라.

두려움 사람은 새도 아니고 백합도 아니야! 그리고 사람은 편하게
쉴 수 없어! 그러면⋯⋯

(두려움이 잠시 망설인다.)

진리 그러면 뭐?

두려움 그러면 죽게 될 거야!

진리 그래, 그럴지도 몰라. 사람들은 죽게 될지도 몰라. 하지만 어
쩌면 안 그럴지도 몰라. 사실 그 반대가 더 가능성이 있지. 사람
들은 살기 시작할지도 몰라. 정말로 사는 것 말이야.

우리 문화가 들려주는 이야기

인간 존재로서 우리의 위대함은 세상을 개조할 수 있다는 데
(핵무기 시대의 신화) 있지 않고, 우리 자신을 개조할 수 있다는 데 있다.
—마하트마 간디

우리는 이 문화의 자루를 찢은 다음 머리를 계속 그 자루 밖에 두어야 한다.
—루미

나는 가톨릭 신앙 안에서 자랐고, 착한 가톨릭 신자들 누구나 다
그렇게 배웠듯이 나 또한 가톨릭 신자들은 착하지 않다고 배웠다.
아니, 착한 사람은 어디에도 없다고. 크든 작든, 백인이든 흑인이
든, 유대인이든 비유대인이든 우리 모두는 악하게 태어났다고. 그
렇다. 인간은 누구나 자궁에서 나올 때부터 사악하고 타락한 본성
을 지닌 불량품이었다. 그래서 우리는 선함 대신 탐욕을, 타인을
위한 봉사 대신 자신의 이익을 선택한다. 그래서 우리에겐 거짓이
가득하고, 사회적으로는 파괴적인 협잡이 난무한다.—나쁜 사람
이 나쁜 메시지를 만들어내고 그것은 다시 이미 나쁜 사람들을 더
나쁜 사람으로 만든다.—이 부정적인 이야기는 단지 종교적인 면
에서만 그렇다는 것이 아니다. 종교 밖의 대다수 사람들도 인간의

본성이 원래 공격적이고 탐욕적이며 경쟁적이라는 생각에 손을 들어준다. 그러니까 우리가 그렇게 많은 전쟁을 일으키고 환경을 파괴하고 빈부의 격차가 갈수록 커진다는 것이다. 우리가 엉망이기 때문에 사회도 엉망이 되었다. 그런데 말이다. 인간이 원래 불량품이라는 이 이야기가 단지 하나의 이야기일 뿐이라면 어떨까? 우리가 사실은 천성이 착하고 매우 신성한 존재이고 도저히 서로 돕고 사랑하지 않을 수 없는 존재라면 어떨까?

나는 몇 년 전, 내 인생의 방향을 틀게 만든 질문 하나로 그런 가능성에 처음으로 눈을 뜨게 되었다. 당시 〈브루스 올마이티Bruce Almighty〉 촬영장에서 나는 모건 프리먼과 친구가 되었고, 촬영이 끝났을 때 우리는 함께 저녁을 먹으러 갔다. 그때 모건에게 던진 질문 하나가 마침내 나의 우주를 뒤흔들어버릴 길로 나를 이끌었다. "모건, 당신이 진짜 신이라면 무엇을 믿는다고 말하겠어요?"

내가 질문을 철회할 것 같지 않아 보였는지 모건이 말했다. "자네, '농경의 폭정tyranny of agriculture'이라는 말 들어봤나?"

나는 장황스레 일반적인 대답을 했고, 아시다시피 신이 된 모건(이 영화에서 모건이 신의 역할을 했다—옮긴이)은 신답게 내가 요지를 모르고 있음을 간파하고 다니엘 퀸Daniel Quinn의 《이스마엘 Ishmael》을 읽어보라고 권했다. 그런 다음 다시 얘기하자고 했다.

세상에는 당신이 내려놓을 수 없는 책이 있고 당신을 내려놓지 않는 책이 있다. 《이스마엘》은 바로 이 후자의 책이었다. 그 책은 꼭 바이스 그립(용접 작업을 할 때 패널을 고정하기 위하여 사용하는 기구—옮긴이)처럼 나의 목을 꽉 붙들고 놔주지 않았다. 숨이 막히도록 내 목을 꽉 붙든 퀸의 세상은 다음과 같은 간단한 아이디어에 기반하고 있었다. "우리 문화는 정말이지 우리로 하여금 진짜 현실과는 아무 상관도 없는 삶의 방식을 온 마음을 다해 끌어안게 만들기 위해 우리를 유혹하고 홀리고 있다." 영화 〈인셉션〉 혹은 토머스 머튼의 '거짓 자아' 개념에서처럼, 우리의 문화는 우리 머릿속에 아이디어들을 심어놓고 우리로 하여금 그 아이디어들이 바로 우리 자신의 아이디어라고 믿게 만들었을지도 모른다. 퀸은 그처럼 근저에서 영향을 미치는 것들을 우리의 '문화가 들려주는 이야기cultural story'라고 부르고, 그것을 "특정 문화의 행동 양식을 이끄는 신념 체계 혹은 원칙들"이라고 정의 내린다. 운명적인 만남과도 같았던 그 책《이스마엘》을 읽기 전까지 나는 내가 배운 대로 행동하며 잘살고 있다고 확신하고 있었다. 그러면서 나 또한 그 집단적 광기에 공헌했으며 그 문화가 만들어낸 이야기의 산물이 되어 있었음은 거의 알지 못했다.

그렇다면 우리의 '문화가 들려주는 이야기'는 정확하게 무엇일까? 나도 모르게 내 삶을 형성해 왔고, 나로 하여금 위선에 가득한 행동을 하게 만들었으며, 그리고 모두가 어느 정도 받아들이고 있는 그 이데올로기는 무엇일까? 나는 그 이데올로기를 다음 세 가지 주장으로 구분해 보았다.

1. 인류는 자연과 분리되어 있으며, 자연을 정복하고 지배할 권리를 갖고 태어났다.
2. 사람들은 서로 분리되어 있다.

3. 인간은 천성이 불량하다. 공격적이고 이기적이고 타락한 상
   태로 나쁘게 태어났다.

이 가운데 첫 번째 주장은 어디서나 들을 정도로 아주 널리 받
아들여지는 것인 만큼 좀 더 살펴볼 필요가 있겠다. 인류는 간단
히 그리고 의심의 여지없이 스스로를 지구상에서 가장 중요한 종
으로 간주한다. 종교들도 진심으로 그런 주장을 하는 편에 서 있
다. 〈창세기〉 1~2장은 인간에게 모든 생명체 위에 군림할 권리가
주어졌다고 단언한다. 간단히 말해 세상이 모두 인간을 위해 만들
어졌다는 것이다. 세상은 개미핥기나 땅돼지나 민달팽이나 지렁
이를 위해서가 아니라 인간을 위해서 만들어졌고, 바로 그런 자격
때문에 인간은 원하는 대로 자연을 훼손할 권리를 갖게 된다.
  자연으로부터의 분리는 자동으로 인간 사이의 분리를 불렀고,
인류는 경쟁의 싸움 속에 갇혀버렸다. 찰스 다윈이 개인들은 '적
자생존'의 영원한 싸움 속에서 스스로를 지켜야 한다고 하면서 명
확히 밝힌 것도 그런 분리였다.―찰스 다윈의 '적자생존설'에 대
해서는 많은 사람들이 오해하고 있다. 이 점에 대해서는 뒤에 다
시 살펴보기로 한다.―'분리된 대상들'이 시공간 속의 변하지 않
는 법칙에 따라 행동하는, 예측 가능하고 믿을 수 있는 우주에서
우리가 살고 있음을 이론적으로 밝히면서 뉴턴주의 과학자들이
지지한 관념도 바로 그 분리이다. 여기서 중요한 것은 인간을 비
롯한 그 대상들이 '분리되어' 있으며, 다른 사람이 뭔가를 하게 만
들려면 우리는 그를 툭 치거나 찌르거나 미는 것 같은 물리적인

행동을 해야 한다는 것이다.

　마지막 주장, 인간의 천성이 불량하다는 믿음은 인간의 천성이 공격적이고 폭력적이라고 오랫동안 주장해 온 종교와 철학에서 기인한다. 예를 들어 유대-기독교 신앙에서 인간 존재는 원죄라고 알려진 상태 속에서 태어난다. 이브가 금지된 과일을 먹었기 때문에 전체 인류가 타락하게 되었고 저주를 받았다. 이슬람, 불교, 힌두교, 조로아스터교 같은 다른 종교에서도 인간의 '타락'에 대한 비슷한 이야기가 나온다.

　진짜 인간 본성에 덧씌워진 그런 이데올로기들을 깨닫고 나자 나는 텔레비전 쇼, 광고, 교회의 설교, 인터넷, 일상적인 대화 등 모든 것에서 그런 이데올로기들을 보기 시작했다. 예컨대, "무리에서 눈에 띄어라" "최고가 되어라" "경쟁에서 이겨라" "부를 축적하라" "전리품은 승자의 것" "조국은 위대하다" "한 푼 아낀 것은 한 푼 번 것이다" "클수록 좋다" "쓸모 있는 사람이 되거나 무용지물이 되거나" "성장은 좋은 것" "대학은 인생 최고의 4년이다" "기술은 곧 진보이다" "다 가질 수 있다" "시간이 돈이다"…… 이래도 우리가 어떤 구체적인 프로그램을 먹고살고 있음이 분명하지 않다면, '컬처culture'(문화)라는 말이 '컬트cult'(광신적 종교)와 같은 어근에서 기원했음을 보기 바란다.*

우리 문화가 만들어낸 이야기에 대해 더 깊이 조사하고 싶다면 톰 하트만Thom Hartmann의 《우리 문명의 마지막 시간들Last Hours of Ancient Sunlight》과, 다니엘 퀸의 삼부작 《이스마엘Ishmael》 《B 이야기The Story of B》《나의 이스마엘My Ishmael》과 리안 아이슬러Riane Eisler의 《성배와 칼The Chalice and the Blade》을 참조하기 바란다.

대화 6

두려움 다시 말하지만 너는 아무것도 아닌 일에 괜한 법석을 떨고 있어. 아무것도 없는데 유령과 그림자를 보는 거지.

진리 두려움, 바로 네가 그렇게 말하니까 문화가 만들어낸 이야기들이 권력을 갖게 되는 거야. 사람들은 대부분 문화적 권력이 있는지도 모르지. 그것은 순전히 시각의 차이라고 할 수 있는데, 예를 들어 모자이크를 볼 때 아주 가까이에서 보면 몇 센티미터 크기의 돌멩이나 보석밖에 안 보이지만 한 발자국 뒤로 물러서서 보면 전체 그림이 보일 거야. 전체 그림을 보려면 시각을 바꿀 필요가 있다는 뜻이야. 우리 문화가 만들어낸 이야기에서도 그래. 우리는 그동안 우리 앞에 내내 있어왔던 것들을 진짜 제대로 보기 위해서 한 발자국 뒤로 물러설 필요가 있어.

두려움 그게 사실이라고 치자. 우리 사회가 우리에게 이야기를 들려주고 있다고 말이야. 그렇다고 해도 그런 일은 모든 사회가 해야 하는 일 아니야? 사회가 가치 있다고 생각하는 것을 선택하고 그 가치들을 더욱 크게 만드는 것 말이야.

진리 물론. 하지만 중요한 것은 "문화가 이야기를 들려주느냐 아니냐"가 아니라 "문화가 들려주는 이야기가 사실이냐 아니냐"지.

두려움 미국 문화가 들려주는 이야기는 이미 했고, 그렇다면 다른 문화들이 들려주는 이야기는 어때? 독일, 일본, 중국, 러시아 같은 나라들 말이야. 그런 나라들이 들려주는 이야기도 다 살펴보려면 정말 끝이 없겠군!

진리 그렇지 않아. 사실 인류의 17만 5천 년 역사 속에는 단지 두

가지 이야기만 존재해 왔거든. 중국, 러시아, 독일, 일본 모두 같은 이야기 속에 있어.

두려움 뭐라고? 중국은 공산주의 국가야! 러시아는 오랜 동안 사회주의 국가였다고! 분명 다른 이야기였을 거야!

진리 겉으로 보기에는 다르겠지만 그 바탕은 같아.

두려움 그러니까 넌 민주주의나 공산주의나 다 같다고 보는 거야? 다 같은 독재 국가라고? 그런 무식한 소리는 진짜 처음이야!

진리 너는 사회의 표면만 보고 있어. 그 아래를 봐.

두려움 그 아래를 보라니 무슨 말이야? 어떻게?

진리 우리 문화가 들려주는 이야기 속의 세 가지 기본 주장, 잊어버리지 않았지?

두려움 물론. 너는 우리가 우리 자신을 자연과 서로로부터 분리된 존재로 보고 인간 본성이 불량품이라고 믿는다고 했지. 그래서 뭐 어쨌다는 거지?

진리 이제 공산 국가 중국을 생각해 봐. 그들도 인간이 자연과 분리되어 있다고 믿지 않아? 그들도 인간이 자연보다 뛰어나다고 믿지 않아?

두려움 내가 어떻게 알아? 나는 공산주의자도, 중국 사람도 아니야.

진리 조금만 관찰해 봐도 대답할 수 있는 문제야. 그들은 자연을 어떻게 다루지? 환경을 오염시키지 않나?

두려움 산업 국가라면 다 환경을 오염시켜.

진리 그럼, 그런 오염을 허락하는 사고방식은 뭘까? 그들은 자신들이 자연과 하나라고 생각할까, 아니면 자연과 분리되어 있다고 생각할까?

두려움 그들도 우리처럼 자연을 정복하고 통제해야 할 것으로 봐.

진리 다른 말로 하면 자연을 분리된 대상으로 보지…… 그럼 중국인들은 사람들을 어떻게 볼까? 그들은 모든 인류가 서로 연결되어 있다고 볼까, 아니면 분리되어 있다고 볼까? 그들의 역사를 보면 알 거야.

두려움 그들도 국경을 지키기 위해서라면 흉포한 행동을 서슴지 않았지.

진리 바로 그거야. 그들도 수백만 명까지는 아니라도 수천 명을 죽였어.

두려움 하지만 그들은 자기 국민은 보호했어. 그 점은 어떻게 생각해?

진리 그럼 중국 국민을 보자고. 중국은 중국 국민을 기본적으로 선하고 자유를 갖고 있다고 보고 표현의 자유를 허락하고 있어?

두려움 물론 아니지. 중국은 공산주의 국가야! 정부가 철권으로 국민을 통제한다고.

진리 국민의 무엇을 통제한다는 거지? 정부는 국민을 무엇으로부터 보호하는 거지?

(두려움이 주저하다가 말한다.)

두려움 국민 자신들로부터 국민을 보호하려고 해. 그들의 무지, 탐욕, 이기성으로부터 보호하려는 거지.

진리 그러니까 공산주의 국가도 인간이 부족하고 불량품이라고 생각한다는 거군. 그리고 구소련, 구일본에 대해 똑같은 질문을 해도 대답은 똑같겠지? 그들도 자연을 지배하고 전 세계에 적을 만들고 국민이 불완전해서 통제가 필요하다고 보고 있지?

두려움 좋아, 좋다고. 너의 요지는 다 알아들었어. 하지만 그게 뭐가 문제라는 거지? 문화가 분리의 이야기를 들려주고 있음을 알아서 좋을 게 대체 뭐야?

진리 프리드리히 니체는 '원인'을 알면 '어떻게든' 견딜 수 있다고 했지. 그러니까 세상을 바꿀 '방법'을 알고 싶다면 먼저 세상이 이런 '이유'를 알아야 해. 왜 우리 세상이 망가졌는지 말이야…… 우리의 문화가 만들어낸 이야기가 바로 그 이유야.

두려움 우리의 문화가 이야기를 하고 있을지는 모르지만, 그렇다고 그것이 세상이 망가진 원인은 아니야. 세상이 망가진 건 세상이 원래 그렇기 때문이야. 세상은 원래 서로 물고 뜯고 죽이는 개들의 세상이야.

진리 그렇구나.

　(긴 침묵)

두려움 뭐?

진리 참 흥미로워서 말이야. 서로 물고 뜯고 죽이는 개들의 세상이라고…… 우리는 그렇게 믿고 있는 거로군. 우리는 기본적으로 우리 사회가 그렇다고 보는 거야.

두려움 그게 뭐 잘못됐어?

진리 나는 개들이 서로 물고 뜯고 죽이는 것 한 번도 못 봤어. 너는 봤어?

구분하는 신

세상이 좀처럼 합일하지 못하고 깨진 채 집단들로 나눠져 있는 것은
인간이 그 자신과 합일하지 못하기 때문이다.
—랠프 월도 에머슨

다큐멘터리 영화 〈아이 엠〉 촬영을 준비하면서 나는 한 친구에
게, 내가 사람들에게 "무엇이 세상을 병들게 했나?" "그 문제를 어
떻게 해결할 수 있을까?" 이 두 가지 질문을 해보려 한다고 말했
다. 친구는 "와우! 아주 긴 다큐멘터리가 되겠는걸!"이라고 대꾸
했다. 친구를 기분 상하게 할 생각은 전혀 없지만 내 생각은 좀 다
르다. 전쟁, 학살, 탐욕, 경제적 불평등, 환경 위기, 인종주의, 노예
제도, 집단 내 괴롭힘, 학교 총기 난사 사건 같은 모든 문제는 사
실 단 하나의 근본 원인, 바로 인간이 자연으로부터, 실재reality로
부터, 자기 자신으로부터 떨어져 나왔다는 사실에서 출발한다. 이
근본 원인이 우리가 지금 우리 자신에게 하고 있는 이야기이다.
우리가 경쟁적이고 부패했다는 이야기, 우리가 서로의 형제자매
가 아니라는 이야기, 모든 창조물과 우리가 하나가 아니라는 이야
기들 말이다. 악마를 뜻하는 단어 'devil'은 그리스 어에서 '갈갈이

찢어진' 혹은 '나눠진'이라는 뜻의 'diabollein'에서 유래했다.* 그러니까 악마는 선과 악의 개념 이전에, 분리하는 힘 혹은 나누는 힘을 뜻했다. 이와는 아주 대조적으로, 신비주의 전통에 따르면, 신은 하나로 합치시킨다. 신은 나눠질 수 없고, 신은 하나이다. 그러니 시인 하피즈가 지혜롭게 알아챈 것처럼 "우리는 하루 종일 신으로부터 우리 자신을 나누어내느라 피곤하기 때문에 휴식을 취해야 한다."

물론 정치인들, 매스미디어를 비롯한 수많은 기관들은 매우 다른 메시지, 즉 매우 복잡한 요소들이 오늘날의 위기를 낳았다고 말할 것이다. 하지만 우리 몸이 열병, 오한, 어지러움, 배탈, 아픈 혈색, 구토 같은 다중 징후들을 드러내는 이유가 사실은 어떤 독한 가지를 삼켰기 때문인 것처럼, 세상 속 문제의 징후들도 하나의 독성 강한 이데올로기를 우리가 받아들였기 때문이다. 그리고 정말 그렇다면 중요한 것은 분리라는 이 한 가지 인과론적 원인만이 아니다. 질병의 원인을 밝혀냈으니 이제 중요한 것은 그 해독제도 밝혀내는 것이다.

대화 7

두려움 다시 말하지만, 너의 분리 이데올로기는 너무 단순한 생각

여기서 말하는 악마는 육체를 지닌 존재를 가리키는 것이 아니다. 또 붉은 슈트를 입고 뿔과 뾰족한 꼬리에 쇠스랑을 차고 있는 신화적 이미지의 인간을 떠올리게 하려는 것도 아니다. 여기서 말하는 악마는 단지 우리를 서로로부터 분리하고 떨어뜨려 놓는 하나의 생각 혹은 에너지이다.

이야. 사람들 자체가 복잡하기 때문에 그들이 만들어내는 문제들도 복잡한 거야.

진리 맞아. 그 문제들을 해결하려면 복잡한 프로그램을 거치고 복잡한 일들도 해야 할 거야. 그건 분명히 그래. 하지만 그런 문제들의 '원인'은 복잡하지 않아.

두려움 그런 일반화로는 나를 설득하지 못해. 아니 아무도 설득하지 못해. 좀 더 구체적일 수는 없는 거야? 아니면 그냥 막연한 생각이라고 인정을 하시든가?

진리 그럼 먼저 하나 물어볼게. 왜 이 세상 대다수 아이들이 사랑 가득한 가족의 품에서 보살핌을 받으며 길러지는 거지? 왜 그 아이들은 충분히 먹고 입고 자고 아프면 약도 제공받고 심지어 교육을 위한 경제적 지원도 받는 거지?

두려움 그거야 당연히 돌봐주는 가족이 있기 때문이지!

진리 그들 가족은 왜 음식과 집을 제공해 주면서 돈을 요구하지 않는 거지? 예를 들어 왜 부모는 아이가 아플 때 돌봐주고 돈을 받지 않지?

두려움 이제 말도 안 되는 소리까지 하는군. 가족 중에 누가 아프다고 돈을 요구하다니!

진리 그러니까 아들딸을 대상으로, 특히 그 아이들이 아플 때 돌봐주고 그걸로 이익을 낸다는 건 생각조차 할 수 없는 일인 거야, 그렇지? 그럼 친척들은 어떨까? 삼촌이나 사촌 같은?

두려움 마찬가지야. 사람들은 대부분 친척을 상대로 돈을 벌지는 않아.

진리 가까운 친구나 이웃은 어때? 그들을 상대로 돈을 버는 것은 괜찮을까?

두려움 잘 모르겠어. 대체 뭘 말하려는 거지?

진리 내 말의 요지는 어디까지가 가족이고 어디서부터가 돈벌이에 이용할 수 있는 사람들의 범주가 시작되느냐 하는 거야.

두려움 지금, 세상이 문제투성이인 것이 서로에게 이득을 취하려는 사람들 때문이라고 말하고 싶은 거야?

진리 세상의 문제는 사람들로 하여금 서로에게서 이득을 취하라고 부추기는 '사고방식' 때문이야.

두려움 과학자, 철학자, 정치가 들이 하나같이 "무엇이 세상을 병들게 했는가?" 하는 문제를 가지고 수세기 동안 토론을 벌여왔지. 하지만 그 중 어떤 사람도 너처럼 그렇게 순진하게 세상 문제가 한 가지 원인으로 귀결된다고는 말하지 않았어.

진리 하지만 오늘날 세균 하나가 이 땅의 인류를 멸망시킬 수도 있다는 것에 이의를 제기하는 과학자도 없지. 그렇다면 독성 이데올로기 하나가 그와 똑같은 일을 할 수 있다고 믿는 게 왜 순진한 발상인 거지? 세상의 문제들을 다 적어봐. 넌 결국 그 모든 문제들 배후에서 똑같은 주제가 되풀이되는 걸 보게 될 거야. 아프리카의 천연 자원이 왜 착취됐을까? 서양인들이 아프리카 인들을 가족으로 봤을까 아니면 분리된 대상으로 봤을까? 노예 식민지로 변했던 아이티 섬은 또 어떻고? 그곳 사람들이 착취할 노동자들이었을까 아니면 사랑하고 보살필 확대된 가족이었을까? 노예들—어제의 노예, 오늘의 노예 할 것 없이—은 어떨까? 그들은 가족 구성원일까, 아니면 누군가의 이익을 위한 하나의 수단에 불과할까? 병원 치료를 받아야 하는 노숙자들은? 따돌림을 당하는 아이는? 혹은 오염된 강은? 인간 이야기의 그 독성 그득한 가지들이 모두 오염된 뿌리 하나에서 나온 것임을 너는 정말 보지 못하겠어?

두려움 오염된 뿌리는 인간 자신이야. 네가 말하고 있는 그 이데올로기라는 것도 인간의 타락한 본성이라는 썩은 뿌리에서 자라난 거고.

진리 그게 사실이라면 인류 역사의 대부분에서는 왜 아주 다른 이야기를 했을까?

두려움 너는 전에도 얘기했지. 인류가 다른 이야기를 했다고. 그 이야기가 대체 뭐지?

진리 그게 다음 주제야. 인류가 들려주었던 또 다른 문화 이야기 말이야. 이제 누가 그 이야기에 따라 살아갔는지, 무엇 때문에 그 이야기는 세상에 대한 오늘날의 우리 관점과 그렇게 근본적으로 다른지를 살펴볼 거야.

원주민들의 이야기

고대인들은 우리가 잊어버린 듯한 뭔가를 알았다.
　　　　　　　　　　　—알베르트 아인슈타인

　　우리 문화가 우리에게 이야기를 하는 방식으로 특정 이데올로기를 심어주고 있다는 걸 발견한 것만도 충분히 충격적이지만, 그런 이야기를 하는 우리 문화가 인류의 농경 생활과 함께 시작된, 그러니까 역사가 1만 년밖에 안 된 매우 어린 문화라는 것은 더 충격적이다. 그러므로, 믿기 어렵겠지만, 우리의 현재 문화가 하는 이야기는 인류 역사의 아주 작은 파편 정도라고 할 수 있다. 이는 인류가 지구를 걸어 다닌 전체 시대의 6퍼센트도 되지 못한다. 나머지 16만 5천 년, 인류 역사의 94퍼센트 동안에 인류는 완전히 다른 이야기를 따르며 살았다. 그 이야기를 우리는 여기서 원주민 혹은 토착민 이야기라고 부를 것이다. 그 이야기는 이렇게 진행된다.

　　"인류는 자연의 일부이고 생존하기 위해 자연에 전적으로 의지한다. 인간은 자연과 분리되어 있지 않다. 인간은 자연과, 땅과, 살아있는 모든 존재들과 연결되어 있다."

미리 말해두지만 뒤늦게 '고상한 야만인noble savage'(루소가 처음 언급한 것으로, 낭만주의 문학의 이상적인 인물상—옮긴이)이라는 아이디어를 고취하려는 것이 아니다. 원시 문화에는 현재 우리가 모방하고 싶지 않은 일들도 많았다. 그들의 생활 방식에도 분명 결함과 한계가 있었기 때문에 지금의 문화 이야기가 생겨났고, 인류는 의학, 기술, 과학의 진보를 향해 달려갔던 것이다. 하지만 그 사회의 기본 철학이 인류로 하여금 수천수만 년 동안 안정적인 삶을 살게 했다는 사실을 무시하기는 매우 어렵다. 아래 몇 가지 예를 들어 원주민 문화와 현재의 문화를 비교해 보자.

● 인간은 텐트, 움막, 소박한 집 같은 상대적으로 단순한 주거 형태로 긴 시대를 살았다. 사회 구조는 대체로 평등했고 공동의 터전을 중요하게 생각했다. 오늘날의 문화 이야기는 흙집에서 대저택까지 주거 형태에 대단한 격차를 불러왔다. 그 집들 사이에 울타리, 벽, 커다란 문이 세워진 것은 두말할 것도 없다.
● 원주민 사회는 집단을 강조했으며, 일은 나눠서 하는 게 관례였고, 부족 구성원들 간의 교류가 중요했으며, 공동체 모임은 자연스런 일과였다. 오늘날의 문화 이야기는 개인을 집단보다 강조한다. 공동의 일조차 전문 영역들로 특화되어 사람들을 더욱 소외시킨다.
● 원주민들도 갈등을 겪었다. 대부분은 영토와 자원에 관한 문제 때문이었는데, 그 결과로 발생하는 폭력은 거의 언제나 규모가 작

고 제한적이었다. 이웃 부족들은 기본적으로 무역을 하거나 부족 간 결혼을 통해 유전자 풀pool을 다양하게 할 수 있는 잠재적 후보자들로 간주되었다. 오늘날 너무 흔한 일이 되어버린 광범위한 영역의 전쟁이나 대학살은 실제로 거의 일어나지 않았다.

● 마지막으로, 수천수만 년 동안 인간은 자연 풍경을 거의 바꾸지 않았다. 그에 반해 오늘날의 문화적 비전은 산업 쓰레기, 유독성 물질 유출, 개벌 작업, 산꼭대기 깎기, 무리한 채광 작업, 폭넓은 오염 등을 낳고 있다.

무슨 일이 있었던 걸까? 어떻게 인간은 자연을 지속시켜 온 원주민의 철학에서 언제 인류의 삶을 끝내버릴지도 모르는 지금의 철학으로 옮겨오게 되었을까? 무엇 때문에 이야기 하나가 억압되고 다른 이야기가 갑작스레 터져 나오게 되었을까?

대화 8

두려움 '고상한 야만인' 개념을 전파하지는 않겠다더니 바로 그 일을 하고 있군.

진리 나는 원주민의 철학을 고상하다고도 순진하다고도 단정하고 싶지 않아. 나는 단지 원주민 문화들이 대거 포용했던 원칙을 한번 생각해 보고 싶어. 그 문화들은 삶의 법칙과 자연의 작동 방식을 시험하는 데 수천수만 년을 보냈어. 그들의 철학은 그렇게 오랜 세월 시행착오를 통해 얻은 지혜 중의 지혜인 거야.

두려움 하지만 너는 그들의 철학이 현재의 사고방식보다 낫다고 믿고 있잖아?

진리 이것은 무엇이 낫고 무엇이 나쁘고의 문제가 아니야. 인류가 앞으로 지켜나가야 할 원칙을 찾아내느냐 못 찾아내느냐의 문제지.

두려움 그래서 너는 시애틀의 인디언 추장이 보낸 편지를 그렇게 대단하게 생각하는 거야? 인정하지 그래. 너는 그를 거의 맹목적으로 추종하잖아.

진리 그의 말에는 힘이 있어. 진실의 울림이 있어. 어디 한번 독자들은 어찌 생각하는지 보자고.

(다음은 1800년, 시애틀의 인디언 추장이 미국 정부에 보낸 편지에서 발췌한 것이다.)

"워싱턴에서 대통령이 우리의 땅을 사고 싶다는 서신을 보내왔습니다. 우리의 땅을 산다고요? 하지만 어떻게 하늘을 사고팔 수 있지요? 어떻게 땅을 사고 팔 수 있지요? 우리에게는 참으로 이상한 생각입니다. 신선한 공기와 맑은 물을 우리가 소유하지 않는데 당신들이 어떻게 살 수 있지요?

이 땅의 모든 부분이 우리에게는 신성합니다. 빛나는 솔잎, 모래사장, 어두운 숲속의 자욱한 안개, 목초지, 윙윙대는 곤충들……모두 우리의 경험과 기억 속에서 신성합니다.……

우리는 알고 있습니다. 땅이 인간에 속하는 것이 아니라 인간이 땅에 속한다는 것을요. 같은 피로 연결되어 있는 가족처럼 모든 것은 서로 연결되어 있습니다.……

인간은 생명의 거미줄을 짜지 않았습니다. 인간은 단지 그 거미줄 속의 한 줄입니다. 그 거미줄에 무슨 일을 하든 그것은 우리 자신에게 하는 일입니다.……

인디언이든 백인이든 아무도 따로 떨어져 존재할 수 없습니다.

우리가 한 가지 확실히 아는 것은 신은 하나라는 것입니다. 우리는 모두 형제입니다."

두려움 받아들일 수 없어. 아무도 이 편지가 진짜라고, 역사 속에서 진짜 있었던 일이라고 증명하지 못했어.

진리 두려움, 너는 모든 이야기가 늘 사실이어야 한다는 잘못된 생각 속에 빠져 있어. 《이상한 나라의 엘리스》가 실제로 일어난 사건은 아니지만 진리로 가득하지. 조지 오웰의 《1984》도 그렇고, 도스토예프스키의 《죄와 벌》도 그렇고, 파울로 코엘료의 《연금술사》도 그렇고, 셀 수도 없이 많은 문학 작품들이 그래. 시애틀 추장의 편지는 원주민 철학을 대표적으로 보여줘. 그 점에 대해서는 논란의 여지가 없어.

두려움 하지만 아무리 대단한 연설이라도 그 한 번의 연설이 모든 부족의 생각을 대변할 수는 없어. 아무렴, 그럴 수는 없지.

진리 현대를 사는 어떤 대통령 한 명이 승리에 대해서, 최고가 되는 것에 대해서, 국가적 자부심에 대해서 말한다면, 너는 그런 말을 하는 대통령이 어느 나라 대통령인지 말할 수 있겠어?

두려움 물론 아니지. 어느 나라 대통령이라도 그런 말을 할 수 있을 테니까.

진리 어떻게?

두려움 거의 모든 나라가 국가적 자부심을 중요하게 생각하고 승리하고 싶어 하고 최고가 되고 싶어 하니까.

진리 아니, 현대 국가들 대부분이 같은 문화가 들려주는 같은 이야기 속에 있기 때문이야. 분리의 이야기 말이야. 원주민 이야기도 똑같아. 그들도 대부분 지구가 신성하고 강, 나무, 대양, 공기가 생명을 제공하고 유지시켜 준다고 믿지. 그리고 모든 것이 서로 연결되어 있고 모두가 하나라는 지식을 공유하고.

두려움 하지만 다시 한 번 말하는데 너는 우리 이야기의 부정적인 측면만 지적해. 경쟁, 최고가 되는 것, 자부심 같은 이야기 말이야.

진리 어느 쪽이 부정적이라거나 긍정적이라고 말하는 게 아니야. 두 이야기 모두 장점이 있어. 둘 다 각각의 결과를 부르고.

두려움 하지만 현대 문화가 들려주는 이야기가 원주민 문화가 들려주던 이야기를 덮었어. 현대의 이야기가 이긴 거라고. 그것이 현대의 이야기가 더 우수하다는 뜻 아닐까?

진리 여기서 우수하다는 게 무슨 뜻이야?

두려움 네가 하는 말이 사실이라면, 그러니까 현재의 이야기가 단지 1만 년 역사의 이야기라면, 바로 그 시간 동안, 즉 인류 역사의 겨우 5.7퍼센트에 해당하는 기간에 나온 이야기가 지구 전체를 접수했다는 말이 되잖아. 현재의 이야기가 더 나은 것이라서가 아니라면 대체 무엇 때문에 그렇게 빠른 시간 안에 그런 일이

가능했겠어?

진리 〈마태복음〉 6장 26절에서 '곳간에 식량을 비축하는 일'에 대해 예수가 경고한 말을 기억해?

두려움 그래, 기억해. 그런데 나는 그 경고를 절대 이해하지 못하겠어.

진리 무엇이 곳간에 식량을 비축하는 문화를 만들어냈지?

두려움 무슨 소리야? 곳간에 식량을 비축하는 문화를 만들어?

진리 16만 5천 년 동안 인간은 사냥과 채집을 하며 살았어. 먹을 것을 찾아 항상 움직였지. 그런데 갑자기 비축하기 시작한 거야. 무슨 일이 있었던 거지?

두려움 먼저, 비축하는 것이 뭐가 문제지? 물건을 비축하고 저장하는 건 상식이야.

진리 오늘날은 정말이지 일상적인 일이지. 하지만 그것이 정말 양식 있는 일인지는 두고 보면 알 테지.

두려움 물론 양식 있는 일이고말고! 비 오는 날을 미리 대비해야 하는 거라고.

진리 그런데 비 오는 날을 대비한답시고 비 자체를 망친다면? 그것이 양식 있는 짓일까? 훨씬 오랜 기간 인간은 곳간에 아무것도 저장하거나 비축하지 않았어. 그런데 어떤 일이 벌어진 거지. 그리고 그 일이 인간 역사의 흐름을 바꿔놓았고.

두려움 무슨 일이 벌어졌는데?

진리 농경이 시작된 거야.

농경의 폭정

공중의 새들을 보아라. 그것들은 씨를 뿌리거나 거두거나
곳간에 모아들이지 않아도 하늘에 계신 너희의 아버지께서 먹여주신다.
너희는 새보다 훨씬 귀하지 않으냐?
—〈마태복음〉 6장 26절

그러므로 내일 일은 걱정하지 마라. 내일 걱정은 내일에 맡겨라.
하루의 괴로움은 그날에 겪는 것만으로 족하다.
—〈마태복음〉 6장 34절

다큐멘터리 영화 〈아이 엠〉에서 나는 내 자신이 정신병자였다고
선언했다. 일종의 농담으로 설정한 것처럼 들릴 수도 있지만 불행
히도 전혀 농담이 아니었다. 나는 나의 개인적 행복과 만족을 위
해 필요한 것보다 훨씬 많은 자원을 사용했고 물질을 엄청나게 축
적했다. 성공 모델의 전형으로서 내가 사는 방식이 그랬다. 나의
문화로부터 내가 배운 방식, 좋고 옳다고 받아들인 세상으로 내
가 걸어 들어가는 방식이 그랬다. 한때 북미에 거주했던 원주민들
은 그와는 정반대의 생활 방식을 고수했다. 그들은 과도한 물질주
의를 하나의 질병으로 봤다. 그들은 필요한 것보다 더 많은 것을
취하는 사람을 잘못된 생각 때문에 고통받는 사람으로 여겼다. 우

리를 지탱시키는 땅으로부터, 그리고 우리가 그 부분을 이루고 있는 인류라는 가족으로부터 우리 자신을 분리시키는 그런 관점 말이다. 북미 원주민들은, 해변에 도착해서 눈에 보이는 대로 자연과 사람을 약탈하던 유럽인 정착자들에게서 그런 관점과 사고방식을 처음 보았다. 그렇다면 그 사고방식, 개인의 이익 외에는 아무것도 생각하지 않는 그 질병은 어디서 생겨난 것일까? 흥미롭게도 그것은 그야말로 무고한 발견 하나에서 시작됐다. 그 발견이란 다름 아닌 농경이었다.

잠깐, 농경이라고? 먹을거리를 기르고 수확하는 그 가장 순수한 형태의 소일거리라 할 수 있는 일이 전 세계에 폭력과 과잉, 과소비, 탐욕의 전염병을 불러들였다고? 그렇다. 알다시피 이론적으로 농경은 현대 사회에 편리함을 가져다준 무고하기 짝이 없는 일처럼 보이지만, 그 농경의 시작으로 인류의 세계관에 변화가 생긴 일은 결코 무고하지 않다. 인류 역사의 처음 16만 5천 년을 다시 생각해 보기 바란다. 그 시기에 인류는 대충 30~150여 개의 부족을 이루며 사냥과 채집 생활을 했다. 매일 먹을거리를 찾아다니는 문화였다. 사냥감이나 먹을거리를 찾지 못하면 그날은 굶었다. 그렇기 때문에 앞에서 보았듯이 부족 구성원들 간에 상호 의존성이 깊었고, 태어나는 순간부터 집단과 자연을 존중할 수밖에 없었다. 자연 세상이 먹을 것을 제공해 주지 않으면 부족은 사라질 것이었다. 부족의 구성원들이 먹을 것을 발견하지 못해도 모두 죽을 것이었다.

그런 상황에서 농경이 시작되자 인간은 갑자기 죽고 사는 문제에 선택권을 갖고 되었고, 나아가 다른 구성원들과 자연을 대하는 태도에 대해서도 선택권을 갖게 되었다. 인간은 이제 더 이상 자연이 공급하는 것에 구속받지 않았을 뿐 아니라 자연을 '정복하고 통제함'으로써 스스로 공급을 담당할 수 있게 되었다. 따라서 인간은 저장 가능한 곡식을 기르기 위해 넓은 땅을 개간하고, 심지어 숲을 통째로 깎아내 버리기도 했다. 논밭에 물을 대기 위해 강과 개울의 자연스런 흐름도 바꾸었다. 이제 부족민 몇몇만으로도 양식 문제를 관리할 수 있으니 나머지 사람들에게는 다른 다양한 업무가 맡겨졌다. 일부는 바구니를 짜고, 일부는 오두막을 짓고, 또 일부는 도구를 제작하고 무기를 개선했다. 이렇게 해서 '특수화·전문화' 개념이 생겨났다.

한때 집단 내 사람들 모두가 공유하던 일이 분산되면서 공동체적인 끈끈한 유대에서 벗어난 사람들은 소외감을 느끼기 시작했다. 인류 역사 최초로 개인들은 '생계를 꾸려야' 한다는 말을 듣게 되었다. 사회가 먹을 것을 창고에 넣어놓고 눈에 띄는 일을 한 사람들에게만 배분하기 시작했기 때문이다. 부족 구성원들 간에 시기심이 커져갔고, 일부는 왜 어떤 사람들이 필요한 것보다 더 많이 가져가는지 의구심을 품었다. 한때 서로 협동하며 살던 이웃들 사이에 경쟁심이 갈수록 커져갔다. 그리고 식량이 풍부해지자 인구도 급격하게 증가했다. 그것은 인간의 대단한 생존 능력에 대한 증명이었다.

모건 프리먼이 언급한 '농경의 폭정'이란 말을 기억하기 바란다. '농경의 폭정'으로 그가 하고 싶었던 말은 바로 이것이다. "인류는 이런저런 교배로 전 인류를 살릴 충분한 식량을 생산할 수 있지만, 이제 이 지구는 살릴 수 없다."

대화 9

두려움 이제 너는 우리 모두가 수렵 채집 생활자로 돌아가야 한다고 말하는 거야? 먹을 것을 찾아다니라고?

진리 아니, 농경을 포기하라고 말하는 사람은 아무도 없어.

두려움 하지만 너는 농경이 마치 악마라도 되는 양 말하고 있잖아. 농경이 우리 세상을 파괴하고 있다고 말이야.

진리 나는 전혀 그런 뜻으로 말하지 않았어. 농경은 악마도 아니고 우리 세상을 파괴하지도 않아. 농경은 그저 하나의 도구일 뿐이야. 좋은 것도 나쁜 것도 아니지. 우리가 문제삼아야 할 것은 그 도구를 사용하는 자의 사고방식이야. 자기 방식에 동조하지 않으면 없애버리거나 죽여버리는 그 사고방식 말이야.

두려움 그건 그냥 인간이 원래 불량품이라는 또 다른 증거 아닐까? 새로운 도구를 갖게 된 인간들이 한 짓을 봐. 모든 것을 파괴해 버렸잖아!

진리 인류는 불량품이 아니야. 단지 아직 어릴 뿐이야. 외과의사 손에 칼을 쥐어주면 생명을 구하겠지만, 아이 손에 쥐어주면 아이가 피를 흘리고 말겠지. 우리는 그런 아이들이야. 우리 종種의 역사는 아직 어린아이 수준이야. 우리는 지금 생명을 구할 수 있는 도구를 갖고 피를 흘리고 있는 중이지.

두려움 어떻게 인류가 아직 어리다고 할 수 있지? 우리는 17만 5천 년이나 살았어. 그건 굉장히 오랜 세월이야!

진리 진화의 규모로 볼 때 인류는 기껏해야 청년기를 보내고 있어. 지구에서 생명체는 약 40억 년 전에 생겨났어. 우주는 약 140억 년 전에 탄생했고. 생명체와 자연이 안정되기 위해서는 시간이 필요해. 우리 인간도 마찬가지고.

두려움 모든 것이 시간 문제라는 거군. 하지만 나는 모든 것이 너의 처음 질문, "우리가 누구인가?"에 대한 대답에 달려 있다고 말하겠어. 그리고 나는 우리가 공격적이고 이기적인 행동에 쉽게 빠지는 불량 종이라고 대답하겠어. 인류는 파멸의 길로 가고 있어. 인류는 늘 그래왔고, 앞으로도 그럴 거야.

진리 그것이 사실이라면 인류는 기본적으로 불량품이 맞아. 세상이 전쟁과 기근과 갈등으로 그득한 것은 아주 당연할 테고. 인간이 망가졌으니 망가진 세상을 창조하는 것이고. 이게 너의 논리인 거지?

두려움 그래. 인간이란 원래 그런 존재이고, 그러니 나아지기를 기대할 수는 없어. 이미 말했지만, 현재의 사고방식이 우리의 본모습이 아니라면 어떻게 그것이 최종 승자가 될 수 있었겠어?

진리 우리가 던져야 할 질문은 "왜 어떤 사고방식은 이기고 어떤 사고방식은 지느냐?"가 아니라 "어떤 사고방식이 진실이냐?"야.

두려움 무엇이 진실인지는 내가 알아. 매일 뉴스에서 본다고. 살인, 범죄, 환경 파괴, 투쟁, 갈등, 분란, 죽음…… 이런 것들이 진실이야.

진리 만약 그 반대의 것들이 진실이라고 증명된다면 그때는 어떨까?

두려움 정확히 어떻게 그걸 증명하겠다는 거지? 정확히 무엇이 실재이고 무엇인 진실인지 어떻게 밝혀낼 수 있다는 거지?

진리 삶에서 무엇이 진실인지, 우리의 인생 사용 설명서에 무엇이 적혀 있는지 밝혀내기 위해 단지 삶만을 보지는 않을 거야. 삶의 모든 것을 볼 거야. 인간 존재, 자연, 생물, 원자보다 작은 세상…… 모두를 말이야. 이제 그 질문을 할 때가 되지 않았어?

두려움 무슨 질문?

진리 인생 사용 설명서에 그 답이 나와 있는, 모든 질문을 대체할 질문 말이야. "삶이 어떻게 작동하는가?"라는.

유령 동작

내가 말해서가 아니라 진리라서, 모두가 하나라는 사실을
받아들이는 것이 현명할 것이다.
—헤라클리투스(기원전 500년)

　20세기의 시작과 함께 과학계를 전복시킬 사건이 하나 발생했
다. 양자 역학 혹은 양자 물리학이라는 새로운 연구 분야가 등장
한 것이다. 기본적으로 양자 역학은 우리를 구성하는 아원자亞原子,
쉽게 말하면 아주 작은 것들에 대한 과학이다. 과학자들은 그 극
미한 물질 세상에서 수백 년 과학 연구의 결과는 물론이고 실재의
기본 성질 자체마저 재고하게 만드는 사실들을 발견해 냈다.

　처음 그들의 주의를 끈 것은 '양자 얽힘quantum entanglement' 개
념으로 알려진 현상이었다.—처음 듣는 현상이라면 놀라 기절할
지도 모르니 정신을 똑바로 차리기 바란다.—여기서 얽힘이란 아
원자 수준의 입자들이 서로 떨어질 수 없이 묶여서 작용하는 상호
연결성을 말한다. 이 이론에 따르면 서로 관계를 맺고 있는(얽혀 있
는) 두 전자를 '무한대로 멀리 분리할 경우'라도 한 전자의 회전을
인위적으로 바꾸면 '동시에' 다른 전자의 회전도 영향을 받게 된

다. 여기서 주목해야 할 점은 그 결과가 동시에 일어난다는 점이다. 하나의 입자가 영향을 받는 즉시 멀리 떨어져 있는 다른 입자도 그 영향을 받는 것이다. 이것을 우리 삶의 규모에서 적용해 보자. 먼저 두 개의 볼링공을 로스앤젤레스에서 '뒤얽히게' 한다고 상상해 보자. 그 다음 하나를 세상의 반을 날아가게 해 상하이로 보내자. 그런 뒤 로스앤젤레스에 있는 볼링공을 굴리면 정확히 동시에 상하이에 있는 볼링공도 굴러가게 된다는 말이다!

그런 현상은 처음엔 너무 괴상하고 당혹스러워서 아인슈타인조차 '멀리서 벌어지는 유령 동작'이라 불렀다. 하지만 과학자들이 조사하면서 주시하면 할수록 그 현상은 더 강해졌다. 사실 양자 얽힘 이론은 이제 더 이상 이론이 아니다. 유령 동작spooky action이라 불렸던 이론이 이제 누구나 받아들이는 과학이 된 것이다. 그리고 그 영향력은 가히 충격적이다. 기억하겠지만 뉴턴 과학은 물체들이 '분리되어' 있음을 사실로 받아들이고, 한 물체에 영향을 주려면 그 물체를 찌르고 쑤시고 밀어야 한다고 말한다. 하지만 양자 얽힘에 따르면 멀리 있는 전자를 찌르거나 쑤시지 '않아도' 그 멀리 있는 전자는 똑같은 영향을 받는다. 이것은 물리학 역사에서 가장 심오한 발견으로 불린다. 실재의 근본 성격으로 우리가 받아들이고 있던 것이 틀렸음을 증명하기 때문이다. 삶의 모든 것은 분리되어 있지 않고 연결되어 있다.

양자 세상에 대해 더 살펴볼 것들이 많은데 '더블 슬릿double slit 실험'의 수수께끼도 그 중 하나이다. 이 실험에서 연구자들은 전자들을 두 개의 슬릿(긴 구멍)으로 차례대로 쏘아 보낸 다음 전자들이 슬릿 뒤까지 어떻게 여행하는지 기록했다. 과학자들은 슬릿 뒤에 전자들이 여행을 끝내며 부딪칠 벽을 설치했고, '실험이 끝난 다음' 전자들이 그 벽에 남긴 무늬들을 기록했다. 그런데 놀라운 일이 벌어졌다. 전자들은 연구자들이 전자들의 움직임을 '관찰하고' 기록할 관측 장치를 설치하기 전까지는 늘 똑같은 방식으로 행동했다. 그런데 관측 장치가 설치되자 '완전히 다른 방식으로' 행동했다. 관찰 행위 자체가 슬릿을 통과하는 전자의 방식을 바꾼 것이다. 마치 전자들이 관찰당하고 있음을 안 것처럼 말이다.

나아가 우주에서 가장 작은 입자들을 조사하던 과학자들은 그 입자들이 자주 입자가 아닌 상태로 변한다는 사실을 발견했다. 그 입자들은 '어떤 집합'(입자) 상태이기도 했다가 '에너지 진동 뭉치'(파동) 상태가 되기도 했다. 그러므로 삶의 가장 미세한 상태는 늘 춤추는 상태라고 할 수 있다.—입자는 늘 파동으로 전환되고, 파동은 다시 입자로 전환된다.—그리고 더블 슬릿 실험에서와 똑같이, 파동을 입자 형태로 가두는 것은 '당신이 그것을 지켜볼 때'이다! 그렇다. 파동 혹은 에너지를 우리가 물질과 삶이라고 부르는 것들로 변형시키는 것은 우리의 관찰 혹은 의식인 것이다.

이쯤 되면 저절로 〈환상 특급Twilight Zone〉이라는 영화의 배경 음악이 들려올 법도 한데 그렇지 않다면 더 말해보겠다. 소립자 세상을 더 깊이 탐구한 과학자들은 가장자리 혹은 끝이 있는 물체는 아무것도 없음을 알게 되었다.—진짜 단단한 것은 아무것도 없다는 말이다.—그러므로 아원자 수준에서 내 손을 쳐다본다면 당신은 공간 속을 떠다니는 아원자 입자들만 보게 될 것이다. 다른 말로 "나의 끝도 없고 당신의 시작도 없다"는 말이다. '나의' 아원자 입자들은 '공기' 속 입자들과 지속적으로 섞인다. 그리고 그 공기 속 입자들은 '당신'의 입자들과 섞인다. 사실 모든 물질들이 쉼없이 서로 섞인다. 한때 텅 비어 있다고 생각되던 물질들 사이의 공간도 사실은 비어 있는 것이 아니다. 과학자들은 모든 공간에 '서로 연결되어 있는 에너지 거미줄'이 있음을 발견했다. 그 에너지 패브릭이 앞서 말한, 서로 얽혀 있던 입자들이 무한대로 떨어졌을 때에도 계속 연결되어 있던 이유를 설명해 준다. 에너지 거미줄 혹은 에너지 장이 그 두 입자 간의 거리와 상관없이 서로를 한데 연결해 주고 있었던 것이다.

종합하면 양자 역학의 최근 발견들은 모두 하나의 일관된 결론을 이야기해 주고 있다. 삶의 기본 성질이 바로 연결이라는 것이다. 분리되어 있는 것은 아무것도 없다. 사실 모든 것이 모든 곳에서 늘 연결되어 있다.

대체 과학도 실재의 영역이 어디까지인지 그 용인 범위를 확장하고 있는 중이다. 다음은 최근에 연구된 그 몇몇의 예들로, 우리 일상 속에서 유령 동작 원리가 어떻게 작용하는지 보여주는 획기적인 연구들이다.

● 10년 동안 '연결성' 연구에 매진한 것으로 잘 알려져 있는 루퍼트 쉘드레이크Rupert Sheldrake 박사는 "애완견은 어떻게 주인이 집에 오고 있음을 알까?" 하는 질문을 가지고 실험한 것으로 유명하다. 애완견을 기르고 있는 사람이라면 집에 들어갈 때 개가 늘 현

관에서 주인을 맞이한다는 것을 잘 알 것이다. 문제는 그 개를 현관으로 움직이게 한 것이 무엇인가이다. 차고에 주차하는 소리를 들은 걸까? 아니면 현관에 열쇠 꽂는 소리를 들은 걸까? 쉘드레이크는 많은 집에 카메라를 설치해 관찰했고, 마침내 "주인이 집으로 가야겠다고 결정한 순간" 개가 현관문으로 간다는 설득력 있는 통계학적 증거를 발견했다! 그렇다. 주인이 집으로 가야겠다고 '결정할 때', 그 결정을 길 건너에서 하든 다른 마을에서 하든 상관없이, 개들은 그 결정을 알아채고 현관 쪽으로 움직인다.

● 하트매스 연구소HeartMath Institute에서는 우리의 기분이 다른 사람뿐만 아니라 주변의 생명체들에게도 영향을 미칠 수 있음을 꾸준히 증명해 왔다. 나도 참여했던, 요구르트(하나의 생명체) 그릇을 자기계磁氣計와 연결해 놓고 진행하는 일명 '요구르트 실험'도 그런 연구 중 하나였다. 자기계는 에너지 기준치 수준을 측정하도록 고안된 장치로, 이 경우 요구르트 내 박테리아로부터 방출되는 에너지를 측정했다. 그 다음 그 요구르트 앞에 내가 앉게 되었다. 나와 요구르트 사이에 물리적인 연결은 전혀 없었다. 그리고 나는 슬픔과 비애 같은 매우 강한 감정을 불러일으킬 만한 경험들을 구체적으로 떠올려보라는 요구를 받았다. 내 감정 상태가 변하기 시작하자 요구르트와 연결되어 있던 자기계의 바늘도 움직이기 시작했다.—이 실험 장면은 다큐멘터리 영화 〈아이 엠〉에 들어가 있다.—대체로 내 감정의 변화에 따라 요구르트의 에너지도 변했다. 다시 말하는데 내 감정이 변할 때 요구르트의 에너지도 동시에 변했다.

● DNA 분리 실험은 여러 번 되풀이된 실험이지만, 주류 과학에서는 여전히 그 결과를 제대로 설명하지 못한다. 실험의 전 과정은 이렇다. 시험관 가득히 유전 물질DNA을 채운 다음 자원 봉사자에게 준다. 자원 봉사자는 시험관을 손에 쥔 채 기쁨이나 분노 같은 긍정적인 감정이나 부정적인 감정을 끌어내도록 고안된 이야기를 듣는다. 그런데 자원 봉사자가 기쁨 같은 긍정적인 느낌을 받았을 때 놀랍게도 시험관 속 유전 물질이 확장하는가 싶더니 자원 봉사자 '쪽으로 움직였다.' 그가 분노를 느낄 때는 그 사람 반대쪽으로 '오므라들었다.' 다음, 그 DNA 중 일부를 다른 시험관에 넣고, 나머지는 여전히 같은 자원 봉사자와 함께 첫 번째 방에 둔 채 연구자가 옮겨 담은 DNA를 완전히 분리된 다른 방으로 가져간다. 그런 뒤 첫 번째 방에 있는 그 자원 봉사자로 하여금 어떤 감정을 느끼게 한다. 그때 더 기묘한 일이 일어났다. 첫 번째 방 DNA가 확장하거나 수축할 때 '옆방의 DNA도 똑같이 확장하거나 수축한' 것이다. 분리된 DNA도 원래 함께 있던 DNA가 느끼는 감정적 기복을 그대로 따라 느꼈던 것이다.

● '동조entrainment 현상 연구' 혹은 '얽힌 마음'에 대한 연구가 지난 몇십 년 동안 거듭 진행되어 왔는데 놀랍게도 그 결과는 늘 일관성을 띠었다. 1965년에 있었던 초기 연구 기록을 보면, 따로 떨어져 있는 일란성 쌍둥이의 뇌전도 상태가 불가해한 연결성을 보여준다. 쌍둥이 한 명이 눈을 감고 뇌의 알파파를 증가시켰을 때 멀리 떨어져 있는 다른 쌍둥이의 알파파도 동시에 증가했다. 2003년에 이루어진 동조 현상 연구에서는 뇌 화상 복사 기술MRIs을

이용했다. 먼저 한 쌍의 자원 봉사자들을 각각 다른 방에 들어가게 한다. 그리고 한쪽 자원 봉사자에게는 파트너로부터 에너지를 '받겠다'고 마음을 열어둔 상태로 있으라고 요구하고 다른 쪽 자원 봉사자에게는 '보내겠다'는 의도를 유지하라고 요구한다. 다음, 보내는 사람의 방에 불빛이 번쩍이게 한다. 놀랍게도 '보내는' 쪽 파트너가 불빛에 노출되자마자 떨어져 있는 '받는 쪽' 파트너의 대뇌피질 내 시각 피질도 자극을 받았다!

그 외에도 패러다임 전환을 부르는 여러 현상을 증명하는 연구가 많다. 미래 예지 능력, 원거리 투시 능력(멀리 있는 파트너에게 어떤 대상의 이미지를 정신적으로 '보낼' 수 있다), 직관 능력 등이 이에 해당한다. 이런 증거들이 말하는 결론은 모두 똑같다. "분리는 망상이다. 실재의 근본 성질은 연결이고 합일이다."

대화 10

두려움 의문투성이군. 애완견 실험에 요구르트 실험이라니…… 그런 것들이 실제 세상과 대체 무슨 상관이라는 거지? 당장 먹을 음식이 필요하고 갚아야 할 대출금이 있는 세상 말이야.

진리 그 실험들은 굶주림과 대출금과 우리가 서로 떨어져 있지 않다고 말하는 거야. 그리고 또 말하지. 마틴 루터 킹 주니어가 우리는 모두 "운명이라는 하나의 옷으로 묶여 있다"고 했을 때 그가 단지 도덕성만 말한 것이 아님을 말이야. 그는 과학을 말했던 거야.

두려움 그러니까 너는 너를 내 인생과 연결하고 내 인생을 노숙자의 인생, 가난한 자의 곤경과 연결하려는 건가?

진리 연결하려는 것이 아니야. 우리는 이미 연결되어 있어.

두려움 하지만 양자 역학 외에는 다 비주류 과학에서 하는 말들이야.

진리 비주류 과학이 어때서? 모든 과학은 비주류에서 시작해. 한때 사람들은 지구가 평평하다고 믿었지. 지구가 둥글다고 믿었던 사람들은 비주류 과학자들이었어. 비주류 과학은 그러니까 현재 알려진 것들의 한계를 넓히지. 모든 학문이 추구하는 것이 바로 그 한계를 넓히는 일이고.

두려움 하지만 네가 말하는 그런 연구들에 대해 듣고 있자니 의구심이 많이 생겨.

진리 그럼 물어봐. 모든 새로운 발견에는 의문이 따르게 되어 있지. 하지만 의문이 생긴다고 해서 그 발견이 틀렸다는 뜻은 아니야.

두려움 하지만 그 모든 연구들은 과학으로 간주되기에는 아직까지 너무 새로워. 현재로서는 가설에 가깝기 때문에 단지 가설로만 받아들여야 해.

진리 그 연구들이 설명하는 현상은 전혀 새로운 게 아니야. 예를 들어 직관 말이야. 셀 수도 없이 많은 정보들이 시공간을 동시다발적으로 떠다녀. 아이가 놀이터 바닥으로 추락했을 때 엄마가 그 즉시 안 좋은 일이 벌어졌다는 걸 감지해. 유럽 상공을 날고 있던 쌍둥이 한 명이 고통에 시달리는 바로 그 순간에 다른 한 명이 뉴욕에서 교통사고를 당하고.

두려움 그건 우연이야. 그런 사건들은 우연이라고밖에는 설명할 수 없어. 가끔은 이 세상 수백만 어머니들 중에 한 명 정도 아이가 다치는 순간 그런 생각을 할 수도 있겠지.

진리 어쩌면 그럴지도 모르지. 하지만 그런 사건들의 객관적 통계 자료가 있어. 그런 일이 '우연히' 일어날 가능성은 수천수만 번에 한 번 정도야. 어쩌면 수백만 번 중에 한 번일 수도 있고.

두려움 그래도 그런 사건들을 우리가 서로 연결되어 있다는 증거로 믿는 건 여전히 지나친 비약이야. 양자 역학의 발견들은 미시 세상 이야기야. 네가 인용한 예들은 거시 세상에서 일어나는 일들이고.

진리 그래. 대부분의 과학 연구들은 아원자 세상에 한정되지. 하지만 뒤얽힌 입자들 사이의 역학과 뒤얽힌 마음들 사이의 역학이 놀랍게도 유사해. 그런 일은 쉽게 무시할 수 없어.

두려움 그래도 그 연구들이 널리 받아들여지기에는 여전히 부족한 감이 있어. 나는 회의적이야. 과학이 이 연구 결과들을 전혀 의심할 수 없게 증명할 때까지 기다리자고.

진리 우리가 누구이고 무엇인지에 대한 우리의 믿음에 도전하는 과학적 발견이 이게 다는 아니야. 더 있어. 그것도 아주 많아.

사랑의 과학

고백:
모든 사람을 볼 때마다 말해. "사랑해 줘"라고.
물론 진짜 말하지는 말고.
그럼 어떤 사람은 경찰을 부를 수도 있으니까.
하지만 그래도 그 말을 생각해.
우리를 연결하는 그 위대한 끌어당김을 생각해.
—하피즈

수세기 동안, 어쩌면 수천 년 동안 인간 존재의 본성이 경쟁적·공격적·이기적이라는 생각이 폭넓게 받아들여졌고, 그 탓에 인류의 미래를 염세적으로 보는 사람이 많다. 하지만 현대의 심리학이나 생리학, 사회학적인 많은 연구가 그런 가정에 도전하고, 나아가 그런 가정을 뒤집고 있다. 다양한 분야의 연구들을 통해 드러나는 이야기는 이제 분명 희망적이다. 인간은 어쩌면 철저하게 선善을 추구하도록 설계된, 천성이 공감을 잘하고 자비롭고 친절한 존재인지도 모른다. 예를 들어보자.

● 찰스 다윈의 《인간의 계보*The Descent of Man*》를 보자. 이 책에서

다윈은 '적자생존'이라는 말을 단 두 번만 쓴 데 반해 '사랑'이라는 단어는 95번이나 썼다. 놀랍지 않은가? 사실 다윈의 저작들을 자세히 살펴보면 다윈도 인간의 선함을 일견했음을 알 수 있다. 그래서 다윈은 인류의 '협동하고 공감하는' 능력 때문에 육체적으로 특별할 것 없던 종種이―인간은 사자, 유인원, 호랑이, 곰 등에 비해 상대적으로 느리고 약하다―상대적으로 짧은 시간에, 사하라사막 남쪽의 소규모 유목 집단에서 지구상의 가장 지배적인 종으로 자라게 됐다고 썼던 것이다.

● 제레미 리프킨Jeremy Rifkin은 대단한 연구 성과물로 꼽히는《공감의 문명*The Empathic Civilization*》(국내에는《공감의 시대》로 번역 출간되었다―옮긴이)에서 인류 역사의 연대를 매우 다른 관점으로 정리했다. 그는 전쟁, 폭력, 공격성, 분노로 점철된 종의 역사가 아니라, 그와는 정반대의 사랑, 친절, 자비로 넘치는 역사를 보았다. 당신은 "그렇다면 왜 전쟁, 폭력, 범죄가 매스미디어를 지배할까?" 하고 물을지도 모르겠다. "왜 우리는 그런 것들은 매일 밤 텔레비전에서 봐야 할까?" 리프킨은 우리가 그런 행위들에 노출되어 있는 것은 인간 종이 원래 그런 행위를 일삼아서가 아니라 그런 행위들이 예외적이기 때문이라고 믿는다. 예외이기 때문에 뉴스가 된다는 것이다. 그런 부정적이고 폭력적인 사건들은 우리 자신을 보도하는 것이 아니라 우리가 아닌 것을 보도하는 것이라는 말이다!

● 리프킨의《공감의 문명》은 나아가 우리로 하여금 인간 행동 양상에 대해 좀 다른 시각으로 접근해 볼 것을 촉구한다. 더 구체적으로 말하면 현재 들려오는 이야기 그 배후를 볼 것을 촉구한다.

그렇다면 먼저 우리는 현재 어떤 이야기를 듣고 있나? 우리는 우리가 지독하게 어두운 존재라는 이야기, 모두가 자기만 생각하는 것 같다는 이야기를 듣는다. 하지만 매일, 매시간, 매분 얼마나 많은 협력 행위들이 보도되지 않은 채 잊히고 있는가? 저녁 뉴스에는 나오지 않지만, 사람들은 서로 안부를 묻고, 서로를 향해 문을 열고, 감사의 말을 하고, 사랑의 제스처를 보내고, 선한 의도로 대화를 나누고, 도움의 손길을 내미는 일들이 얼마나 많이 있을까? 그 수는 도저히 셀 수 없을 정도이다. 하지만 어떤 사람이 차를 훔치거나 은행을 털거나 다른 사람에게 상해를 입혔다면 그것은 머릿기사가 된다.

● 장을 보러 차를 타고 식료품점으로 가는 간단한 행위를 한번 생각해 보자. 그런 간단한 행위에도 말해지지 않는 많은 협력 관계가 존재한다. 거리의 운전자들은 빨간 불이면 차를 멈추고, 다른 쪽에서 오는 차들에게 길을 양보하고, 오직 두 줄의 차선 사이에서 제한 속도로 운전하며, 교차로와 신호등 앞에서는 속도를 늦춘다.—내가 달리는 도로를 건설하고, 내가 타는 차를 디자인하고, 그 부속품들을 제작하고 조립하는 일들에도 많은 협력 관계가 존재함은 두말할 것도 없다.—경쟁이 목적인 스포츠 팀들이 경기장에 도착하는 데에도 역설적이게 수많은 협력 행위가 요구된다. 리프킨은 인류의 긴 역사가 보여주는 상당한 증거를 제시하며 이렇게 주장한다. "인류에게는 보고되지 않은 더 큰 이야기가 있다. 바로 서로 연결되고 협력하고 사랑을 주고받으려는 욕망 말이다."

진화 생물학자 엘리자벳 사투리스Elisabet Sahtouris의 연구는 인간이 오늘날 왜 이렇게 공격적이고 경쟁적인지 이해하는 한 가지 관점을 제공한다. 그것은 인간의 본성이 그렇기 때문이 아니라 우리가 아직 어리기 때문이라는 것이다. 엘리자벳은 생명의 기원을 연구하는 과정에서 생명의 발달을 명확히 이해할 수 있게끔 하는 하나의 패턴을 발견해 냈다. 다음이 그녀가 발견한 것이다.

● 40억 년 전 지구상의 모든 생명체는 '단세포'였다. 그 단세포들은 먹을거리와 살아갈 공간을 확보하고 성장하기 위해 서로 맹렬하게 경쟁하고 싸우기 시작했다. 하지만 시간이 흐르자 그렇게 싸우던 단세포들이 소통하기 시작했고 곧 협력의 상태로 들어갔다. 그 협력으로 단세포들은 '유핵有核 세포'라는 새로운 생명체를 탄생시켰다. 그 유핵 세포들은 단세포가 겪었던 과정을 그대로 되풀이했다. 경쟁하기 시작했고 그 고통에 괴로워하다가 서로 '대화하기' 시작하다가 마침내 협력의 상태로 들어갔다. 그 협력을 통해 '다세포'의 새로운 생명체가 탄생했고, 이 다세포 생명체로부터 인류가 생겨났다. 정말 흥미로운 부분은 여기서부터이다. 인류의 나이가 생명체의 역사 40억 년에 비하면 아주 짧은 17만 5천 살에 불과하기 때문에, 사투리스는 이론적으로 인간 존재는 여전히 혈기왕성하게 경쟁하는 단계에 있으며, 우리의 단세포 조상들이 그랬던 것처럼 현재 인터넷 같은 기술적 혁신들을 통해 서로 대화하는 방식으로, 경쟁의 상태에서 협력의 상태로 들어가고 있는 중이라고 말한다. 그리고 우리가 그런 변화에, 우리 이전의 자연계처

럼, 성공한다면 인류는 번영하기 시작할 테고 창조성과 조화와 균형의 긴 시기로 돌입하게 될 것이라고 말한다.

아래, 우리가 철저하게 서로 소통하고 싶어 하는 존재임을 보여주는 최근의 과학적 발견 몇 가지를 소개한다. 이 외에도 증빙 자료는 무궁무진하다.

● 1976년,《발달심리학저널*Journal of Developmental Psychology*》에 실린한 연구물에서는 태어난 지 34시간 된 아기들이 다른 아기가 울경우 같이 운다는 사실을 보여줬다. 이것은 인간이 태어날 때부터타인의 고충에 '공감함에 따른 스트레스'를 받음을 보여준다.

● 제2차 세계대전 직후 행해진 다양한 연구들은, 사랑과 소통에대한 욕구가 너무도 원초적이기 때문에 안아줄 부모가 없어 사랑을 받지 못한 고아 아기들은 쉽게 병에 걸리고 쇠약해지며 심지어죽기까지 한다는 것을 확인해 주고 있다.

● 짧은꼬리원숭이를 연구하면서 우연히 발견한 여러 사실을 통해 과학자들은 인간이 '거울 뉴런mirror neuron'(다른 존재의 고통을느끼게 하는 생물학적인 특징)에 의해 행동의 영향을 받는다는 것을알게 되었다. 그러므로 우리는 어떤 사람이 머리나 사타구니에 타격을 받을 때 그 사람과 같은 고통을 느끼게 된다! 공감 능력의 생물학적 기반이 바로 이 뉴런들이라고 널리 받아들여지고 있다.

● 신경심장학이라 불리는 새로운 과학 분야의 연구에 따르면 우리의 심장은 몸으로부터 3미터에서 4.5미터까지 확장되는 상당한

전자기 신호를 방출한다. 나아가 그때그때의 감정 상태에 따라 그 신호의 파장은 다양하게 달라지는 모습을 보인다. 감사하고 행복할 때 방출하는 신호와 불만스럽고 슬플 때 방출하는 신호가 다르다. 그리고 놀랍게도 그 전자기 신호는 근처에 있는 다른 사람들과 자동으로 연결되며 그 사람의 에너지에 영향을 준다. 그러므로 어떤 사람이 화를 내거나 기뻐하거나 행복해하거나 혹은 슬퍼하며 방 안으로 들어올 때 근처에 있는 사람은 그 사람의 감정 상태를 감지하고 그 즉시 그 영향을 받게 된다.

● 수십 년 동안 인체를 연구해 온 결과, 이제 의사들은 화를 내거나 공격적이거나 좌절하는 상태가 인체의 생리학적 리듬을 흐트린다는 사실을 잘 안다. 그런 '부정적' 상태가 지속되다 보면 심장마비, 두통, 소화 장애, 당뇨, 면역력 저하, 수명 단축 같은 다양한 문제가 발생할 수 있다. 반대로 사랑, 감사, 기쁨, 공감 같은 더 '긍정적인' 상태를 지속하는 것도 마찬가지로 그에 상응하는 결과를 부른다. 긍정적인 삶을 지속하는 사람은 더 건강하고 원기왕성해지며 수명도 길어진다.

● 과학은 분노와 불만 같은 부정적인 감정 상태가 인지 기능을 손상시킨다는 것도 증명했다. 따라서 "화를 내는 육상 선수는 성적이 나쁘게 되어 있다." 반대로 기뻐하고 감사하는 마음 같은 긍정적인 감정 상태는 최적의 인지 기능을 끌어내고 몸의 상태를 강화하며, 나아가 예술적·직업적 능력도 향상시킨다. 그와 같이 최적의 생산성을 보이는, 조화로운 상태를 '플로우flow'라고 한다. 최적의 상태의 운동 선수, 캔버스와 하나가 된 화가는 바로 그런 플

로우 상태에 있다.

● 게놈 프로젝트Genome Project(인간 유전체 규명 프로젝트─옮긴이)는 DNA 연구를 통해 인류의 기원을 추적했다. 그 결과 놀랄만한 사실을 알아냈다 모든 인간은 사하라사막 이남에서 살았던 한 쌍의 남녀 조상에게서 나왔다는 것이다. 다른 말로 고대의 한 부모 밑에서 인류 전체가 나왔고, 이는 사실 우리가 하나의 큰 가족이라는 뜻이다. 성자와 성인 들이 수천 년 동안 우리 모두가 형제자매라고 했던 바로 그 말을 이제 과학이 증명한 것이다!

대화 11

두려움 뭐부터 시작해야 할지 모르겠군. 논쟁거리가 너무 많아.

진리 기본적으로 너는 다 믿기 어렵다고 생각하겠지.

두려움 너는 이 모든 걸 너무 쉽게 믿어버려! 적당한 증거도 없이 믿고 있다고.

진리 적당한 증거가 뭔데?

두려움 증거가 증거지 뭐야. 증거가 있어야 과학이 돼.

진리 지금까지 말한 연구들이 '모두' 과학이야. 나는 '네가 과학이라고 부르는 것'이 보여주는 '증거'에만 내 자신을 가두고 싶지는 않아. 나는 인간이 수천 년 동안 쌓아온 경험도 하나의 증거라고 생각해. 수세기 동안 쌓여온 시인과 선지자 들의 가르침도 증거이고.

두려움 시인과 선지자? 그들이 삶이 작동하는 법에 대해 뭘 알아?

과학이 뭔지 어떻게 알고?

진리 아주 많이 알지. 성자와 성인 들이 수천 년 동안 직관적으로
알았던 것, 즉 우리가 모두 형제자매라는 사실을 과학이 이제 확
인해 주었잖아?

두려움 그러니까 너는 과거의 성자와 성인이 오늘날의 과학보다
낫다는 거야? 우리가 형제라고 웅변을 토했다고 해서? 그 신비
주의자들은 몽상가들이야. 그들은 늘 일반론을 말하지. 그리고
거기서 그쳐버려.

진리 릴케의 시는 매우 구체적이야. "내 세상을 깨닫고 거기에 모
양을 부여하는 힘이 내 안에 있다. 내가 그 힘을 주시하지 않았
다면 아무것도 실재하지 못했을 것을 나는 안다. 모든 생성은 나
를 필요로 했다.……" 그리고 하피즈는 이렇게 말했지. "내가 없
다면 모든 형상은 무너질 것이다." 이런 관점들이 양자 역학의
기본이야.

두려움 너의 주장은 추측이고, 게다가 지나치게 주관적이야. 과학
이 아니라고. 과학은 측정 가능하고 수량화할 수 있어야 해.

진리 그러니까 너는 측정할 수 있으면 진짜라고 믿는 거야?

두려움 그래, 그게 과학의 기본이지.

진리 어머니가 아들을 얼마나 사랑하는지 과학이 측정할 수 있어?
과학이 측정할 수 없다고 어머니의 사랑이 가짜가 될까? 별들로
가득한 밤하늘을 볼 때 네 가슴에 벅차오르는 감동을 과학이 측
정할 수 있을까?

두려움 그런 경험들은 진짜일 테지만 증거로 채택될 수는 없어.

진리 왜 안 되지?

두려움 왜냐하면 느낌은 과학적이지 않으니까!

진리 너는 과학적이어야 믿을 수 있다고 말해. 하지만 영적이고 종교적이어야 믿을 수 있다고는 말하지 않지. 네가 편견에 사로잡혀 있다는 것 보여?

두려움 당연하지! 과학은 증명하고 입증할 수 있어!

진리 하지만 과학은 불완전하고 종종 틀리기도 해. 심지어 여기서 말한 발견들조차 앞으로 더 연구가 진행됨에 따라 인정을 받거나 거부당할 수 있어. 그런데도 왜 사랑, 직관, 기도의 힘 같은 심오한 인간 경험들이 단지 네 잣대에 정확히 들어맞지 않는다고 해서 무가치한 것으로 치부되어야 하지?

두려움 나는 너랑 달라. 나는 어쩌다 무릎 위로 떨어진 비주류 과학의 파편들을 보고 단번에 그것을 믿어버리지는 않아. 나는 더 많은 증거들이 필요해. 그래야 믿을 수 있어.

진리 무엇에 대한 더 많은 증거? 인간이 선하다는 것에 대한 확실한 증거?

두려움 일단은 그래, 바로 그거. 나는 내가 보는 것을 믿어. 나는 인간의 공격성과 폭력을 봐.

진리 그런 것들을 보는 것은 네가 그런 것들을 보도록 훈련되었기 때문이야. 삶을 봐, 삶의 모든 것을 보라고. 그럼 상당히 다른 것을 보게 될 거야. 너는 사랑을 보게 될 거야. 모든 곳에 사랑이 있음을 보게 될 거야. 결국 중력의(세상의) 근본은 끌어당김이고 사랑의 뿌리도 끌어당김이야.

두려움 내가 보는 건 인간들이 서로를 죽이는 짓들이야. 전쟁과 강 간, 학교 안에서의 학살 같은 거 말이야.

진리 너는 그 학살에 너무 집중하고 있어. 한 외톨이 총잡이의 단 순한 행위에만 집중하느라 너는 그 어둠에 대한 반응으로 세상 곳곳에서 쏟아지는 사랑의 분출, 셀 수 없이 많은 소통의 눈물 들, 치유를 위한 수많은 기도들, 무수한 자비의 행위들을 놓치고 있어.

두려움 말도 안 돼. 사람은 약자에게는 사랑을 주지만, 그러고 나 선 바로 폭력적이고 공격적인 본성으로 돌아가게 되어 있어.

진리 인류가 진짜로 폭력적이고 공격적이기만 하다면 왜 부정적 인 감정 상태 때문에 몸이 상하게 될까? 인간이 원래 그런 상태 에 살고 있다면 왜 그런 상태들로 인해 젊은 나이에 당뇨병, 위 장병, 면역력 장애 같은 병을 부를까? 화를 내고 공격적일 때 왜 뇌로 연결된 경로들이 좁아질까? 우리가 철저하게 공격적인 종 이라면 그런 상태의 인간은 왜 번영하지 못할까? 그리고 반대로 왜 긍정적인 감정 상태가 건강을 회복시킬까? 왜 사랑, 평화, 감 사의 상태 같은 교감하는 상태가 면역 기능을 강화하고 스트레 스 관련 질병의 발병을 줄일까? 왜 웃음이 병을 치유하고, 왜 기 쁨, 감사 같은 긍정적 감정 상태가 회복을 앞당기며 사회 활동과 사회적 능력을 향상시킬까? 너는 과학을 요구했지. 이게 과학이 야. 논쟁의 여지가 없는 과학.

두려움 하지만 공격성과 경쟁이 인류를 움직이게 하는 것도 논쟁 의 여지없는 사실이야. 경제를 봐. 경쟁으로 가득하다고.

진리 그래서 잘되고 있어? 경제가?

두려움 그게, 꼭 그렇지는 않지만, 그러니까 지금은 별로 좋지 않지만 머지않아 잘될 거야.

진리 경제가 계속 삶이 작동되는 방식 밖에서 움직인다면 잘되지 못할 거야. 그런 일은 결코 없을 거야.

두려움 터무니없는 소리! 과거에 경제는 잘 움직였고, 앞으로도 곧 잘 움직이게 될 거야.

진리 경제는 소수만을 위해 잘 작동해 왔지. 다수를 위해서는 제대로 작동하지 못했어. 왜 그런지 알아?

두려움 복잡한 문제야.

진리 아니, 매우 간단한 문제야. 지금 경제 얘기가 나오다니 아주 좋아. 이제 경제가 어떻게 작동하는지 한번 살펴보자고. 아니 어떻게 작동을 잘하지 못하는지 살펴본다고 하는 게 낫겠군.

이코노-미*

> 우리는 암묵적 동의agreed 하에 탐욕적a greed이다.
> —제리 하난Jerry Hannan

내가 이야기하는 모든 것, 내가 지지하는 모든 철학 중에서 경제에 대한 나의 관점만큼 사람들의 직접적인 반대나 치열한 논쟁에 맞닥뜨리고 심지어 경멸을 받기까지 한 것은 없었다. 사회주의자라는 소리도 셀 수 없이 많이 들었다. 확실히 밝혀두겠는데 나는 사회주의자도 아니고, 정확히 사회주의자가 무슨 뜻인지도 잘 모르겠다. 기독교도라는 말처럼 사회주의자라는 말도 KKK Ku Klux Klan(백인 우월주의를 내세우는 미국의 비밀 테러 단체—옮긴이) 창설자부터 커크 카메론Kirk Cameron(동성연애 같은 사회 문제에 의견 피력을 활발하게 하는 미국의 배우이자 기독교 전도사—옮긴이)에 이르기까지 다양한 인물을 폭넓게 담아놓은 잡동사니 자루 같다. 하지만 부정적인 의미로 무슨무슨 주의자라며 남을 험담하는 것은 두려움의 첫째

Econo-Me. '나만을 위한 경제' '나만 보는 경제'를 뜻한다. 반대말로 '모두를 위한 경제'라는 뜻의 '이코노-위Econo-We'라는 말도 있다.—옮긴이.

가는 방어 기제이다. 우리는 그런 험담으로 결코 간단치 않은 인간의 여러 성향을 몇 안 되는 편견 목록함 속에 넣고 편리하게 봉인해 버린다. 어떤 사람에게 공화당원, 민주당원, 기독교도, 유대교도, 사회주의자, 공산주의자, 동성연애자, 이성연애자, 좌익, 우익 같은 적당히 자극적인 꼬리표를 붙이고 나면 우리는 그 사람한테서는 더 이상 배우지 못하게 된다. 규정하는 것은 곧 발견의 죽음을 뜻한다. 그러므로 이 책에서의 대화가 우리에게 새로운 아이디어와 가능성을 발견할 기회를 조금이라도 주거나 약간의 좋은 점이라도 있다면, 그 봉인 상자를 멀찌감치 떨어뜨려 두자. 내가 하는 말에 마음을 계속 열어둔다면 어쩌면 당신은 어떤 원칙들을 깨닫게 될지도 모른다. 바로 내 삶의 경제에 적용했을 때 그때까지 내 경제관이나 철학의 핵심을 이루던 것을 송두리째 흔들어버린 원칙들 말이다.

나는 경제학자도 아니고 경제학자인 척하고 싶지도 않다는 걸 알아주기 바란다. 하지만 내가 현재의 경제 시스템이나 주의주장들에서 자유로운 것은 좋은 일이다. 전문 지식은, 우리가 그것을 완고하게 방어하려고만 하고 그 진실한 모습을 외면하면 빛이 아니라 짐이 될 수 있다. 업턴 싱클레어Upton Sinclair가 지적했듯이 "이해하지 않아야 벌어먹을 수 있는 사람에게 뭔가를 이해시키기란 어려운 일이다." 내가 바라는 것은 그저 당신이 상상 속에서나마 밥벌이를 떠나, 우리의 경제 시스템과 그 시스템이 소중히 여기는 가치 그리고 그것이 지닌 너무나도 명백한 부조리들을 자유로이 살펴보는 것뿐이다.

대화 12

두려움 최소한 시작은 정직했군. 이 주제에 대해 아는 것이 아무것도 없다고 인정했으니까 말이야.

진리 내가 아는 것은 모든 생태 시스템이 똑같은 법칙들의 적용을 받는다는 거야. 그런 법칙들을 위반한다면 시스템은 살아남을 수 없어.

두려움 또 무식을 드러내는구나. 경제는 생태 시스템이 아니야.

진리 경제도 살아있는 시스템이야. 그러므로 다른 것들이 모두 작동하는 법칙의 적용을 받는 거지.

두려움 지금 열대 우림이나 개미 집단에 적용되는 법칙이 경제에도 똑같이 적용된다고 말하는 거야?

진리 떡갈나무, 산호초, 유핵 세포에도 똑같이 적용되지.

두려움 하지만 인간은 달라. 우리는 더 복잡하고, 우리가 만들어낸 시스템도 그렇게 쉽게 해부될 수 있는 게 아냐.

진리 인간이 문제를 복잡하게 만들었냐 아니냐를 말하는 게 아니라, 모든 살아있는 시스템을 작동하게 하는 규칙들이 간단하고 일관성 있다는 뜻이야.

두려움 표 계산에 적용되는 규칙이 일출에도 똑같이 적용된다는 거야?

진리 그 표 계산에서 다루는 사안이 우리가 살아가고 번영하기를 바라는 시스템에 관련된 것이라면 그래. 소로는 "태양은 단지 아침에 뜨는 별에 지나지 않는다"고 했지. 나는 아침에 뜨는 그 별에 '경제가 제대로 작동함을 매일 증명하는'이라는 수식어를 덧붙이고 싶어.

두려움 '제대로 작동한다'는 게 뭐야?

진리 그게 살아갈 수 있도록 힘을 주고 번영하게 해주는 거니까.

두려움 그 '경제'라는 건?

진리 태양은 공짜로 받고 공짜로 주니까.

두려움 그게 경제라고? 사회주의자 소리를 듣는 이유를 알고도 남겠어!

진리 네가 나에게 사회주의자라는 꼬리표를 붙인다고 해서 삶의 법칙들이 작용하지 못하도록 할 수는 없을 거야. 그리고 그 삶의 법칙들은 분명 효과를 낼 거고. 네가 동의하든 않든 말이야.

두려움 좋아. 그럼 그 법칙들이 뭔지 말해봐.

진리 그 전에 먼저 스스로 법칙이라고 표방하는 법칙들에 대해 살펴볼 필요가 있어. 인간이 만든 그런 '법칙 아닌 법칙들' 말이야.

법칙 아닌 법칙

역경을 극복하기는 어렵다. 하지만 성공을 극복하기는 더 어렵다.
—선불교

　현재 우리의 집단적인 운명을 쥐고 있는 경제 시스템과 경제 법칙들과 관련한 분명한 사실이 하나 있다. 너무 간단하고 너무 당연해서 아무도 진지하게 생각하지 않는 사실인데, 바로 "그것들이 죄다 만들어진 것들"이라는 사실이다. 내가 과장하거나 농담한다고 생각할 것 같아 미리 말하지만 전혀 그렇지 않다. 우리 경제는 우리가 발명한 것이다. 주식 거래, S&P 지수(미국의 스탠더드 앤드 푸어 사가 작성해 발표하는 주가 지수—옮긴이), 상품 가격 지수, 이자율, 인플레이션, 평가절하…… 모두 '경제'라는 게임 속에서 놀기 위해 우리가 만들어낸 것들이다. 축구나 테이블 축구에서처럼 우리는 게임의 승자와 패자를 선언하지만, 경제적인 손실은 스포츠 세계와 달리 실재하는 것이라고 사람들은 생각한다. 어떤 사람들에게는 그것이—생존의 가장 원시적인 형태인—삶과 죽음의 문제가 되기도 한다. 그냥 텔레비전을 켜기만 하면—어디서 왜 망가졌는지, 어떻게 고칠지 아무도 모르는—이 게임 속의 패자들을 수도 없이 볼 수 있다.

하지만 좋은 소식은 경제가 늘 이렇지는 않았고 이럴 필요도 없다는 것이다. 경제가 다른 방식으로 작동한 문명의 예는 셀 수 없이 많다. 타라후마라 인디언들(멕시코 중서부의 인디언 부족—옮긴이)은 맥주와 향신료를 맞바꾸는 간단한 경제를 발전시켰고, 칼라하리 사막의 산 족 부시맨들은 기꺼이 소유물을 나눈다. 이로쿼이들(뉴욕 주에 살았던 인디언 부족—옮긴이)은 큰 결정을 내릴 때는 꼭 미래의 일곱 세대에 미칠 영향을 고려했다. 수천 년 동안 지속 가능함을 증명한, 그리고 더 현명함을 증명한 대체 경제의 예는 많다. 그러니 마음을 열고 좀 더 신중하게 생각해 보는 것이 어떨까? 우리가 원시인이라고 부르는 사람들의 경제 시스템과 비교했을 때 현재 우리의 접근 방식이 어쩌면 틀렸을 수도 있지 않겠는가?

먼저, 최근에 놀라운 통계 자료를 발표한 남캘리포니아부터 살펴보자. 2008년 경제 붕괴 이래 캘리포니아 부동산 가치가 800억 달러(약 80조 원—옮긴이)나 하락했다. 이 충격적인 통계가 나오게 된 이유는 주택의 대거 압류 탓이 아니다. 경제 법칙—이것이 바로 법칙 아닌 법칙이다. 그 이유는 곧 보게 될 것이다—에 따르면 집 하나의 가치가 내려가면 주변 집들의 가치도 내려가게 된다. 그러므로 당신 이웃이 채무를 갚지 못해 헐값에 집을 넘기면 당신 집의 가치도 하락하는 것이다. 더 놀라운 뉴스도 있다. 2008년 이래 세계 경제가—놀라지 마시라—무려 34.4조 달러를 잃었다고 한다. 34.4조 달러가 사라진 것이다. 그 34.4억이 아니라 '조'이다. 아까 놀라지 않았다면 지금은 놀라도 된다!

하지만 진짜 놀랄만한 이야기는 이것이다. 지금까지 우리가 교묘한 속임수 게임을 거의 맹목적으로 믿어왔다는 것이다.─진짜 문제는 없었다.─ 그것이 우리 마음, 우리 기분, 우리의 현재, 우리의 미래, 우리의 삶 자체를 쥐고 흔들게 내버려두었다. 그것은 정말이지 교묘한 속임수 게임이다. 커튼을 열고 진짜로 보면 그곳에는 아무것도 없다. 《오즈의 마법사》처럼, 그저 분석가, 은행 종사자, 중개인, 그리고 광기에 사로잡혀 우리를 조종하고 우리의 집단적 두려움을 강화하는 미디어의 망상적인 울부짖음이 있을 뿐, 그 두렵고 무시무시한 목소리 뒤에는 정말이지 아무것도 없다.

이해하기 어려운 말일 수도 있다. 우리는 이 모든 경제적 문제들이 실재한다는 착각에 거의 절대적으로 빠져 있기 때문이다. 하지만 잠시만이라도 더 넓은 그림을 보면서, 2008년 이래 우리가 잃어버린 것은 아무것도 없을지도 모른다고 한번 생각해 보기 바란다. 그리고 그 생각에 충분히 잠겨보기 바란다.……"현재의 경제 위기에서 잃어버린 것은 아무것도 없다."

2005년 허리케인 카트리나가 뉴올리언스를 강타했을 때 손에 잡히는 손실들이 있었다.─집들이 파괴되고 기간 산업에 타격이 있었고 많은 생명이 죽었다.─허리케인 샌디 때도 진짜 손실과 손상이 있었다. 2011년 쓰나미가 일본을 덮쳤을 때는 더 많은 집과 기간 산업과 생명이 사라졌다.

하지만 경제 파탄의 쓰나미로는 우리가 무엇을 잃었을까? 파괴된 집은 하나도 없다. 범람도 없었고, 빌딩들도 건재하다. 모든 것이 여전히 그 자리에 그대로 서 있다. 기간 산업도 전혀 파괴되지 않았다. 그렇다면 무엇이 변한 걸까? 종이 위의 숫자들이 변했다. 전광판의 숫자들이 변했다. "인식이 변했다."

"하지만 시장이 무너지면서 노후 대비 자금을 날려버렸거나 집을 잃은 사람들은요? 그런 일은 진짜로 눈앞에서 벌어진 일들이잖아요?"라고 말할지 모르겠다. 그런 일은 확실히 진짜이고, 상처를 입은 사람들이 있다. 하지만 그런 고통의 뿌리를 거슬러 올라가 보자. 그때 우리는 매우 불편한 진실을 발견하게 된다. 거기서 우리는 인간이 동료 인간에 대항해 만들어놓은 의도적인 선택들, 분리의 망상에 기반하지만 모두가 받아들이는 사회적 이기성을 발견하게 된다. 우리는 모두 경제 게임 속 통제의 아이디어들—모든 것을 이득을 남기기 위한 기회로 보는 것—을 따르고 준수하는 데 동의했다. 경제가 우리에게 말하는 것은 모두 판매를 위한 것이다.

우리가 잃어버린 것은 손에 만져지는 막대기와 돌, 피와 근육, 살과 뼈의 현실 세상이 아니라, 우리가 본래 서로 연결된 형제들이라고 하는 '비전vision'의 세상이다. 사람들은 그럴 필요가 없는데도 가족들을 집에서 쫓아냈다. 두려움이 시장을 엄습해 곤두박질치게 했지만 사실 우리는 두려움에게 시장을 내어줄 필요가 전혀 없었다. 시장은 그것을 만들고 유지하는 사람들을 그대로 반영한다. 우리가 안정적이면 우리의 시장도 안정적일 것이다. "당신은 선한 사람이에요"라는 이 한 마디만이 어쩌면 압류 위기를 해결해 줄 수 있었을 것이다. 하지만 우리는 다 같이 힘을 모아 문제를 해결하지 않았다. 우리는 사람들한테서 이익을 얻어내는 쪽을 선택했다. 매일 듣는 이야기들 배후를 보면 진실은 분명해진다. 우리는 기본적으로 금융 위기가 아니라 동정심compassion의 위기를 겪고 있는 것이다. 분명 어떤 사람들은 나의 이런 주장이 순진한 발상이라고 말할 것이다. 하지만 언제부터 다른 사람의 안녕을 걱정하는 것이 순진한 발상이 되었나? "우리 경제가 추락한 것은 어떤 가치가 떨어져서가 아니라 우리가 우리의 가치를 잃어버렸기 때문이다."

'법칙 아닌 법칙'인 경제 법칙에 대한 우리의 맹목적인 믿음에서만큼 동정심의 위기가 분명한 곳도 없다. 예를 들어 수요와 공급의 법칙이 그렇다. 우리는 이 법칙을 나이가 많든 적든 모든 사람에게 가르치며 이 법칙이 중력이나 돌풍처럼 절대불변이라고 선언한다. 하지만 그것은 법칙이 아니다. 지금 이 글을 쓰고 있는 내 옆에는 물이 한 잔 있다. 수요와 공급의 법칙은 이 물이 남캘리포니아에 남아 있는 마지막 물일 경우 이 물의 가격이 올라간다고 말한다. 하지만 그것은 법칙이 아니라 선택이다. 그렇다. 이 물의 '가치'는 오른다. 하지만 나는 이 물 한 모금에 천 달러를 요구할 수도 있고 꼭 그만큼이나 쉽게 이 물을 아무 대가 없이 나눠줄 수도 있다. 희소 가치가 있다고 해서 자동으로 어떤 법칙이 발휘되는 것은 아니다. 이 세상에 남은 마지막 사과라고 해도 사과는 여전히 사과이고 그 이상도 그 이하도 아니다. 어떤 사람이 매우 인위적인 목적을 갖고 사과의 가격을 올릴 때 다른 사람들이 그 사과를 갖기가 어렵게 될 뿐이다.

법칙 아닌 법칙에 대한 믿음 때문에 자꾸자꾸 망상들이 생겨난다. 예를 들어 인플레이션은 열역학 원칙이나 엔트로피 법칙 같은 자연의 힘이 아니라 우리의 집단적 두려움의 구현이다. 경제 교과서는 다른 말을 할 것이다. 정부가 통화를 과도하게 찍어내 1달러의 화폐 가치가 떨어질 때 뒤따르는 결과가 인플레이션이라고 하고, 상품 공급량이 줄어들 때 가격이 자연스럽게 오르게 된다고 설명할 것이다. 하지만 자연스럽게 가격이 오르는 일은 없다. 사람들이 가격을 올리기로 선택하는 것이다. 경제 교과서는 인플레이션 수치나 경향이 인간의 선택에 기반한다는 사실은 말해주지 않는다. 그것은 하나의 연쇄 반응으로 이루어지고, 그 처음은 두려움이었다. 예컨대 상품 혹은 서비스 가격이 올라가면 빵을 사는 사람은 빵 값이 오른 만큼 더 내야 하고, 그 경우 그는 자신의 회계 서비스에 대한 비용도 더 청구하게 되는 식이다. 상품과 서비스의 가격이 오를 때 그 뿌리를 거슬러 올라가 보기 바란다. 그럼 의도적인 선택이 그 시작임을 발견할 것이다. 의도적인 선택이 법칙은 아닌 것이다.

대화 13

두려움 너는 부당하게도 경제만 모두 만들어진 것이라고 말해. 발명된 것이라고 말이야. 과연 그렇지 않은 것이 있을까? 우리는 아이들을 가르치고 사회를 조직하고 정부를 만들고, 그렇게 모든 것을 만들지. 심지어 너의 이름조차 만들어진 거라고!

진리 그러니까 그것들이 다시 만들어질 수는 없을까?

두려움 하지만 그때 우리가 해야 할 질문은 "경제가 만들어졌을
까?"가 아니라 "경제가 제대로 돌아가고 있나?"여야 해.

진리 그래 그럼, 경제가 제대로 돌아가고 있어? 이 나라만 봐도 아
이들 네 명 중에 한 명 꼴로 매일 주린 배를 잡고 잠이 들어. 세
계 인구의 1퍼센트가 40퍼센트의 부를 차지하고 있고, 10억의
사람들이 매일 1달러도 안 되는 돈으로 살아. 원한다면 더 말해
줄 수도 있어. 유럽 경제의 붕괴부터 세계 금융 위기까지……

두려움 경제가 침체해 있는 짧은 기간만 보고 경제를 논할 수는 없
어. 좀 더 장기적으로 봐야 해.

진리 빈부 격차, 경제적 불공정 같은 문제는 전혀 새로운 것이 아
니야. 모든 독이 그렇듯 그 독도 오랫동안 사람들 속으로 조금씩
잠식해 들어왔지. 그 독이 뭐냐고? 우리의 현재 시스템이 늘 고
취하는 사고방식과 가치야.

두려움 무슨 소용이람? 가치에 대한 이 모든 토론 말이야. 공허한
이상주의일 뿐이야.

진리 하나의 시스템을 뒷받침하는 가치들을 보면 그 시스템에 정
확하게 어떤 일이 벌어질지 알게 돼. 지금의 경제 문제는 우연히
생겨나지 않았어. 하나의 가치 체계, 사고방식에서 그대로 나고
자란 문제들이지. 그 사고방식은 자신의 이미지를 거울처럼 반
사하게 마련이고 말이야.

두려움 부자들에게 보내는 또 하나의 고발장 같군. 너는 손가락질
에 정신이 없어. 계급 투쟁의 북소리가 들려오는 것 같아.

진리 우리의 손가락은 현 경제의 사고방식을 받아들이는 사람이

라면 누구한테라도 향할 거야. 부자든 가난한 사람이든 중산층
이든 출세한 사람이든 상관없이.

두려움 그렇다면 네가 그렇게 터무니없다고 생각하는 그 사고방식
이 정확하게 뭐지?

진리 모든 것을 상품화하는 사고방식, 가장 많이 획득하고 축적하
는 사람들을 추앙하고 예찬하는 사고방식.

두려움 하지만 가장 많이 획득하고 축적하는 사람들은 부자들이
야. 그런데도 너는 그들을 향해 말하는 게 아니라고?

진리 부자들을 부러워하는 가난한 사람들의 사고방식도 마찬가
지로 문제야. 그런 점에서 가난한 사람들도 그 독을 퍼뜨리고 현
상태를 유지하는 데 일조하고 있지.

두려움 좀 더 구체적으로 말해보자고. 너는 더 지혜롭고 더 지속
가능한 대안 경제의 예가 수도 없이 많다고 했지. 예를 하나 들
어봐. 그럼 내가 네 논리의 모순들을 모조리 찾아낼 테니.

진리 인류의 살아있는 가장 오래된 조상이라고 할 수 있는 칼라하
리 사막의 산 족 부시맨들의 철학이 그래.

두려움 산 족 부시맨? 흥! 그들은 원시인들이야! 지금도 오두막에
살며 먹을 것을 찾아다닌다고!

진리 그들이 오두막에 살든 큰 집에서 살든 그것은 중요하지 않
아. 중요한 것은 그들이 5만 년 이상 유지해 온 원칙들이야.

두려움 하지만 우리에게는 발달한 과학 기술과 의료 기술이 있어.
우리는 그들처럼 살고 싶지 않아!

진리 우리는 무엇보다 계속 살고 싶어 해. 그리고 그들은 그 어떤

사회보다 더 오래 살아남았어.

두려움 그것이 그들이 지키고 있는 원칙들 때문이라는 거지?

진리 그래. 그들의 삶과 경제에 기반이 되는 원칙들.

두려움 그렇다면 그 원칙들에 대해 말해봐. 부시맨들을 5만 년 동안 살게 한 그 원칙이 뭐지?

진리 부시맨을 처음 연구한 인류학자들 이야기를 살펴보면 그 원칙들을 아주 쉽게 알 수 있어. 연구 초기에 부족의 호의를 얻으려고 연구팀은 간간이 자신들의 음식을 나눠줬지. 다양한 음식들로 여러 번 대접을 했어. 하지만 특별히 호의를 보이는 것 같지도 않았고, 고맙다는 말 같은 것도 전혀 없었어.

두려움 내 말이 그 말이야! 인간의 기본인 감사도 할 줄 모르는 원시인들이 무슨 연구의 가치가 있겠냐고!

진리 좀 더 들어봐. 부시맨들과 시간을 보낼수록 한 가지 원칙이 점점 더 분명해졌어. 바로 "부시맨들 사이에서 음식 나눔은 모두가 당연하게 받아들이는 일"이란 거였어. 사실 부시맨들은 자신들의 음식을 마지막까지 다 나눠 먹었어. 심지어 이방인하고도 나눠 먹었지. 그 이방인이 어느 날 자신들에게 먹을 것을 줄 수도 있다고 믿기 때문이야. 그런 행동 양식이 너무 당연해서 감사할 필요가 없었던 거야.

두려움 그게 무슨 말이야? 감사할 필요가 없다니. 문명인이라면 음식을 받으면 어떻게든 감사를 표시해.

진리 그게 바로 나의 요지야. 현재 우리 사회에서 음식 나눔은 당연한 것이 아니라서 그런 일이 있으면 사람들이 감사하다고 하지. 부시맨들에게 그런 일은 곧 그들이 사는 방식이야.

두려움 감사의 표시가 왜 나쁜지 도대체 이해할 수가 없군!

진리 나쁘지 않아. 단지 불필요하다는 얘기야.

두려움 문명인들 사이에서 감사의 표시는 늘 환영받고 또 늘 필요 했어!

진리 그래? 너는 빨간 불에 멈춰서 있는 네 앞 차 운전자에게 감사 하다고 말해?

두려움 그게 무슨 말이야?

진리 그러니까 차에서 내려 앞 차로 가서 창문을 두드린 다음 "고 마워요!"라고 소리 치냐고?

두려움 아니, 물론 아니지!

진리 왜 그러지 않지?

두려움 나를 미쳤다고 생각할 테니까!

진리 왜 그렇게 생각할까?

두려움 그는 단지 법을 준수하고 있을 뿐이야. 큰 일 아니라고. 다 들 그래.

진리 부시맨의 음식 나눔도 그래. 큰 일 아니라고. 다들 그러니까 말이야. 빨간 불 앞에서 멈췄을 때처럼 고맙다는 말은 필요 없어.

두려움 좋아. 그들은 음식을 나눠. 그게 그렇게 큰 일이야? 그것 때 문에 그들 사회가 우리 사회와 그렇게나 다른 거야?

진리 극적으로 달라졌지. 한 사회의 경제가 반영하는 것이 무엇인 지 알아?

두려움 사람들이 사업하는 방식 아닐까?

진리 사람들이 사업하는 방식이 곧 경제지. 하지만 그 경제가 반영하는 것이 뭘까?

두려움 몰라. 사람들이 소중하게 생각하는 것?

진리 경제는 그 사회가 소중하게 간직하고 추구하는 가치들, 주장하는 원칙들을 반영하지. 부시맨은 전체 공동체의 안녕을 가치 있게 생각해. 따라서 부시맨 경제는 모든 구성원에게 상품과 서비스가 동등하게 돌아가게 하지. 산 족 부시맨 사회에 인플레이션은 존재하지 않아. 과거에도 없었어. 그들이 전통을 굳건히 지킨다면 앞으로도 없을 거야. 가난도 없어. 한 부시맨이 잘 먹고 있는데 다른 부시맨이 굶주리는 경우는 단연코 없어. 맞아. 부시맨들 사이에 가난한 사람 같은 건 없었고 앞으로도 없을 거야. 부시맨이 그들 경제를 유지하는 원칙들을 고수하는 한 말이야.

두려움 하지만 그들은 돈이 없어. 멋지고 세련된 것이라곤 아무것도 없어. 기술도 없고. 너는 그들 사이에 가난한 사람은 없다고 했지만, 사실은 그들 '모두가' 가난한 거야!

진리 부시맨은 자급자족하고 있어. 자급자족하고 사는 사람들을 가난하다고 할 수는 없어. 최소한 우리 사회에 존재하는 그런 가난은 거기에 없어.

두려움 우리 사회에 존재하는 가난?

진리 우리 사회에는 음식, 의료 시설, 잠자리 같은 기본적으로 필요한 것을 갖지 못하는 사람이 있는가 하면, 어떤 사람들은 필요한 것보다 훨씬 더 많은 것을 갖고 있지. 이 두 부류 사람들은 몇 블록 떨어지지도 않은 곳에서 공존해. 잘사는 사람들은 높은 문

뒤에서 살고, 가난한 사람들은 특정 구역에 몰려 살거나 슬럼가 같은 환경에서 고통을 받고. 이런 종류의 가난은 부족 문화에는 없어. 사실 농경이 도래하기 전까지 가난이나 노예 따위는 존재하지도 않았어. 농경을 시작한 인류가 그런 현상이 생겨나게 한 사고방식을 처음으로 끌어안은 거지.

두려움 믿을 수 없어. 지금 부시맨 부족이나 다른 부족 사회에는 굶주린 사람이 아무도 없었다고 말하는 거야?

진리 아니. 그런 말이 아니야. 그 사회에는 가난한 자로 여겨지는 사람이 없었다고 말하는 거야. 사냥과 채집이 여의치 않을 때 부시맨들은 한 명이 아니라 '모두' 굶주리겠지. 부시맨들은 모두 함께 하나의 부족으로 살고 죽고 고통받고 번영해. 그들이 음식, 약, 집을 다루는 방식—다른 말로 그들이 경제 활동을 하는 방식—은 그들이 가치 있고 소중하게 생각하는 것이 무엇인지 매우 분명히 말해줘. 그들은 서로서로를 소중하게 생각해.

두려움 지금 네 말이 어떻게 들리는 줄 알아? 그건 또 다른 형태의 사회주의야. 맨발에 샅바만 걸친 부시맨 사회주의자, 그게 너야!

진리 부시맨들은 사회주의자가 아니야. 그들을 그렇게 행동하게 한 것은 어떤 시스템도 아니고 개인의 힘도 아니야. 그들은 그렇게 행동할 것을 선택한 거야. 그런 행동이 이롭고 부족의 생존과 번영을 보장한다는 것을 알았으니까. 지난 5만 년 동안 그랬지.

두려움 부시맨 사회와 우리 경제를 비교하는 건 여전히 현실적이지 않다고 봐. 부시맨 시스템은 너무 간단해. 너도 그 사회엔 인플레이션조차 없다고 했잖아. 그들은 우리처럼 주택 위기 같은 걸 겪고 있지 않아.

진리 우리가 제기해야 할 질문은 "왜 그들에게는 인플레이션이 없나?"야. "왜 그들에게는 주택 위기 같은 것이 없을까?"

두려움 네 대답이 뭔지 다 알아. 그들이 소중하게 생각하는 가치들, 그들의 사고방식 때문이라고 하겠지!

진리 맞아, 바로 그거야. 우리가 소중하게 생각하는 가치들이 현재의 고통을 낳았어. 우리가 내면에서 진실이라며 부여잡고 있는 것이 밖으로 터져 나온 것이지. 여기에 부양책을 내놓고 저기에 재정 부담을 안긴다고 해서 경제가 바로잡히지는 않아. 우리가 소중하게 생각하는 가치와 사고방식에 의문을 제기하고 살펴봐야 해.

두려움 주택 문제도 그렇게 해결해야 하고?

진리 그렇지! 수천 명이 집을 잃고 길거리에 나앉게 되었어. 그렇지?

두려움 아주 정당한 이유가 있었지. 빚을 갚지 못했으니까.

진리 그 집들 중 상당수가 아직도 비어 있다는 것 알고 있지?

두려움 그게 무슨 문제가 돼?

진리 부시맨들은 이 상황을 어떻게 볼까?

두려움 부시맨들이 이 상황을 어떻게 볼까를 왜 생각해야 하지? 그들은 집이 아예 없다고!

진리 다시 말하지만 그들이 오두막에서 살든 반듯한 집에서 살든 그것은 중요하지 않아. 그들은 서로를 보살펴. 그것이 중요해. 그들은 공동체에 가장 큰 가치를 두지. 그러니까 그들은 이 상황을 어떻게 볼까?

두려움 받아들일 수 없다고 보겠지.

진리 미친 짓이라고 생각할 거야. 집들이 그냥 거기에 있는데 왜 그곳에서 못 살게 하는 거지?

두려움 그들을 그 집에 계속 살게 하면 뭘 잘못했는지 모를 테니까 그렇지!

진리 잘못을 깨닫게 하는 데 한 가지 방법밖에 없을까? 규율 못지 않게 사랑과 관용도 교육에 힘을 발휘하지 않을까?

두려움 책임을 지게 하는 것도 사랑의 한 형태야. 엄격한 사랑인 거지!

진리 그렇게까지 엄격한 사랑이 필요할까? 엄격한 사랑이라며 아이를 거리로 내몰아야 할까?

두려움 그 사람들의 탐욕은 도를 넘었어. 실수를 했고, 실수에 대한 대가를 치러야 해. 네가 무슨 자격으로 그들을 용서할 것을 요구하는 거지?

진리 네가 말하는 규율은 요구하지 않고 명령만 하지. 예수는 형제가 속옷을 요구하면 겉옷까지 주라고 했고, "몇 번이나 용서해 주어야 합니까? 일곱 번이면 되겠습니까?"라는 질문에는 "일곱 번뿐 아니라 일곱 번씩 일흔 번이라도 용서하여라"라고 했지. 그런 가르침에 대해서는 어떻게 생각해?

두려움 그냥 진부한 이야기일 뿐이야.

진리 그렇다면 성자와 성인 들은 왜 그런 말을 지지할까? 그런 가르침이 현실 세상에서 적용될 수 없다면 무슨 소용일까?

두려움 그러니까 너는, 우리가 부시맨의 원칙들을 채택하지 않으면……?

진리 그럼 우리는 모든 것이 움직이는 방식과는 다르게 작동하는 쪽을 선택한, 현재의 시스템들이 걸어온 그 길을 다시 한 번 걷는 거지.

두려움 가난과 인플레이션이 인류를 멸망시킬까?

진리 가난과 인플레이션을 만든 원칙과 가치가 인류를 멸망시킬 거야.

성장은 좋은 것

주식 가격이 바닥으로 떨어졌다는 소리를 들었을 때
나는 "중력 만세!"라고 소리쳤다.
—웬델 베리 Wendell Berry

최근에 나는 부동산 중개인으로부터 "좋은 소식 전해드립니다! 부동산 가격이 석 달이나 계속해서 오르고 있어요!"라는 기쁨에 들뜬 이메일을 한 통 받았다. 그리고 생각해 봤다. 부동산 가격이 석 달 계속 오르는 것은 정확하게 누구한테 좋은 소식일까? 그래, 부동산 경기로 돈을 버는 중개인과 부동산 소유자에게는 좋은 소식일 것이다. 하지만 가족을 부양하기도 어려운 형편에 어쩔 수 없이 살 집을 구해야 하는 저임금 무주택자나 가사 도우미, 수위, 식당 종업원, 교사 혹은 정비공은 어떨까? 그들은 부동산 인플레이션을 무조건 '좋은 소식!'이라고 말하는 행태를 어떻게 생각할까? 우리는 왜 부동산이나 상품, 주식의 가격이 오르는 것을 대부분 좋은 것으로 받아들일까? 마치 아기의 탄생이나 유대인 소년의 성인식을 축하하는 것처럼 말이다. 무엇을 그렇게 좋아라며 축하하는 걸까?

그 대답은 바로 '성장'이다. 성장은 우리가 무엇보다 소중하게 생각하는 가치이고, 우리가 경제라고 부르는 기관차의 운전수이다. "국민총생산이 3퍼센트 '증가'했습니다!" "주택 시장이 석 달 내내 꾸준히 '성장'했습니다." "민간 부문 일자리가 기대 이상으로 '늘어'났습니다." "유럽연합과 비교해서 미국의 시장 점유율이 더 '커'졌습니다." 매일 우리 앞에 우수수 떨어지는 메시지들이다. 우리에게 성장은 우리 시스템이 얼마나 건강하고 활발한지를 측정하는 척도이다.

누군가는 이의를 제기할 것이다. "우리의 시스템은 근면, 지속, 양심, 통합에도 가치를 두잖아요?" 어떤 면에서 보면 그렇다. 하지만 뉴스캐스터가 "미국 노동자들이 지속적으로 노력한 결과 근면 지수가 0.75퍼센트 올랐습니다"라고 말하는 소리를 들어본 적이 있는가? 결국 GDP는 국민총생산gross domestic product이지 국민총근면gross domestic persistence에 대한 지수는 아닌 것이다! 또 리포터가 "더 많은 노동자들이 사업 거래에서 진실을 말했기 때문에 경제 통합 지수가 올라갔습니다"라고 발표하는 소리를 들어본 적이 있는가? 사실 우리는 그 반대의 경우만 듣고 있지 않나? 우리의 시스템은 틈날 때마다 정직이 아니라 부정직에 포상을 내리니까 말이다. 최근의 경제 위기에서 결국 누가 가장 많은 이익을 봤던가? 명백한 거짓말까지는 아니더라도 절반의 진실만 가지고서 검증되지 않은 대출을 남발했던 벤처 투자자, 은행가, 신용 파산 스왑퍼들default swappers(신용 파산 보험 세트를 사고팔며 이득을 챙긴 사람들—옮긴이)이 아닌가? 그렇다. 우리가 냉수기 주변에 둘러서서 정직과 근면을 칭찬하는 대화를 나눌지는 몰라도, 정직과 근면이 경제적 성공의 기준은 분명 아니다. 정직과 근면이 성공의 기준이라면 단순 노동자가 CEO와 동등해야 하지 않겠는가?

영화 〈에반 올마이티〉 제작 과정에서 가장 열심히 일한 사람은 먹을거리를 챙겨준 사람들이었다. 우리는 그들이 새벽 3시에 일어나 재료를 사와서 요리한 음식을 먹었다. 하지만 그들은 스타들, 제작자들, 그리고 흠…… 나와 비교하면 거의 공짜로 일해준 것이나 다름없었다.―나중에 알게 되었는데 당시 주방에서 일하던 사람들 중에는 돈이 없어 방을 구하지 못한 사람이 많아 한 방에서 서너 명이 같이 살았다고 한다.―요리사, 단순 노동자, 교사, 경찰, 소방관의 월급은 많지 않다. 그들이 사업을 '성장'시키는 경우는 거의 없기 때문이다. 우리 경제는 성장에 후한 보상을 한다. 성장은 우리 사회에서 탐욕만큼이나 좋은 것이다.

그런데 정말 그럴까? 성장을 신처럼 모심으로 해서 우리는 진짜 중요한 법칙 하나를 무시하고 있다. "닫힌 시스템 안에서 영원한 성장은 없다"는 것이 그 법칙이다. 우리는 정말 닫힌 시스템 속에 살고 있다. 지구는 하나뿐이고, 석유나 나무, 공기, 물의 공급도 한계가 있다. 따라서 우리는 우리가 선택했고 우리의 모든 행동에 동기를 제공했던 성장이 역사상 전례 없는 속도로 제한된 자원들을 먹어치우고 남긴 흔적들을 본다. "인류는 지구 위 생물군의 1퍼센트도 안 되지만 현재 태양 광선과 광합성으로 생산되는 지구의 에너지 가운데 24퍼센트를 사용한다." 이것은 제레미 리프킨이 《공감의 문명》에서 말한, 심기를 매우 불편하게 만드는 통계 자료이다. 저명한 의학 박사 요나스 소크Jonas Salk는 다음과 같이 지적했다. "지구에서 50년 안에 곤충들이 모두 사라진다면 지구상의 모든 생명체가 멸종될 것이다. 인류가 50년 안에 이 땅에서 사라진다면 모든 종류의 생명체들이 번성할 것이다."

그렇다면 이 성장의 신은 정확하게 무엇을 측정할까? 성장의 신은 행복, 삶의 질, 만족, 성취감, 삶의 의미 혹은 목적 지수 같은 것은 측정하지 않고 단지 하나 '수익'만 측정하고 따진다. 수익이 높으면 경제는 잘 굴러가는 것이고, 수익이 낮으면 배가 침몰중이니 바로잡아야 한다. 수익이란 물론 돈을 뜻한다. 우리를 행복하게 하고 사업의 확장을 부른다는 그 돈 말이다. 우리는 돈이, 돈만이 독창성, 창조성, 위험, 전진을 부른다고 들었다. 우리는 아이들에게 장려금 같은 동기 부여 없이는 발명도 불가능하다고 가르친다. 하지만 돈을 가장 기본적인 동기로 떠받들면서 사랑, 아름다움, 목적, 자비, 창조성, 그리고 자신의 안위보다 더 위대한 이상을 추구하는 것 같은 가장 심오하고 보람된 삶의 측면들을 무시하고 있는 것은 아닐까?

예수는 무슨 동기로 사람들을 가르치게 되었을까? 돈? 아니면 사랑? 마더 테레사는 무슨 동기로 콜카타의 길거리에서 홀로 죽어가며 괴로워하는 영혼들을 도왔을까? 두둑한 연금? 아니면 도움이 필요한 사람들에 대한 연민? 평화봉사단, 적십자, 혹은 빈민 구호 기관 옥스팸Oxfam 같은 단체들은 어떨까? 그들은 직원들을 조기 은퇴시키고 싶어서 배당 수표를 현금화할 날만 기다리고 있는가? 아니면 아름답고 축복 가득한 일이기 때문에 다른 동료 인간들에게 봉사하고 있는가? 무료로 어린이 암 환자들을 치료하고 있는 세인트 주드 아동연구병원St. Jude children's Research Hospital은 어떨까? 그리고 세금을 내고 남는 수익금을 전부 기부하는 폴 뉴먼의 식품회사 뉴먼스 오운Newman's Own은 어떨까? 어린이 병사들을 풀어주고 아프리카에서의 최장기 전쟁을 종식시키는 일을 하는 단체 '보이지 않는 아이들Invisible Children'은? 이 기관들은 모두 '사랑'이라는 공동의 동기를 공유하며, 물질적 부를 축적하는 것보다 봉사하는 삶이 주는 보상이 더 풍성하다는 것을 잘 안다.

하지만 주목하기 바란다. 성장과 수익을 위한 문화의 기운이 얼마나 강한지 우리는 아무렇지도 않게 이타적인 노력을 부정적인 용어들로 표현하곤 한다.—비非영리, 비非정부 기관이라는 말이 그 대표적인 예이다.—마치 같은 인간을 사랑하거나 시간과 재능을 기부하며 공동체에 봉사하는 일이—아주 이득이 많은 일임에도 불구하고—'비영리'인 것처럼 말이다.

남아메리카에서 '밍가minga'라는 말은 공동체를 위한 사회적 모임이라는 뜻이다.—예를 들어 이웃의 지붕을 고치거나 길을 보수하거나 공동 우물을 파거나 하는 마을 사람들의 모임을 밍가라고 한다.—이미 눈치 챘겠지만 영어에 '밍가' 같은 말은 없다. 헛간 짓기barn raising(이웃의 헛간을 같이 지어주는 것—옮긴이) 정도가 그나마 제일 가까운 말이겠지만, 그마저도 이제는 아미쉬Amish 파(기독교의 일파로 문명 사회에서 벗어나 엄격한 18세기적 생활을 한다—옮긴이) 사람들에게서나 찾아볼 수 있다. 가끔 해비타트Habitat for Humanity에서 지붕을 고쳐주는 일을 하기도 하지만, 이 기관도 '비영리' 기관 범주에 들어간다. 이웃을 돕는 그런 강력한 작업들을 비영리nonprofit라 부르는 것은 간단히 말해 허튼소리nonsense이다.

우리가 현재 봉사하고 있는, 경제 제일의 이 무정부 상태에는 문제가 많다. 경제학자들이 말하는 '외부 효과externality'들을 어리석게 간과하는 것도 그런 문제 중 하나이다. '외부 효과'란 상품이나 서비스를 생산하는 과정에서 시스템이 언급하기를 거부하는 것들이다. 예를 들어 우리는 화학 제품을 만드는 과정에서 유출되어 식수를 오염시키는 독성 물질에 대해서는 말하지 않는다. 자동차를 만들 때나 탈 때 방출되는 탄소로 인한 대기 오염에 대해서도 말하지 않는다. 탄광 작업이 광부의 건강에 얼마나 치명적인지에 대해서도 말하지 않는다. 수익 아니면 손실만 기록하는 경제주의자들의 편협한 장부에 그런 문제들이 들어설 자리는 없다. 하지만 삶이라는 더 큰 장부에서 보면 화학 물질에 노출돼 더 이상 곡식을 수확할 수 없는 땅과 진폐증으로 가장을 잃은 가족이 곧 고통스러운 진짜 손실로 기록된다.

유대-기독교를 기반으로 태어난 문명이 어떻게 젊은이들에게 부자가 되라고 부추기는 것도 모자라 정말로 부자가 되면 잡지 표지에 사진을 싣고 찬양까지 하게 된 걸까?—성경은 "부자가 하느님 나라에 들어가는 것보다는 낙타가 바늘귀로 빠져 나가는 것이 더 쉬울 것이다"라고 하지 않았는가?—"재물을 땅에 쌓아두지 마라"는 도덕적 가르침을 받아들이면서 어떻게 동시에 바로 그런 일을 하는 사람들을 찬양하는 책자를 찍어낼 수 있을까?

이 책에서 얻어갈 만한 것 한 가지만 말하라고 한다면 나는 바로 이 점을 말할 것이다. "우리 경제의 문제는 기술적인 문제가 아니라 도덕적인 문제이다." 애초에 "경제를 어떻게 고칠까?" 같은 잘못된 질문을 한다면 당연히 디테일과 미세한 지문들을 다 놓친 틀린 답을 얻을 것이다. 그러니 "나는 누구이고, 내가 소중하게 지키는 가치들은 무엇인가?" 같은 진짜 질문을 던지는 것이 더 현명하지 않을까? 현재 소중하게 생각하는 것이 물질적 부와 개인적 이득이라면 현재 세상의 사고방식 속에서도 살 만할 것이다. 하지만 우리 사회가 정말로 사랑, 자비, 공정함을 소중하게 생각한다면 경제에 대한 접근 방식들을 모두 다시 찾아봐야 한다. 도덕적 문제에 대한 해결책은 도덕 그 자체에서만 찾을 수 있다. 시장의 동향과 전개, 전환에 대해서라면 그동안 충분히 오랫동안 보아왔다. 이제는 더 나은 곳, 진짜인 곳…… 즉 거울 속을 살펴야 하지 않을까?

대화 14

두려움 우리가 닫힌 시스템 속에 살고 자원에도 한계가 있다고? 그 말에 동조하지 않을 사람도 많을 것 같은데? 《시크릿》 같은 책에서 하는 말은 어쩌고? 긍정적 사고의 힘 말이야. 그런 건 믿지 않아?

진리 나는 정직한 사고를 믿어.

두려움 긍정적 사고가 어때서? 긍정적 사고가 잘 작동하지 않는다고 생각하는 거야? 머릿속으로 원하는 것은 다 얻을 수 있다고들

하는데 너는 그 말을 믿지 않아?

진리 그 사람들은 왜 그런 것들을 원할까?

두려움 사람은 뭔가를 원하게 되어 있어. 더 많은 돈, 집, 차 등등.

진리 하지만 사람들은 왜 그런 걸 원할까?

두려움 왜 원하는지가 뭐가 중요해? 원하니까 원하는 거야. 이웃도 새 차를 뽑았으니까!

진리 그런 경우라면, 긍정적 사고의 힘이 잘 작동되지 않을 거야. 반드시 그럴 거야. 에고가 원하는 어떤 것을 끌어들이고 싶다면 그 사람은 결국 힘든 일만 끌어들이게 될 거야.

두려움 왜? 자동차를 원하면 자동차를 얻게 되어 있어. 뭐가 문제 란 거지?

진리 문제는 이거야. 신의 의지대로 하겠다는 것이 아니라 다른 어떤 것을 달라고 기도하는 행위는 비굴한 짓이고 도둑질이나 다름없다는 거. 비굴함을 심으면 비굴함이 돌아오게 되어 있어.

두려움 뭘 달라고 기도하면 안 되는 거야?

진리 할 수 있고, 하기도 하지. 문제는 그것을 '왜' 달라고 기도하 느냐는 거야? 《시크릿》도 진실을 하나 말하고 있기는 해. 인과의 법칙 말이야. 하지만 인과의 법칙이 너에게 어떤 것들을 가져다 주지는 않아. 어떤 것을 위해 네가 심을 씨앗을 가져다주지. 이기 적인 이유로 뭔가를 원한다면 너는 이기성의 씨앗을 심는 것이 고, 그때 너는 썩은 열매만 수확하게 될 거야. 순수한 의도로 뭔 가를 원한다면 너는 그 순수함에 대한 보상을 받게 될 거야.

두려움 순수한 의도가 뭐야?

진리 네 자신, 너의 재능, 너의 모든 것을 남을 위해서 순수하게 제 공할 때 그때 의도가 순수하다고 말할 수 있어. "그리스도의 숨이 퍼져나가는 플루트의 구멍 하나"(하피즈)가 되는 것.

두려움 하피즈의 그런 정서를 나는 도저히 이해할 수 없더군. 플루트 구멍이 되겠다고? 그게 대체 무슨 뜻이야?

진리 신의 숨결은 우리 각자를 통해 퍼져나가. 우리가 에고, 세속적인 장애물, 권력에의 욕망, 명예를 얻고자 하는 마음으로 가득차 있고, 자신을 남들과 분리시키려고 한다면 그런 우리가 연주하는 플루트가 음을 제대로 낼 리 없지. 사람들은 뭔가를 바라지만 그런 바람은 중요하지 않아. 중요한 것은 기꺼이 하는 마음이야. 바라는 마음에서 기꺼이 하는 마음으로 나아갈 때 사람들은 자유롭게 될 거야.

두려움 바라는 마음에서 기꺼이 하는 마음으로? 그게 도대체 무슨 소리야?

진리 바람은 대체로 에고, 자기 중심적인 욕망에서 나오지. "이 직장을 잡을 수 있기 바랍니다." "그녀와 사귈 수 있기 바랍니다." 그렇게 뭔가를 바라는 것 대신 기꺼이 무언가를 해봐. "이 직장을 잡을 수 있든 없든 저는 '기꺼이' 온 마음을 다해 신을 섬길 것입니다." "결과에 상관없이 저는 '기꺼이' 사랑할 것입니다"라고 말이야.

두려움 한 입으로 두 말 하기는. 너는 무언가를 바라는 사람이 이기적일 수 있다고 하지만, 네가 좋아하는 그 에머슨이란 자가 찬양하는 자립적인 사람self-reliant도 결국 이기적인 사람 아니야?

너의 이중성이 보이지?

진리 그럴 리가. 이기성과 자립은 정반대야. 이기성은 개인과 그 개인이 원하는 것에 한정되고, 우리가 하나이며 서로 연결되어 있다는 더 위대한 진실을 무시해. 그 반면 자립은 내면에서 신을 만나는 것이지. 그런 일은 이기적일 수 없어. 우리 내면의 진리는 모든 존재를 연결하는 더 위대한 진리에 봉사할 수밖에 없기 때문이지. 결국 에머슨 같은 초월론자는 분리의 망상을 초월한 사람이 아니면 뭐겠어?

두려움 어쨌든 우리의 시스템에 한계가 있다는 말은 설득력이 별로 없어. 유리컵에 물이 반밖에 안 남았다고 말하는 위인을 좋아하는 사람은 그다지 많지 않거든.

진리 유리잔이 반이나 비어 있든 반이나 남아 있든 그건 내가 상관할 바 아니야. 나는 그 유리잔에 몇 시시의 물이 들어 있나를 알고 싶어. 내가 만약 유리잔의 물이 반이나 비었다고 말한다면 나는 물이 얼마나 남았는지에 대한 불필요한 걱정을 하게 만드는 셈이야. 만약 물이 반이나 남았다고 말한다면 나는 안심하고 마시게 해서 남은 물이 금방 사라지게 만들어버리겠지. 하지만 유리잔 속에 물이 몇 시시 남았는지 안다면 나는 그저 명백한 사실을 볼 뿐인 거지.

두려움 하지만 너의 접근법은 부정적인 것 같아. 너는 왜 가능성이 아니라 한계에 그렇게 강한 믿음을 보이는 거지?

진리 한계를 믿는 것은 가능성을 무시하려는 게 아니라 가능성을 포용하는 거야. 한계를 무시하는 것은 현실을 부인하는 거야. 어떤 삶이든 영원한 삶은 없어. 계절은 늘 바뀌어. 봄이 오지만 오래가지는 못하지. 겨울도 마찬가지고. 시간은 달력 속에서나 남아돌아. 태양이 하늘 위에 영원히 떠 있지는 않지. 낮은 항상 밤에게 길을 내줘야 해. 인간의 삶도 영원하지 않잖아. 예수조차 육체의 죽음을 피할 수 없었어. 모든 예술에도 한계가 있어. 드라마도, 음악도…… 화가는 캔버스라는 한정된 공간에서만 작업을 해. 첼리스트는 특정 음과 진행 방식을 선택하고 다른 모든 음과 진행 방식은 제외시키지. 그런 한계가 음악에 멜로디를 선사해. 모든 음악은 침묵으로 돌아가게 되어 있어. 침묵이 바로 음악의 한계야. 책을 한 권 쓸 때도 우리는 한계를 정해. 그럼 영화를 만들겠다고? 거기에도 또 다른 한계가 따르지. 한계 때문에 모든 이야기들이 생겨나. 등장 인물들도 본질적으로 한계라고 할 수 있는 장애들에 부딪혀. 그런 한계가 그들로 하여금 행동하게 만들어. 누가 한계를 다 피할 수 있다고 말한다면 그건 엄청난 거짓말이야. 한계는 삶에 내용과 의미를 부여해. 성 프란체스코는 자신의 육체가 유한하다는 것을 상기하기 위해 종종 인간의 두개골을 들고 다녔다고 해. 그는 인간의 궁극적 한계, 다시 말해 육체의 죽음을 포용하는 것으로 삶을 포용했지.

두려움 너는 다른 무책임한 말도 했어. 우리의 문제가 기술적인 것이 아니라 도덕적인 것이라고 했지. 너는 정말이지 문제를 지나치게 단순화하고 있어. 세상의 문제는 네가 생각하는 것보다 훨씬 더 복잡해. 너의 발상은 천진난만하기 짝이 없어.

진리 사람들과 먹을 것을 나누기 위해 먼저 굶주림을 보는 것이 천진난만한 건가? 자원을 공유하기 위해 불공정을 보는 것은? 지구를 존중하기 위해 오염을 보는 것은? 평화를 지지하기 위해 전쟁을 경험하는 것은?

두려움 그렇게 간단한 문제가 아니야. 너도 그건 잘 알고 있잖아! 이 세상에는 나쁜 사람들이 있어. 탐욕스럽고 폭력적인 사람들 말이야.

진리 탐욕스럽거나 폭력적인 사람들은 나의 관심사가 아니야. 나는 너에게 관심 있고, 네가 무시하는 힘에 관심 있어. 네 마음속의 탐욕과 폭력을 치유할 그 힘 말이야.

두려움 그런 건 상징적인 의미밖에 없어. 그것으로 바뀌는 것은 아무것도 없을 테니까. 누구 한 사람이 마음을 치유하는 것으로는 아무것도 변화시키지 못해.

진리 한 사람이 변하면 그 주변의 모든 것이 변해. 도미노 이론은 이론이 아니라 현실이야. 도미노 하나를 넘어뜨린 다음 무슨 일이 일어나는지 봐. 다른 도미노도 넘어지지. 언젠가 나중에 벌어질 일이 아니라 도미노 하나를 넘어뜨린 바로 그때 일어나는 일이야.

두려움 그게 사실이라면 왜 아무도 변하지 않지? 왜 변화가 세상을 뒤덮지 않는 거야?

진리 변화는 일어났고, 계속 일어나고 있어. 하지만 여기서 우리가 해야 할 질문은 "왜 다른 사람들이 변하지 않지?"가 아니라 "나는 변했나?"야. 너는 네 삶의 모든 측면에서—단지 생각만이 아니라 행동으로—세상에 정의와 공정함을 더하고 있어? 혹시 탐욕을 더하고 있지는 않아? 아니면 마음속 평화를 되찾고 네가 만나는 모든 사람에게 사랑을 전하고 있어? 혹시 네 주변에 폭력을 더하고 있지는 않아?

두려움 이런 대화나 하고 있다니! 정말 아무 소용없는 짓이야. 한두 사람이 변했다고 쳐. 그게 무슨 차이가 나?

진리 이집트, 시리아, 예멘의 지도자들도 어리석게 그렇게 믿었었지. 그리고 아무런 경고도 없이 아랍의 봄이 찾아왔어. 지금 많은 사람이 새 봄의 도래를 지켜보고 있지. 새로운 사고방식의 도래 말이야. 인류가 새 세상에서 깨어나고 있는 거지. 이제 우리는 질문해야 해. "이 세상이 앞으로 나아가도록 하는 데 나는 내 역할을 하고 있는가?"라고.

올라이티 덴!*

세상은 모두의 필요에는 충분하지만 모두의 탐욕에는 충분하지 않다.
—프랭크 부크만 Frank Buchman

1994년 2월 〈에이스 벤츄라〉라는 작은 영화 한 편이 '불쑥' 나타났다. 별 볼일 없을 것 같던 그 영화는 모두의 예상을 깨고 그해 최고 히트작 중 하나가 되었다. 이제 물론 그 영화가 '불쑥' 나타났다는 표현은 어울리지 않게 되었다. 당시 짐 캐리는 코미디 무대에서 오랫동안 경력을 쌓은 후였고, 나는 거의 10년 동안 시나리오를 쓰며 영화 공부를 해온 뒤였다. 그런데 〈에이스 벤츄라〉는 우리의 이전 작업들이 하지 못한 일을 해주었다. 돈을 벌어다 주었다는 뜻이다. 그것도 아주 많이. 〈에이스 벤츄라〉를 만드는 데는 1,100만 달러(약 110억 원—옮긴이)가 들었는데, 세계적으로 총 1억 달러(약 1,000억 원—옮긴이)를 벌어들였다. 스튜디오 식구들 모두 너무 기뻐서 〈에이스 벤츄라〉 영화의 캐치프레이즈가 된 "올라이티

Alrighty then! "좋군, 그럼 이만!"이라는 뜻—옮긴이.

덴!"을 외치기도 했다.

일약 스타덤에 오른 짐 캐리에 대해서는 모르는 사람이 없을 테니 여기서는 내 얘기만 해보겠다. 일약 스타덤에 오른 건 아니지만 나도 확실히 뭔가가 오르긴 했다. 오늘날 누구나 쓰는 경제 용어를 빌리자면 내 '용역에 대한 수요'가 올라갔고, 따라서 나의 가격도 올라갔다. 내가 급여 상한선(나는 급여 성층권이라 부른다)으로 올라가게 된 과정을 밝혀보겠다.

〈에이스 벤츄라〉를 찍을 때 나는 감독 최소 급여를 받는 최하 등급 상태였고, 당시에는 감독 최소 급여가 14만 달러(약 1억 4천만 원—옮긴이) 정도였다. 에디 머피가 연기한 그 다음 영화 〈너티 프로페서〉로 나는 박스오피스 런닝 개런티 보너스 100만 달러(약 10억 원—옮긴이)를 포함해 280만 달러(약 20억 8천만 원—옮긴이)를 받았다. 다음 영화 〈라이어 라이어〉로 나는 기본 급여 및 보너스를 포함해 500만 달러(약 50억 원—옮긴이)를 가져왔다. 그 다음 〈패치 아담스〉를 만들었고 나는 대충 1천만 달러(약 100억 원—옮긴이)를 받았다. 다음 개봉한 영화 〈브루스 올마이티〉가 정통 코미디 영화 역사상 최고 판매 실적을 올렸고, 나는 3천만 달러(약 300억 원—옮긴이)라는 천문학적인 돈을 받았다. 마지막으로 박스오피스에서 부진했던 영화 〈에반스 올마이티〉로—미국 내에서 1억 달러를 벌었으나 만드는 데 1억 7,500만 달러가 들었다—나는 900만 달러(약 90억 원—옮긴이)를 벌었다.

코미디 영화 감독으로서 여섯 편을 찍어 다섯 편을 흥행에 성공시켰고, 제작자로서 만든 영화 두 편(〈억셉티드〉와 〈척 앤 래리〉)도 성공했으니 사람들은 모든 일이 다 잘 풀렸을 거라고 하겠지만 그렇지 못했다. 긍정적인 측면이라고 한다면 성공적인 박스오피스 실적 덕분에 작가, 감독, 제작자에게 거의 주어지지 않는 창작의 자유가 어느 정도 주어졌다는 점이다. 부정적인 측면은 나와 스튜디오의 기대가 높아짐에 따라 영화를 만들 때마다 실적이 좋아야 한다는 일종의 부담감이 찾아왔다는 점이다. 덧붙여 내 개인적인 인생은 복잡하고 혼란스러워졌다. 나는 점점 더 큰 집을 사는 데 돈을 물 쓰듯 썼고, 집이 커진 만큼 예술품과 가구들로 큰 집을 채워야 했고, 그것을 관리하고 유지하고 청소하고 가꿀 사람도 구해야 했다. 하지만 내 자신도 예상하지 못했던 가장 놀라운 점은 내가 벌어들인 대단히 파격적인 돈에 대한 나의 느낌이었다. 나는 기분이 좋지도 않았고 옳다고 느껴지지도 않았다. 착한 기독교인의 진부한 죄책감 따위를 말하려는 것이 아니다. 마음속 깊은 곳에서 나는 내 인생이 균형을 잃었고 내가 받을 돈을 과도하게 요구하는 행위가 내 주변 사람들의 결핍과 불공정과 관련되며 심지어 그 원인임을 잘 알고 있었다.

내 지갑을 아주 두둑하게 해준 〈라이어 라이어〉 이후 이 모든 횡재에서 벗어나고 싶은 기묘한 충동에 대해 털어놓기로 하고 나는 친구 한 명을 불러 함께 저녁을 먹었다. 그런 충동의 정확한 이유는 분명하게 말할 수 없었지만, 다른 사람들은 그렇게 적게 가져가는데 나만 그렇게 많이 가져가는 게 싫었던 것만큼은 확실했다. 전문 카운슬러이기도 한 친구는 당연히 어이없다는 듯 "나한테 줘버려!"라고 소리치는 것으로 나의 충동을 저지했지만, 다시 인내심 있게 내 말을 듣더니 내 화이트 칼라적 비애에 깍듯한 이의를 제기했다. 그의 논지는 간단했다. 돈은 축복이고, 그런 게 고민이라면 사람들에게 더 많이 베풀면 된다는 것이었다.

나는 그 논리의 끈에 달린 미끼를 물었고 갈고리와 봉돌도 함께 삼키며 상어떼들과 하던 수영을 계속해 갔다. 하지만 내 영혼에 심어진 직관의 씨앗은 그 싹을 틔울 수밖에 없었고, 결정적으로 그 책《이스마엘》이 그 씨앗의 발아에 필요한 양의 햇빛을 내려주었다. 하지만 그것은 깨달음의 시작에 불과했다. '자연계에서 경제가 작용하는 법'에 대한 훨씬 더 큰 깨달음이 나를 더욱 크게 흔들었던 것이다. 나는 곧 "자연 경제가 우리 경제와 극적인 대조를 이룬다"는 사실을 발견했다. 자연 경제의 효율성과 지속 가능성은 오크나무 하나만 봐도 혹은 엘크elk(북유럽이나 아시아에 사는 큰 사슴―옮긴이) 무리만 봐도 분명해진다. 결국 자연 경제는 인류 생존의 열쇠가 되는 지혜이자 하나의 선례인 것이다. 그렇다면 자연 경제는 어떻게 작용하는가? 그 지속성과 효율성의 뿌리는 정확하게 무엇인가?

대화 15

두려움 파격적인 급여가 옳지 못하다고 느꼈다고 했지. 하지만 네가 스튜디오에 돈을 벌어다줬으니까 너도 그만큼 받은 거야. 그게 뭐가 문제지? 받을 수 있는 걸 최대한 받는 것이 뭐가 잘못이지?

진리 최대한 많이 갖는 것은 자연과 생명 시스템에 부합하는 행동이 아니야. 오래 번영할 길을 추구하는 생명 시스템이라면 절대 그런 행동을 조장하지 않아.

두려움 하지만 인류가 자연처럼 살아야 할 필요는 없어. 인간은 인간의 법칙을 만들면 돼.

진리 그 인간의 법칙이란 게 모든 것이 작동하는 자연의 법칙을 벗어난다면 인간은 자신들이 발명한 법칙의 결과를 감당해야 할 거야.

두려움 어떤 결과 말이지? 죄책감 정도는 받아들이지.

진리 돈도 하나의 에너지야. 따라서 에너지가 균형을 잃고 한 곳에 지나치게 몰리면 그만큼의 책임이 따르게 되어 있어. 에너지는 움직여야 해. 에너지는 흘러가고 싶어 해. 왔던 곳으로 다시.

두려움 그러니까 그 에너지가 흘러나가게 하면 되지. 물건들을 사는 것으로 말이야.

진리 그 물건들도 에너지와 함께 와.

두려움 무슨 뜻이야? 네가 사는 물건들을 보살펴야 한다는 뜻이야? 그럼 일하는 사람들을 두면 되지!

진리 그리고 그것들을 보살피는 그 사람들도 보살핌을 받아야지. 요지는 내가 어쩌다 갖게 된 내 인생은 나의 것이 아니었다는 점이야.

두려움 그렇다면 어떤 인생을 원했는데? 극빈자의 인생? 은둔자의 삶?

진리 나는 봉사하는 삶, 통합된 삶을 살고 싶었어. 여기서 '통합된다integrity'는 것은 '온전해진다wholeness'는 뜻이야. 통합된 사람은 분열되지 않고 하나된unified 삶을 살아.

두려움 하나된 삶이라니 대체 무슨 뜻이야?

진리 어떤 사람의 인생 서랍을 들여다보면 그가 누군지 알 수 있어. 돈으로 가득한 내 인생의 서랍을 열어보았더니 마음에 들지 않더군.

두려움 그 속에 성공이 들어 있었겠지. 너는 성공에 대한 두려움을 갖고 있고!

진리 내가 본 것은 위선이었어.

두려움 하지만 모든 사악함의 뿌리는 돈 자체가 아니라 돈에 대한 사랑이야.

진리 내가 대관절 무얼 사랑하겠다고 그렇게 많은 돈을 요구했던 걸까? 나의 그 사랑이 이 물질적 부의 원천인 자연 세상에 대한 사랑이었을 리가 없잖아?! 동료 인간들에 대한 사랑도 아니고.

두려움 동료 인간들까지 책임질 필요는 없어.

진리 아니, 책임져야 해. 한 사람이 많은 것을 취하고 자기를 다른 사람들과 분리시키면 다른 사람들이 그 영향을 받게 되어 있어. 돈의 흐름을 추적해 봐. 아주 불편한 진실을 발견하게 될 거야. 막대한 부는 보통 다른 사람들의 휜 허리 위에 쌓여진 것들이야. 가치도 제대로 평가받지 못하고 인정도 보상도 받지 못하는 다른 사람들의 노동 위에 지어진 것들이지. 관리인이 무대 바닥을 청소했기 때문에 우리는 그곳에서 연기를 해. 음식 조달자가 먹을거리를 챙겨주었기 때문에 우리는 일을 마칠 힘을 얻고, 보안

담당자가 장비를 밤새 살펴주기 때문에 우리는 잠을 잘 수 있어.

두려움 하지만 너는 감독이잖아! 경제의 법칙에 따르면 너의 가치가 제일 커!

진리 그 경제 법칙은 인간이 만들어낸 거야. 그보다 더 높은 법칙이 있어. 변하지 않는 진리로서 작동하는 법칙이지. 에머슨, 예수, 간디가 말한 바로 그 사랑의 법칙 말이야. 사랑의 법칙에 따르면 누구나 기본적인 생활을 유지하고 인간으로서 품위를 지킬 수 있는 정도의 돈을 갖는 건 자연스럽고 정당한 일이야. 나의 탐욕—다른 단어는 도저히 생각나지 않는다—은 일반 노동자들이 그 정도의 품위조차 지킬 수 없게 했지. 자연이 스스로 균형을 유지하지도 못하게 했어.

두려움 하지만 그 문제에 왜 네가 관여를 해야 하지? 시스템이 그런 걸. 그런 시스템이 이미 자리를 잡은 거잖아.

진리 시스템에 복종하는 것은 그 시스템이 지지하는 부당함에 복종하는 거야. 노예 제도도 하나의 시스템이었지. 여자들은 한때 소유물 취급을 받았어. 그런 것도 하나의 시스템이었어. 사람들은 그 시스템의 부당함을 보았고 복종하기를 거부했어. 우리 경제, 더 축적하고 모두 가져야 하는 그 만족을 모르는 욕구도 마찬가지야. 온 마음을 다해 다른 사람에게 봉사한 걸 아는 것으로는 충분하지 않나? 그것이 돈과 권력과 물건의 축적보다 더 진정한 부 아닐까?

두려움 진짜 웬 불평? 네가 번 돈은 관리인에게서 나온 게 아니야. 네 영화를 본 관객들에게서 나온 거야.

진리 돈이 어디서 나오느냐가 문제가 아니야. 문제는 내가 필요한
것보다 더 많은 것을 취했다는 거지.

두려움 그게 공평하지 않다는 거야? 흠…… 삶이란 원래 불공평한
거야!

진리 현재는 불공평하지. 우리가 공평하게 행동하지 않으니까. 우
리의 심장이 사랑과 공평함으로 뛰기 시작할 때 세상에 그 사랑
과 공평함이 반영될 거야. 우리 자신이 평화롭게 되기 전까지 세
상이 평화롭기를 기대할 수는 없어.

두려움 넌 너무 많은 걸 바라고 있어.

진리 너무 많이 바라는 건 사회가 아닐까? 우리는 남에게 뒤지지
않으려고 얼마나 애써야 하지? 스스로를 고립시키면서 말이야.
하피즈가 한탄했듯이 "왜 오늘밤도 무지하고 어리석은 짓으로
피곤해서 잠이 들어야 하지?" 여기서 무지란 뭘까? 우리가 불완
전하다고 믿는 거야. 항상 더 필요하다고 믿는 거. 그것들을 떠나
보내고 자유를 주는 앎 속에서 편히 쉬어보자고.

두려움 그 앎이 뭔데?

진리 '네가 이미 그것인' 앎.

두려움 내가 이미 그 앎이라고?

진리 이제 거기서 물음표를 없애버려.

사자와 영양

자연과 지혜는 결코 서로 다른 말을 하지 않는다.
—로마의 풍자 시인, 유베날리스Juvenalis

실재를 보면 작은 먼지조차 숭고하다.
—J.J. 반 데어 레우Van Der Leeuw

지구상에서 생명 혹은 자연이 생겨나기 시작한 것은 약 40억 년 전이다. 그때부터 지금까지 불변의 진리인 법칙 하나가 점점 더 분명해졌다. 사실 오랫동안 번성해 온 생물 체계들은 모두 그 법칙을 따랐다. 그 법칙을 어긴 체계들은 결국 모두 멸종했다. 바로 "자연에서는 그 누구도 필요한 것보다 더 취하지 않는다"는 법칙이다. 반복할 가치가 있는 말이다. "자연에서는 그 누구도 필요한 것보다 더 취하지 않는다." 생각해 보자. 삼나무는 땅속의 영양분을 다 가져가지 않는다. 단지 자랄 만큼만 가져간다. 사자라고 눈에 보이는 영양을 다 죽이지는 않는다. 필요한 한 마리만 죽인다. 사실 사자가 배가 부르면 영양은 사자 바로 옆에서 풀을 뜯어먹어도 된다. 왜 그럴까? 영양을 또 덮칠 수도 있지만 사자는 그렇게 하지 않는다. 어떤 까닭인지 사자는 삶이 말하는—다 가질 수 없다는—한계의 법칙에 본능적으로 복종한다. 자연의 균형 상태를 유지해 모든 생명이 의지하는 섬세한 순환이 깨지지 않도록 하는 것이 한계의 법칙이다.

우리가 배운 것과 반대로, 자연의 지배적인 질서는 경쟁이 아니라 '협동'이다. 대양, 우림, 심지어 인간의 육체조차 모두 협동한다. 예를 들어 산호초가 동갈방어에게 식물 형태의 음식을 제공하면 동갈방어는 산호초에게 배설물을 내보내 산호초에 필요한 음식을 제공한다. 오크나무는 땅으로부터 영양물을 받아들이지만 이파리와 가지 들을 땅에 떨어뜨려 썩게 함으로써 땅을 기름지게 한다. 자연의 모든 존재는 거대한 거미줄로 연결되어 있고, 거미줄의 어느 한 곳이 끊어지면 전체적으로 재난에 가까운 결과를 부르게 되어 있다.

자연은 아주 드물게 한계의 법칙을 거스르는 악당 종들도 생겨나게 한다. 그 악당 종은 곧 사형 같은 냉혹한 처벌만 선고하는 판사나 배심원처럼 행동한다. 예를 들어 기생 생물의 표본인 칡덩굴은 눈앞에 보이는 것은 뭐든 다 뒤덮어서 그렇게 뒤덮인 식물이 햇빛을 받지 못하고 죽게 만들어버린다. 하지만 칡덩굴을 오랫동안 살펴보자. 천 년이 될 수도 만 년이 될 수도 있지만, 오로지 자라기만 하는 칡덩굴은 결국 자신의 멸종으로 치닫게 되어 있다. 어떻게? 삶의 기본 조건인 생물학적 다양성을 파괴해 버렸기 때문에 첫 서리만 맞아도 죽을 수 있는 것이다. 다른 식물들의 목을 조이는 것으로 칡덩굴은 결국 자신의 목도 조이는 셈이다. 한계의 법칙을 존중하지 않는 오스트리아토끼 같은 온갖 동물, 식물, 나아가 광물도 같은 운명에 처하게 되어 있다.

불행하게도, 더 많은 걸 원하는 인간의 끝없는 욕구도 매일 한계의 법칙을 거스른다. 우리는 되도록이면 많이 취하라고 부추기고, 그렇게 많은 것을 취한 사람에게 포상까지 한다. 참으로 재난을 부르는 철학이 아닐 수 없다. 우리는 바다에서 너무 많은 물고기를 잡았고, 열대 우림을 파괴했고, 이제 셀 수도 없이 많은 동물종을 멸종의 위기로 몰아넣고 있다. 역설적이게도 우리는 한계를 모르고 성장하는 유기체가 얼마나 쉽게 죽음에 내몰릴 수 있는지 잘 알고 있다. 사실 우리는 자신의 몫보다 더 많이 취하는, 우리 몸속에 있는 세포를 부르는 이름까지 갖고 있다. 바로 '암세포' 말이다. 한계를 모르는 행동을 고수하면 우리는 암세포가 불러올 운명에 그대로 굴복할 수밖에 없다. 즉 '죽어버릴' 것이다.

나는 한계의 법칙을 나의 경제 생활에 적용해 보았고, 그러자 나도 일종의 암세포처럼 행동해 왔음을 알게 되었다. 나는 내가 필요한 것만 취하지 않았다. 나는 가능하다 싶으면 모든 것을 취했다. 나의 경제 철학은 그 뿌리부터 썩어 있었다. 그런 사실을 알고 나자 나는 즉시 자연의 지혜와 지속 가능성을 어떻게 경제 생활에 적용할 수 있을지 생각하기 시작했다. 그러자 머릿속에서 좀 다른 질문들이 떠오르기 시작했다. "여기서 얼마나 얻어갈 수 있지?"라고 묻는 대신 "얼마나 필요하지?"라고 묻기 시작했다. 단지 생존을 위해 얼마나 필요하느냐가 아니라 번영을 위해 얼마나 필요하느냐고 물은 것이다. 어쨌든 자연은 본성상 금욕이 아니라 풍성함이라는 복음을 전파하는 것이다. 그 후 나는 몇 년 동안 내 삶의 흐름을 바꿔놓을 질문에 대한 답을 구했다. 그 질문은 다름 아니라 "뜻 깊고 즐거운 삶을 사는 데 나는 얼마나 필요한가?"였다.

대화 16

두려움 그러니까 너는 기본적으로 부자들은 자연의 법칙을 거스르고 있다고 말하는 거야? 그들은 모두 필요한 것보다 많이 취하니까?

진리 전혀. 나는 '내'가 필요한 것보다 '내'가 더 많이 취했다고 말하는 거야.

두려움 하지만 인정하라고. 너는 다른 사람들도 판단하고 있어. 너는 대저택에서 이동 주택으로 이사를 갔고, 다른 사람도 그렇게 하기를 바라. 너는 소박한 인생을 원했고, 다른 사람들도 소박하게 살기 바라지.

진리 나는 다른 사람들도 그들 마음이 말하는 진실을 보기 바라. 그들 가슴속에 있는 것 말이야. 대저택에서 사는 것이 너의 진실과 부합한다면 그렇게 해. 소박한 삶이라는 부름이 너의 진짜 부름이라면 그 부름을 따라. 다만 자연의 지혜를 가치 있게 생각한다면 우리는 "얼마면 충분한가?"라고 자문해야 해.

두려움 바로 그거야. 너는 사람들이 희생하기를 원하고 있어. 사람들이 덜 갖기를 바라지.

진리 나는 사람들이 더 많이 갖기를 원해. 더 많은 진실성, 더 많은 연결, 더 풍성한 삶. 예수는 "나는 너희가 생명을 얻고 더 얻어 풍성하게 하려고 왔다"고 했지. 이 메시지는 지난 2천 년 동안 유효했어.

두려움 그 목수 아저씨의 말은 다 위선이야. 예수는 풍성함을 말했지만 그 자신은 가난했어. 그는 고통만 알았지 풍성함에 대해서는 아무것도 몰랐다고.

진리 고통은 그의 풍성함의 일부였어. 정말로 그래. 사랑, 은총, 자비가 그의 풍성함의 일부였듯이 말이야.

두려움 그냥 진짜 네 생각을 말하지 그래? "부를 나누면 진정으로 부유해진다"라고 말하고 싶은 거잖아?

진리 그건 내 생각이 아니라 내가 매일 경험하는 거야.

두려움 아, 맞아. 세상에 필요한 게 바로 그거지. 부를 재분배하려는 또 한 명의 사회주의자.

진리 나는 부를 재분배하려는 게 아니야. 나는 부를 재정의하려는 거야. 진정한 부는 물질의 축적이 아니라 커져가는 사랑 속에서 찾을 수 있다는 걸 사람들이 이해한다면 부는 자연스럽게 재분배될 거야.

두려움 너나 부를 재분배하겠다는 사람들에게 동조할 사람이 누가 있겠어? 대다수 사람들에게는 나눌 만한 돈이 한 푼도 없어.

진리 누구나 나눌 것이 있어. 시간, 재능, 따뜻한 한 마디 등등.

두려움 돈이 더 중요해. 돈 없는 사람들에게 물어봐.

진리 그러면 그 시인의 경고가 틀렸다는 거야? "네가 소유한 것을 줬을 때 너는 거의 아무것도 주지 않는 것이다. 네 자신을 줄 때 너는 진정으로 주는 것이다."

154

두려움 으악! 칼릴 지브란, 너의 먼 친척. 그 사람이 너를 망쳤지.

진리 그가 나를 깨웠어. 다른 사람을 위해 하는 일은 뭐든 우리 자신을 위해 하는 일이야. 모든 것이 함께 묶여 있으니까. 모든 것이 연결되어 있으니까.

두려움 모두가 하나라고? 그게 이 책에서 도달하는 결론인가?

진리 이 책으로 도달할 건 없어. 우린 이미 도달해 있으니까.

24달러

너는 하느님 the One를 잊어버렸다. 그분은 소유가 무엇인지도 모르고,
우리처럼 무엇을 주고받으며 수익을 남기려 들지도 않는다.
—루미

1997년 내가 제작과 감독을 맡았던 영화 〈패치 아담스〉는 환자들의 질병을 상품화하는 행태를 거부한 실제 의사에 대한 이야기이다. 패치는 다른 사람의 질병으로 누군가가 부자가 되는 일은 우리가 현재 어떤 존재가 되어 있는지를 보여주는 끔찍한 징표라고 믿었다. 그럼에도 불구하고 그런 일이 미국과 전 세계에서 일상적으로 행해지고 당연한 듯 받아들여지고 있다. 하지만 의료계만 표적이 될 필요는 없다. 의료계만 그런 것이 아니기 때문이다. 사실상 우리는 모두 "가능한 모든 사람에게 가능한 모든 것을 얻어라"는 철학이 지시하는 대로 움직이고 있다. 식품 산업, 의류 산업, 교육계, 연예계…… 어디서든 우리는 시장이 허용하는 한에서 우리가 제공하는 상품 혹은 용역에 최고의 가격을 요구하라고 배웠고, 다른 사람들도 우리가 그럴 것이라고 기대한다. 그렇다. 의사는 사람들의 질병으로 이익을 얻는다. 하지만 그것이 사람들에게 먹을 것을 주면서 돈을 버는 것과 무엇이 다를까? 사람들에게 입을 것을 주면서, 사람들을 가르치면서 돈을 버는 것과 무엇이 다를까? 예술은 어떨까? 영혼에 자양분을 주는 일로 돈을 벌어야 할까? 누군가는 "하지만 우리는 생계를 꾸릴 권리가 있어요"라고 당당히 반박을 할 것이다. 그렇다. 물론이다. 생계를 꾸리는 것은 우리의 권리이고 정당하다. 여기서 문제삼는 것은 생계를 꾸리는 일이 아니라 떼돈을 버는 일이다.

토머스 머튼은 〈비 그리고 코뿔소Rain and Rhinoceros〉라는 글에서 사실상 거의 모든 것을 상업화하는 서구 문명을 신랄하게 꼬집었다. "비rain조차 그들이 돈을 위해 기획하고 배분할 실용품이 되기 전에 말하겠다. '그들'이란 비가 하나의 축제임을 이해할 수 없는 사람들, 비의 하사를 음미할 줄 모르는 사람들, 가격이 없는 것은 가치가 없고 팔 수 없는 것은 실재하지 않는다고 생각하는 사람들이다. 그러므로 그들에게 뭔가를 실재하는 것으로 만들어주기 위해서는 시장에 내놓아야만 한다. 그들이 당신에게 당신의 비까지 팔 날이 올 것이다. 지금 비는 공짜고 나는 빗속에 있다."

이런 머튼의 예측은 억지도 먼 미래의 얘기도 아니었다. 사실 1999년 샌프란시스코 기반의 한 기업이 볼리비아 코차밤바 내의 모든 물에 대한 권리를 주장했고, 심지어 빗물을 사유화하기까지 했다. 입을 벌리고 빗물을 마시는 행위가 범죄 행위인 상황을 상상해 보라. 코차밤바에 있다면 상상할 필요도 없는 일이다. 코차밤바 시민들이 대륙을 넘나드는 그런 압제에 모두 함께 저항하기 전까지 바로 현실이었으니 말이다. 우리도 대부분 그런 종류의 사유화에 반감을 드러낼 것이다. 하지만 우리가 일상에서 당연한 듯 받아들이는 소유권들도 이와 매우 유사하지 않은가? 예를 들어 땅 소유자가 자기 땅에서 발견된 샘, 호수, 개울 같은 것이 자신의 것이라고 주장하는 것과 기본적으로 무엇이 다른가? 결국 그 물들도 빗물에서 시작되지 않았느냔 말이다. 그렇게, 그 출처가 개인과는 아무 상관없는 엄청난 양의 물—그리고 그 물이 발견된 땅—을 개인이 독점적으로 소유할 수 있다면, 그것이 공기나 하늘, 결국에는 햇살까지 소유할 수 있다고 주장하는 것과 근본적으로 무엇이 그렇게 다르겠는가?

아메리카 원주민들은 그런 소유권 개념이 터무니없다고 생각했기 때문에 네덜란드 인들에게 맨해튼을 넘겨주었다. 그들이 무지해서가 아니라 땅이 누군가에 의해 소유된다는 개념 자체를 이해할 수 없었기 때문이다. 네덜란드 인들이 지금 맨해튼이라 불리는, 당시의 섬에 살고 있던 인디언 부족 레니 레나페 족에게 24달러 가치의 물품을 선물로 주었을 때 레나페 족은 그 대가로 네덜란드 인들과 그 땅을 공유했다. 하지만 네덜란드 인들은 그 교환 이후 그 땅의 독점 소유주로 행세하며 섬의 낮은 지대를 빙 둘러 벽을 쌓고 인디언들을 몰아냈다. 그 후 얼마 안 가 그 땅을 정복한 영국인들이 벽을 무너뜨린 다음 지금 월스트리트라 불리는 길을 만들었다. 현재 세계적 탐욕의 온상이며 세상의 잘못된 사업 방식을 고스란히 노출한 곳, 그 월스트리트의 시작이 독점적 소유권의 주장이었다는 점이 몹시 흥미롭고 예시적이기까지 하지 않은가?

소유권과 상품화는 사회적 약속들을 조직화하고 구조화하는 데

도움이 될 수 있다.—네가 어디에 살고 무엇이 '너의 것'인지 알아야 나도 경계를 지킬 수 있다.—하지만 소유권과 상품화는 원래 본질적으로 선물gift인 것에 가격표를 붙이라고 끊임없이 명령하는, 우리 옆에 딱 붙어 있는 교활한 친구이다. 최고 수백만 달러까지 급여를 올렸을 때 내가 따랐던 것이 바로 그런 명령이었다. 분명히 밝혀두겠는데 상업적 성공을 했다고 해서 급여가 저절로 올라가는 것은 아니다. 내 말을 믿기 바란다. 당신에게 달려와 그런 엄청난 돈을 선뜻 제공하는 사람은 아무도 없을 것이다. 내가 그랬듯이 당신이 요구하고 또 요구해야 한다. 그리고 그 요구의 배후에는 "나, 톰 새디악은 남들이 갖지 못한 재능을 갖고 있으니까 더 가치 있는 사람이다"라는 아주 불편한 가정이 도사리고 있었다. 나는 황금알을 낳는 거위이기 때문에 영화로 벌어들인 총수익 중 상당액을 내 몫으로 받아야 마땅하다는 가정이다. 나는 요리사, 운전수, 전기 기사, 엑스트라들보다 더 가치 있는 존재이기 때문에 스튜디오는 나에게 더 많은 돈을 지불해야 했다. 이는 물론 우리가 모두 한 팀이고 형제자매이며 신 앞에 평등하다는 널리 퍼진 도덕적 믿음에 역행한다.

하지만 우리가 즐기는 경제 게임은 편리하게도 사고팔아야 하는 것이 결국 현실이고 서로 이용하는 것이 당연하다고 선언하며 도덕을 초토화시킨다. "그냥 비즈니스 상대야"라는 말은 서로를 서로로부터 소외시키는 데 아무 생각 없이 읊어대는 주문이 되어 버렸다. 그리고 우리는 일요일에는 교회에서 사랑이 최고라고 말하고, 월요일에는 돈 버는 일에 목숨을 건다. 그렇다. 가난한 사람으로서 가난한 사람들 속에 있었지만 예수는 우리가 모든 것을 가질 수 있기를 바랐다! 분명 그는 우리에게 내일 일을 걱정하지 말라고 했고, 곳간에 아무것도 쌓아두지 말라고까지 말했는데, 그 문제의 곳간까지 소유하려는 행태는 잘못돼도 한참 잘못된 게 아닐까? 예수는 확실히 가르침에 재능을 보였지만 설교로 돈을 요구하지는 않았다. 그만큼 대단한 사업가였거나, 고려해 볼 가치가 있는 도덕적 원칙을 지키고 있었거나 둘 중 하나일 것이다. 예수는 자신의 재능이 선물임을 잘 알았다.—그는 아버지가 자신에게 능력을 주지 않았다면 아무것도 할 수 없다고 말했다.—그래서 그는 자신의 인생과 자신이 가진 기술에 소유권을 주장하지 않았다.

 "지금의 예술은, 모두의 위에 있다고 단언하는 예술가를 찬미한다. 이것이 예술마저 죽음에 봉사하고 있다고 말하는 이유이다." 토머스 클리스Thomas Klise의 고전적인 소설《최후의 서부*The Last Western*》에 나오는 이 불편하고 힘겨운 진실은, 예술가를 추앙하면서 그에게 막대한 돈을 지불하며 그의 예술의 원천이 되는 사람들이나 불의, 인간의 조건, 삶의 아름다움으로부터 그를 소외시키는, 우리 문화의 패악을 고스란히 드러낸다. 영화 산업을 생각해 보자. 우리는 배우, 작가, 감독을 신처럼 추켜세우며 찬미하고 그들의 재능과 일에 수백만 달러를 지불한다. 하지만 모든 예술적 재능은 단순한 듣기listening의 산물이 아닌가?

 퓰리처 상 수상자 시인 메리 올리버는 자신이 시를 쓰는 것이 아니라 누군가로부터 받아쓴 것을 약간 다듬을 뿐이라고 했다. 그렇게 말하면서 메리는 예술적 작업에 깃든 기본적 진실을 드러냈다. 예술적 작업은 계획적으로 산출하는 것이 아니라 열린 마음으로 받아들이는 작업에 더 가깝다는 것이다. 라디오 수신기가 전파를 받아들이듯이 재능 있는 예술가, 발명가, 기업가 들은 아이디어, 노래, 시, 이야기의 형태로 오는 일종의 신호를 받아들이는 것이다. 그런 예는 무수하다. 폴 메카트니는 아침에 눈을 뜨면서 〈예스터데이〉 가사를 떠올렸다고 한다. J.K. 롤링에 따르면 《해리 포터》 아이디어가 "머리 위로 떨어졌다"고 한다. 《프랑켄슈타인》은 메리 셸리의 꿈속으로 찾아왔고, 로버트 루이스 스티븐슨의 《지킬박사와 하이드》도 그랬다. 심지어 스물여섯 살 때 특허 사무실 직원으로 일했던 알베르트 아인슈타인조차 자신의 상대성 이론이 "갑작스레 찾아온 발견"이었다고 말했다. 물론 그런 영감을 받기 위한 환경을 조성하기 위해 열심히 일하고 훈련하고 연구하고 숙고해야 한다. 하지만 영감은 그 정의상 하나의 선물이다. 나는 내가 일생 동안 한 번도 좋은 아이디어를 '생각해 낸' 적이 없다는 것을 잘 안다. 나는 많은 좋은 아이디어들을 '받았다.' 그래서 우리는 원래 재능을 '타고났다gifted'고 하지 않는가? 에머슨도 자신의 에세이 《영적 법칙들Spiritual Laws》에서 그런 믿음을 다음과 같이 표현했다. "대단한 성공을 거둔 사람들은, 자신에게 정직한 순간이 오면 늘 '영광을 우리에게 돌리지 마시오not unto us'(기독교에서는 〈주님께만 영광을〉이라는 찬송가로 불린다—옮긴이)라고 노래를 불렀다."

그러므로 나는 그런 재능들을 주장할 수 있을까? 나는 나를 통해서 온 영감들과 예술들을 내가 '소유'한다고 진실로 말할 수 있을까? 웬델 베리도 〈덧붙이는 말Some Further Words〉이라는 고발성 시를 쓰면서 이 문제를 지적했다.

"나는 '예술적 재능'이
한 예술가의 소유물이라고 믿지 않는다.
예술은 우리가 만든 것이 아니다.
그 우리가 만든 것이 아닌 예술로
우리는 예술 작품을 만든다.
모든 발언하는 사람은
집단의 말을 하는 것이다.
우리는 유령들에 둘러싸여 산다.
우리를 인간으로 만드는 것은
'인간의 자질'이 아니라
세상, 창조물들, 영감의 천사들,
죽은 자들로부터 얻은
우리 심장 속 오래된 사랑과 지성이다."

베리는 또 다음과 같이 단도직입적으로 상업을 오염시킨 독毒(지적 재산)에 대해 언급했다. "'지적 재산'은 마음을 사고파는 행위, 노예화한 세상을 일컫는 말이다. 우리 자신조차 소유하지 않은 자유로운 우리가 신, 살아있는 세상, 우리 모두가 다 함께 갖고 있는 것을 도둑질해 소유하고 있다."

그러므로 나는 나의 예술로 정확하게 무엇을 '소유'할 수 있을까? 얻을 수 있는 모든 것을 거둬들이는 것이 정당하고 옳은 일일까? 예술 그 진정한 시원과 원천에 부합하는, 예술에 대한 더 균형 잡힌 접근 방식은 없을까?

대화 17

두려움 아하, 이제 다 알겠군. 지금까지 우리가 해온 대화는 모두 소유권에 맞선 구호 같은 것이군.

진리 구호 같은 걸 외칠 생각은 없어. 나는 단지 "누가 과연 무언가를 진짜 소유할 수 있을까?"라는 질문을 제기하고 싶을 뿐이야. 요나스 소크가 소아마비 백신을 발견했을 때 사람들이 물었지. "누가 특허권을 갖고 있어?"라고. 그의 대답은 간단했어. "특허권 같은 것은 없습니다. 태양에 대한 특허권을 누가 가질 수 있겠습니까?"

두려움 그러니까 그는 부자가 되고 싶지 않았던 거로군. 그건 그 사람 문제야.

진리 그는 부자가 됐어. 수백만 명의 생명을 구했으니까. 자신이 한 일에 그야말로 유독有毒한 단어를 꼬리표마냥 붙이지 않았으니까 가능했던 일이야.

두려움 무슨 단어?

진리 네가 살고 있는 땅을 이야기할 때 너는 그 땅이 누구의 것이라고 하지?

두려움 나의 것mine!

진리 이른바 귀중한 광물을 찾겠다고 굴을 파 땅을 약탈하면서 그 굴을 뭐라고 부르지?

두려움 광산mine.

진리 또 발밑에 설치해서 사람을 불구로 만들기도 하고 죽게도 만드는 폭파 장치를 뭐라고 부르지?

두려움 지뢰mine.

진리 그리고 그런 살생은 누군가가 이 땅은 너의 것이 아니라 누구의 것이라고 말해서 일어난 거지?

두려움 나의 것mine.

진리 어떤 양상이 벌어지고 있는지 보여? 우리의 게임은 우리를 한없이 지치게 해. 나는 그저 이제 그런 게임은 그만 접고 쉬자고 말하는 거야.

두려움 하지만 그 게임 때문에 우리는 먹고살 수 있어. 그 게임이 우리의 생존 방법이라고!

진리 먼저 그 게임의 근거로 작용하는 가치들을 조사해 보는 것이 더 현명한 일이 아닐까? 그럼 어쩌면 너도 마침내 네가 뒤좇고 있는 꼬리가 결국 네 자신의 꼬리라는 사실을 발견하게 될지도 몰라.

두려움 이해하지 못하겠어? 내가 뒤좇고 있는 것이 나의 생존이라니!

진리 너는 그걸 뒤좇는 데 너무도 몰두해 있어서 그게 네 눈을 얼마나 멀게 했는지를 못 봐. 그게 문제야, 두려움. 너, 두려움이 현재 우리 경제에 넘쳐나기 때문에, 그리고 너의 철학이 어리석고 지속 불가능하기 때문에 결국 인류의 몰락을 부를 거야.

두려움 현실이 나의 철학이야. 나는 필요한 것만 취하지 말고 최대한 많이 취하라고 하지. 맞아. 너의 재능, 상품, 서비스에 가능한 한 최고의 가격을 요구하라고 해. 시장이 받아들이는데 그렇게 요구하지 않는다면 너는 바보야.

진리 그렇다면 너의 그 "가능한 한 모든 것을 취하라" 철학을 인간의 몸이 작동하는 방식에 적용해 볼까?

두려움 뭔 소리?

진리 어떤 철학이 타당하다면 모든 살아있는 시스템에 적용 가능해야 해. 그리고 인간의 몸은 살아있는 시스템이고. 그렇지?

두려움 물론 그렇지..

진리 그러니까, 너의 철학과 현재 우리 시대의 경제 법칙에 따르면 개인은 자신의 상품이나 서비스에 가능한 한 많은 돈을 요구해야 해. 영화 촬영 현장에서는 보통 감독의 가치가 가장 높다고 보기 때문에 감독이 제일 많은 돈을 받지. 그렇다면 '감독'은 인간의 몸으로 치자면 어디에 해당할까? 인간의 몸에서 가장 가치 있는 부분은 어디일까?

두려움 그거야 물론 뇌지.

진리 하지만 뇌가 기능하려면 두 가지가 필요해. 산소와 혈액. 이것들은 어디에서 오지?

두려움 폐와 심장.

진리 맞아. 우리 몸에서 폐와 심장 없이 아무것도 제대로 작동할 수 없지. 그렇다면 폐와 심장에게 그것들이 배분하는 생산품, 즉 산소와 혈액에 대한 '소유권'을 주자고. 그리고 우리가 폐와 심장이 가치 있음을 알고 있으니까 그것들은 자신의 생산품과 일에 더 큰 돈을 요구할 수도 있어. 이제 심장이 자신이 요구한 돈을 지불할 수 있는 기관들에만 피를 공급한다면? 혹은 폐가 제대로 돈을 지불하지 않은 곳에 산소 공급을 중단한다면 무슨 일이 일어날 것 같아?

두려움 무슨 일이 일어날지는 뻔하지.

진리 그래. 몸이 죽게 될 거야. 폐와 심장이 지금 사람들처럼 행동한다면, 네가 말하는 그 가장 가치 있다는 뇌도 기능을 멈추게 될 거야. 다른 기관들도 모두 굶주릴 테고.

(긴 침묵)

두려움 비유가 공정하지 않아. 인간의 몸은 하나의 유기체지만 경제는 수백만 명의 분리된 인간들로 이루어져.

진리 이제 본질적인 질문을 제기해야 할 때가 왔군. 사람들은 정말 분리되어 있을까? 현대 과학은 그와 반대되는 사실을 발견하고 있지 않나? 현대 과학이 발견하고 있는 바로 그것을 신비주의자들이 도덕적 가르침을 통해 수천 년 동안 말해오지 않았어? 모든 것이 하나라는 것 말이야.

두려움 과학을 말하면서 신비주의자들과 그들의 도덕론은 끌어들이지 말아줘. 도덕과 사물의 작동 방식은 아무 상관이 없어!

진리 정말 보지 못하는 거야? 도덕은 곧 모든 것이 작동하는 방식이야.

(다시 한 번 긴 침묵……)

두려움 받아들이기 힘들어. 도덕은 도덕이고, 과학은 과학이야.

진리 그렇지만 수세기 동안의 그런 구분 끝에 이제 둘은 합쳐지고 있어. 과학이 최근 실험실에서 신비주의자들이 가슴으로, 직관으로 오랫동안 알아왔던 것, 즉 모든 것이 연결되어 있고 모든 인간 존재가 하나의 가족이라는 사실을 발견했잖아?

두려움 좋아. 비슷한 점이 있다고 쳐. 하지만 그 비슷한 점이 진짜 세상을 어떻게 하지는 못해. 인간은 분리 너머를 절대 보지 못할 것이고, 소유권 개념을 절대 포기하지 않을 거야!

진리 소유권이 아니라 소유권이라는 그 구분의 망상적인 본성을 이해하는 것이 중요해.

두려움 그래, 그걸 이해했다면? 그렇다면?

진리 그렇다면 그 예언자가 예언한 대로 될 거야. "모든 인간의 가슴과 영혼이 하나가 되는 것으로 그의 것, 나의 것이라는 이 고통이 사라질 것이다. 그의 것이 나의 것이고 나는 나의 형제이고 나의 형제는 내가 될 것이다."

두려움 결국 형제애를 말하는 거야?

진리 진정한 우리가 누구인지를 말하자는 거야.

두려움 내가 곧 나의 형제라고?

진리 그리고 나의 형제가 곧 나야.

두려움 모든 것이 하나이다.

진리 이제 제대로 보기 시작했군.

동네 최고 부자

진심으로 남을 도우려 할 때 나도 도울 수밖에 없음은
삶이 제공하는 가장 아름다운 보상 중 하나이다.……
타인을 섬겨라, 그러면 당신도 섬김을 받을 테니.
—랠프 월도 에머슨

자아를 찾는 최고의 방법은 타인을 섬기는 가운데 자아를 잃는 것이다.
—마하트마 간디

나를 비판하는 사람들은 내가 자본주의를 무너뜨리려 한다고
말한다. 그렇지 않다. 예수는 새로운 체계가 아니라 고대의 진리,
즉 사랑이 모든 것을 치유한다는 진리를 가르쳤다. 나도 그 사랑
이 연민과 공감의 형태로 자본주의에 적용될 때 수많은 죄에서 벗
어나게 해줄 거라고 말한다. 사실 연민과 자본주의는 옛날부터 매
우 잘 공존해 왔다. 비영리 기관들이 그 가장 명백한 예이다. 비영
리 기관은 정의상 일련의 다른 가치들을 추구하되 여전히 현재의
경제 시스템 안에서 작동한다. 이 단체들은 대범하게도 우리 사회
를 압도하는 거센 물줄기 바깥에 서서 의식적으로 수익이 아닌 사
람을 선택하고, 쌓아놓은 돈이 얼마나 많으냐가 아니라 얼마나 많

은 형태—먹을거리, 의약품, 씨앗, 창조적 영감, 도움의 손길 등—로 사랑을 나누느냐에 따라서 부를 측정한다. 테네시 주 멤피스에 있는 세인트 주드 아동연구병원도 그런 기관 중 하나이다. 이 놀라운 병원의 운영 철학은 간단하다. "병원비 지불 능력이 있든 없든 어린이 암 환자는 모두 치료한다." 일반적인 의미의 수익을 낼 리 없건만, 세인트 주드 병원은 도움이 필요한 사람에게 무료로 도움을 주는 일이 세상에서 가장 큰 수익을 내는 일이라고 말한다. 1962년 개원 이래 이 병원은 가난한 환자건 부유한 환자건 누구한테도 동전 한 푼 받지 않았다. 비즈니스 세상에서는 미친 짓이라 하겠지만, 세인트 주드 병원은 아주 당연하고 올바른 일이라고 말한다.

워싱턴 DC 지역에서 변호사로 일하는 내 아버지도 세인트 주드 병원의 개원을 돕고 13년 동안 운영을 맡기도 했는데, 그 덕분에 고수익의 법률 활동을 많이 포기해야 했다. 사실 세인트 주드 병원의 의사들도 대부분 다른 곳에 가면 더 많은 돈을 벌 수 있지만, 현대 사회의 '더 많이 주세요' 주문에 공공연히 반대하고 이 같은 다른 종류의 부를 선택한 것이다. 세인트 주드 병원 구내를 걸어보기만 해도 그들의 사랑어린 사명감이 얼마나 큰 힘을 발휘하고 있는지 금방 느낄 수 있다. 아버지는 종종 "법은 내가 하는 일이지만, 세인트 주드는 진정한 내 자신이다"라고 말씀하신다. 하지만 아버지는 세인트 주드 같은 모델이 거듭 나타날 것이라고 믿는다면 그건 순진한 생각이라고도 했다. 그런 이타적인 기관들이 더 많이 생겨나리라 상상하는 것은 비현실적이라고 느꼈던 것이다.

아버지의 말을 빌리자면 "지금 사람들 모습이 그런 기관들 같지 않기" 때문이다. 세인트 주드가 곧 진정한 당신 자신이라고 그렇게 단호하게 말한 아버지인데 이상한 일이었다. 당신이 해온 일—아버지는 생산한 물건을 무료로 나눠주는 큰 사업도 벌여서 성공했다—을 우리가 할 수 없다고 믿는다니 이상하지 않은가?

세인트 주드 병원은 사실 '공짜로 받고 공짜로 주는' 자연 경제의 완벽한 예라고 할 수 있다. 그런 세인트 주드 병원은 예외가 아니라 현재의 경제 체계를 더 지속 가능하고 더 공정한 미래로의 길을 가리키는 하나의 이정표로 보아야 한다. 게다가 세인트 주드 모델은 비즈니스와 삶에 더 효과적인 접근 방식을 제시하고 있지 않은가? 행복은 대단한 돈이 아니라 대단한 의미 속에서 찾아지니까 말이다.*

다큐멘터리 영화 〈아이 엠〉은 나의 뇌리에서 떠나지 않던 아인슈타인의 말, "살아남으려면 인류에게는 아주 새로운 종류의 사고가 필요할 것이다"로 시작한다. 피코 가街와 3번가가 만나는 곳(저자가 사는 캘리포니아 말리부의 거리 이름—옮긴이)에 있는 식품점 주인 버치 아인슈타인이 그런 말을 했다면 몰라도, 누구나 인정하는

세인트 주드 병원에서 큰 영향을 받아 나는 현재 내 연예 기획사 '쉐이디 에이커스Shady Acres'를 기본적으로 비영리 기관으로 운영하고 있다.—나는 사실 '비영리'라는 말이 난센스라고 생각한다. 다른 사람에게 봉사하는 일은 무한한 이득을 낳기 때문이다!—우리는 여전히 사람의 마음을 움직이고 깨우고 즐겁게 하는 이야기들을 만들지만 세금을 내고 남은 수익은 모두 공공의 이익을 위해 돌려준다. 다큐멘터리 영화 〈아이 엠〉이 우리의 첫 번째 비영리 사업이었다. 〈아이 엠〉 촬영에 참여한 사람들은 모두 각자 필요한 만큼 급여를 받았다. 여기서 '필요한 만큼'이란 생활에 필요한 돈이나 자전거를 사는 일, 그림을 그릴 캔버스를 사는 일 등 각자가 갖고 있는 열정을 추구할 돈을 말한다. 나머지 수익금은 사회로 환원되었다.

20세기의 가장 위대한 지성, 알베르트 아인슈타인이 한 말이 아니가? 그 말은 당신과 나의 아이들이 어쩌면 더 이상 아이를 가질 수 없다는 뜻일지도 모른다. 생각만 해도 정신이 번쩍 든다. 아인슈타인이 새로운 종류의 '사고'가 필요하다고 매우 구체적으로 말했음을 주목하기 바란다. 그는 새로운 법을 제정해야 한다든가 시스템을 바꿔야 한다고 말한 것이 아니다. 그는 우리가 하는 모든 일—우리의 교육 방식, 사업 방식, 자연을 다루는 방식—의 바탕이 되는 사고방식을 재고하라고 말하는 것이다. 그렇다면 어떤 새로운 종류의 사고를 말하는 것일까?

미래의 세상이 "우리는 서로에게 봉사한다"라는 매우 단순한 전제 아래 작동한다면 어떨까? 우리가 지금—비영리, 비폭력, 비정부 기관의 경우처럼—'비非'라는 꼬리표를 붙이는 일들이 실제로 매우 앞서고 '진보적'이며 더 긍정적인 일들이 되는 것이다. 경쟁이 더 이상 우리의 신이 아닐 것이다. 우리는 서로를 이기려 들기를 그만둘 것이고, 우리가 모두 하나이고 형제자매이며 한 가족이라는 생각을 실제로 받아들일 것이다. 사랑이 최고의 목표라는 우리의 믿음을 반영하는 사업들이 만들어질 것이다. 스타벅스Starbucks는 우리벅스Ourbucks가 될 것이고, 미국U.S. 항공도 우리항공Us Airways이 될 것이며, 미국은행Bank of America은 정말로 아메리카 은행이 될 것이다. 누군가가 그런 일을 할 것이다. 누군가는 또 월마트Walmart를 올마트Allmart로 바꿀 것이다. 월마트가 벌어들이는 수십억 달러의 수익이 한 가족의 손에 들어가는 것이 아니라 아이들을 가르치고 배고픈 사람들에게 먹을 것을 주고 노숙자들이 머무를 곳을 마련하고 자연 세상을 치유하고 행복한 지역 사회를 위해 쓰인다면 어떨까? 그런 임무를 누가 수행하겠는가? 아니, 누가 수행하지 않겠는가? 이런 이타적인 비전이 실현되는 것을 보며 영화 〈멋진 인생It's a Wonderful Life〉의 조지 베일리George Bailey처럼 동네 최고 부자가 되는 사람은 정말로 얼마나 축복받은 사람인가?

이러한 변화에 참여할 힘은 소득의 많고 적음에 상관없이 누구에게나 다 있다. 가난하다고 부자들을 뒤에서 시기만 한다면 현재의 상태를 유지하는 데 힘만 더할 뿐이다. 우리는 억만장자를 만나면 "저런! 안됐군요"라고 말하는 원주민처럼 반응해야 한다. 에머슨도 이렇게 말했다. "그런 사람들(억만장자)은 아주 자연스럽게 돈과 권력을 추구한다.…… 왜 그렇지 않겠는가? 그들은 최고를 갈망한다. 그들이 몽유병자처럼 걸으면서 꾸는 꿈조차 최고가 되는 것이다. 그들을 깨우라. 그럼 그들은 잘못된 선의 추구를 멈추고 진리를 향해 뛰어오를 것이다."

바로 그렇게 깨어나기만 하면 되는 문제다. 눈을 깜박여 나른한 문화의 눈꺼풀 위에 쌓인 먼지를 털어내고 우리가 현실이라고 부르는 것, 우리가 모두 분리되어 있다고 자신들에게 끊임없이 말해온 이야기, 형제자매 사이, 인간과 자연 사이에 망상의 벽을 쌓아온 그 "내가 가장 중요해" 주문이 아니라 진짜 현실에 눈을 뜨는 것이다. 유능한 최면술사를 본 적이 있다면, 최면술사가 사람들로 하여금 온갖 비이성적인 행동을 하게 할 수 있다는 걸 알 것이다. 최면술사는 암시의 힘을 빌려 당신의 생각을 조종하고, 그럼으로

써 당신의 행동까지 조종한다. 원래 차분하고 침착한 관객이었을 뿐인 당신을 마치 닭처럼 울게도 하고 개처럼 짖게도 할 수 있다. 우리 가운데 많은 사람이 그런 관객이다. 물론 축제의 무대 위에서가 아니라 우리 삶의 무대 위에서 말이다. 우리는 염세적 메시지를 위안삼아 잠이 들고 늑대처럼 달을 보고 울부짖도록 회유를 당하면서도 아무것도 의식하지 못한다.

"사랑이 최고의 목표이다"는 "나에게 더 많이 줘!"와 더 이상 공존할 수 없다. 예수와 월스트리트의 도덕성은 조화를 이룰 수 없다. 워렌 버핏Warren Buffett(미국의 사업가이자 투자가, 세계적인 부자—옮긴이)이 수십억 달러를 벌었을지는 몰라도 도덕성을 자각하지 못한다면 "무슨 일을 할 수 있겠는가?" 우리가 연료를 공급하지 않는 한 어떤 경제도 존재할 수 없다. 우리가 주지 않는 한 어떤 기업도 권력을 가질 수 없다. 이제 사람들이 '월스트리트를 점령하라'라는 시위로 "탐욕이 곧 선"이라는 지나치게 만연한 사고방식에 집단적 분노를 표출하며 기업들이 휘두르는 권력에 대항하고 있다. 하지만 무언가에 '대항하는against' 것으로는 충분하지 않다. 우리는 무언가를 '위해야for' 한다.

우리는 아주 오랫동안 형제의 눈에 있는 티끌만 보고 내 눈의 들보는 무시해 오지 않았나? 우리가 우리 마음속 탐욕을 충분히 치유할 때 월스트리트와 워싱턴도 정신을 차리게 되어 있다. 그들은 의회에 있는 우리의 지도자들이 아니라 우리를 따르는 사람들이기 때문이다. 그들에게 따라할 것을 주자. 에머슨이 재촉한 대로, 신이 찬란하게 비춰주는 햇살로 우리가 먼저 바닥을 쓸고 닦

자. 그래서 다른 사람들도 빗자루와 걸레를 집어 들게 하자. 더 이상 주일날 교회 설교만 듣고 있을 여유가 없다. 우리 자신이 설교가 되어야 한다. 모든 장벽을 깨는 것은 사랑, 오직 사랑뿐이기 때문이다. 사랑만이 모든 벽을 산산조각 낼 수 있다. 사랑은 거짓 신들을 숭상하느라 세운 벽들도 무너뜨린다. 사랑은 심지어 벽wall이란 말로 이름 지은 길(월스트리트)의 벽들도 무너뜨린다.

대화 18

두려움 너는 모두가 서로 돕고 사는 일종의 낙원을 말하고 있어. 하지만 경제 지도자들이 인류의 진보를 위해 한 일들은 왜 무시하는 거지? 그들도 도덕적 지도자들만큼이나, 아니 어쩌면 그들보다 더 많은 일을 해왔어.

진리 그렇게 생각해?

두려움 물론이지. 나만 그렇게 생각하는 게 아니야. 몇 년 전 어느 거대 컴퓨터 회사의 광고도 똑같은 말을 했지. 광고는 경제 지도자들과 도덕 지도자들을 교대로 보여주다가 그 회사의 슬로건으로 마무리해. "다르게 생각하라."(Think different) 그 광고 기억나?

진리 그래, 기억나. 그 광고는 다르게 생각하라고 했지만, 실은 매우 같은 생각을 하고 있어.

두려움 무슨 말이야? 경제 지도자들은 혁명가들이야. 바로 그 광고처럼 다르게 생각해서 인류의 진보를 이끌었지.

진리 그러니까 너는 경제인들이 어떤 상품을 만들어내면 인류가 진보한다고 믿는 거야?

두려움 경제인들이 들고 나온 것들을 봐. 새 비행기, 새 컴퓨터, 새로운 소통 수단까지! 우리는 이제 손가락 하나만 까닥하면 온갖 정보들을 얻을 수 있어. 아주 빠른 속도로 이동할 수도 있고. 매일 이런저런 상품들이 계발되어 우리 삶을 더 편리하게 하잖아.

진리 그러니까 빠르게 움직이는 것이 진보라는 말이지? 더 편리한 것이 더 행복한 거고?

두려움 이런저런 연구들에서 무슨 말을 하는지는 잘 알아. 그 가운데 어떤 것도 우리를 행복하게 하는 건 없다고 하지. 흥, 나는 그런 말은 믿지 않아!

진리 더 빠르게 움직이고 더 많은 물건을 갖는 것이 진보라면 왜 바로 그 광고에 등장한 도덕 지도자들은 속도를 늦추라고 할까? 채우기 위해 비우라고 하고 말이야. 왜 "고요한 가운데 내가 곧 신임을 알라"고 할까?

두려움 지금 이 진보가 진보가 아니라는 거야? 이 발명품들이 나쁘다고?

진리 그것들은 나쁘지도 좋지도 않아. 문제는 그 발명품들을 낳은 '가치'야.

두려움 너는 전에도 그런 말을 했지. 기술은 중립적이라고 말야. 하지만 기술은 중립적이지 않아. 기술은 사람들을 연결시켜.

진리 그리고 그렇게 우리를 연결시키는 것이 우리를 분리시키기도 하지. 한 학생이 문자를 보내서 다른 학생과 연결되기도 하지만(소득), 그러면서 저 멀리 지는 태양이나 눈앞의 친구, 주변의 세상은 무시하게 되지.(손실) 얻으면 잃는 것도 있는 법이야……
인터넷 따돌림이 얼마나 큰 문제인지 알고 있어?

두려움 또 시작이군. 부정적인 것만 보는 것 말이야. 기술이 무조
건 긍정적일 수만은 없어.

진리 내 말은 뭔가가 우리를 진보하게 만드느냐 아니냐를 말하기
전에 '진보'의 정의부터 내려보는 게 더 현명하지 않을까 하는
거야.

두려움 그렇다면 말해봐. 무엇이 인류를 진보하게 하지?

진리 지금까지 우리가 봐온, 삶을 번영하게 하는 뿌리가 뭐지?

두려움 참 많이도 반복하는군.

진리 그럴 가치가 있으니까. 어떤 원칙을 따를 때 삶이 번영할까?

두려움 협력.

진리 그리고 그 협력의 뿌리가 되는 가치는?

두려움 제발 또 사랑이라고 하지는 말아줘. 대체 사랑이 어떻게 인
류를 진보하게 한다는 거야?

진리 인류로 하여금 더 사랑하고 더 공감하게 하는 것이라면, 우
리를 진정으로 연결시키는 것이라면, 그래 바로 그것이 우리를
앞으로 나아가게 하지.

두려움 너는 그 광고에 나온 경제인들이 우리를 그렇게 만들지 못
했다고 생각하는 거지? 그들이 사랑과 공감을 고취하거나 우리
를 진보로 이끌지 못했다고 말이야.

진리 그 경제인들이 세상에 사랑과 공감을 더했을지도 모르지만
그 광고가 사랑과 공감을 암시하지는 않았어. 너는 그들의 사업

자체가 인류를 진보시킨다고 말하는 거고, 그런 전제라면 나는 받아들일 수 없어.

두려움 그들이 만들어낸 발명품이 진보가 아니라니! 자동차를 봐. 그래, 은행 강도들도 차를 이용하지만 전체적으로 차는 좋은 거야. 결론은 긍정적이라고.

진리 자동차가 우리가 마시는 공기를 더 오염시키고, 석유 공급을 둘러싼 전쟁을 일으키게 하고, 시끄러운 소음으로 자연의 소리를 들을 수 없게 하고, 수백만 사람들을 죽이거나 불구로 만들고, 걸어다니지 않고 자동차만 타서 비만 문제가 더 심각해지는데도 자동차가 긍정적일까?

두려움 다시 말하지만 너는 부정적인 면들만 지적하고 있어. 레스토랑에서 심장마비를 일으킨 여자가 살아남으려면 기본적으로 두 가지 기술이 필요해. 휴대폰과 구급차. 휴대폰이 있어야 병원에 전화를 할 수 있고, 구급차가 있어야 환자를 옮길 수 있어.

진리 하지만 휴대폰과 구급차만 그 일을 하는 것은 아니야. 그 여자가 심장마비를 일으키는 모습을 본 시민이 전화를 건 것은 동정심 때문이기도 해. 구급차의 운전수를 운전하게 한 것은 사랑이고 말이야. 너는 기술이 인류를 진보하게 했다며 그 두 기술을 예로 들었지만, 그것들에는 사랑이라는 다른 가치도 들어 있는 거야.

두려움 하지만 구급차는 필요해. 휴대폰도 마찬가지고.

진리 지금부터 200년 뒤를 상상해 봐. 인류가 그 천재성 때문에 결국 자폭을 하는. 지구 온난화가 심해졌을 수도 있고, 실험실의 치명적인 바이러스가 노출됐을 수도 있고, 핵폭탄 홀로코스트 때문일 수도 있고. 그때 인류에게 일어난 일을 전하는 외계인이 있다면 과연 그들은 기술이 인류를 진보하게 했다고 말할까, 아니면 죽였다고 말할까?

두려움 무슨 대답을 바라는지 잘 알아.

진리 시나리오가 말하는 대답을 바랄 뿐이야. 진실 말이야.

두려움 시나리오에 따르면 기술이 우리를 죽인 거겠지.

진리 그러니까 기술만이 우리를 진보하게 했다고 볼 수는 없겠지? 중요한 것은 기술에 더해지는 가치야. 이제 이해해?

(긴 침묵)

두려움 인정하기 힘들지만, 그래 이해해.

진리 그렇다면 우리를 진보하게 하는 것은 어떤 가치지?

두려움 내 입으로는 말 못하겠어.

진리 주위를 둘러봐. 그 가치는 모든 곳에, 모든 생명체 속에 있어.

두려움 너무 간단해서 믿을 수가 없어. 사랑이 우리를 진보하게 한다니. 차라리 교육은 어때? 교육도 우리를 진보하게 하잖아?

진리 교육의 뿌리가 사랑이라면, 맞아. 하지만 현재 우리의 학교는 가짜 신에게 절을 하면서 우상 숭배의 고통에 시달리고 있지.

두려움 또 과장이 심하군. 현재의 학교 교육이 완벽하지는 않지만 전반적으로는 괜찮아. 나쁘지 않다고.

진리 그 말은 곧 너, '두려움'이 교육을 계속 담당하고 싶다는 말이겠지.

두려움 나는 교육에 효율성을 높여줘. 두려워할 때 사람들은 더 열심히 일하지.

진리 열심히 하는 게 해답이라면 왜 그렇게 많은 학교 교육이 실패하고 있지? 너는 감히 묻고 싶지 않은 질문이겠지만 말이야.

두려움 이건 시간 낭비야. 너한테 취조당할 마음은 전혀 없어.

진리 그렇다면 두려움아, 늘 그렇듯이 눈을 감아버려. 하지만 그래도 나는 물을 거야. "우리 교육 시스템에 무엇이 잘못된 거지?"

에듀케이션Educa-shun[*]

경쟁의 습관에서 벗어나려면
마음이 경쟁의 함정에 빠지는 과정을 자세히 살펴야 한다.
—마거리트 비처 Marguerite Beecher

학교에서 배운 것을 모두 잊어라. 그때 남는 것이 교육이다.
—알베르트 아인슈타인

폭설 휴교령으로 학교에 가지 못한 날에도 우리는 많은 것을 배울 수 있다. 그렇다. 생각지도 않게 학교를 쉬게 되는 일만큼 즐거운 일이 어디 또 있겠는가!—물론 권위자들이 하사해 준 날이긴 해도.—하지만 학교의 철책 담장과 리놀륨 바닥에서 벗어나는 데서 느끼는 억제할 수 없는 환희는 우리에게 뭔가 더 의미심장한 것을 말해주기도 한다. 어른이 된 뒤에는 결코 그때와 같은 환희를 느낄 수 없다. 오프라 윈프리도 중요한 것들을 선사해 주지만 그 순간에 느끼는 커다란 감사의 마음은 올 때처럼 빠르게 사라져

---

[*] 'educa-shun'은 'education'(교육)의 동음이의어, 'shun'은 '피하다 싫어하다'는 뜻으로 보통 정규 교육을 받지 않은 사람 혹은 정규 교육을 비판하는 사람이 교육을 풍자하며 쓰는 은어이다.—옮긴이

버린다. 학교 쉬는 날은 우리의, 아이들 속의 뭔가 깊은 것을 건드린다. 그 담장 안에서 대체 무슨 일이 벌어지길래 폭설 휴교령으로 하루 쉬는 것에 우리는 마치 자유를 찾아 쇼생크를 탈출해 하수구 밖으로 뛰쳐나온 앤디 듀프렌(팀 로빈슨 역)같이 굴까?

학교는 변화가 필요하다. 그것은 의심도 논쟁의 여지도 없는 사실이다. 민주당원, 공화당원, 진보, 보수 할 것 없이 이 주제만 나오면 서로간의 벽이 무너지고 뿌리 깊은 반목도 사라지면서 다들 거의 만장일치로 외친다. "대책을 세워야 해!" 하지만 정확히 어떻게? 그 '어떻게'에서 우리의 통합은 무너지고 견해가 갈리며 다른 해결책들이 나온다. "예산이 문제요! 학교 예산을 늘려야 해요!"가 개혁을 열망하는 사람들이 가장 많이 하는 말이다. 하지만 돈이 만병통치약일까? 돈이 정확히 얼마나 있어야 현재 최고치를 기록하는 학생들의 스트레스를 낮추고 아이들을 따돌림으로부터 보호할 수 있을까? 그리고 얼마나 많은 수표를 발행해야 우울증으로부터 우리 아이들을 구하고 항정신성 약물 중독에서 우리 청소년들을 구할 수 있을까? 돈이 모든 것을 치유한다면 예수는 왜 대금업자의 환전판을 뒤엎었을까? 대금업을 정당하다고 인정해 주고 그들로부터 지원금을 받는 게 더 낫지 않았을까?

어떤 사람들은 심지어 학교 문제가 공립 학교에서 기도를 금지시켰기 때문이라고 말하기까지 한다. "신이 노했다! 교실에서 신을 쫓아냈으니 그의 축복도 함께 사라진 것이다!" 이런 두려움을 조장하는 말들은 언뜻 보면 무모하고 말도 안 되는 것 같다. 학교에서 신을 쫓아낸다는 말은 일몰에서, 개울에서, 야생화에서 신을 몰아낸다는 말과 같은 말이다. 하피즈도 "(신의) 무소부재하심은 한갓 루머가 아니다"라고 했다. 학생들에게 계속 주기도문을 낭송하게 할 수도 있지만, 우리 아이들 자체가 움직이는 주기도문들이 아닌가? 한 아이가 같은 반 친구에게 친절할 때 그게 바로 "나라(천국)가 임하시는 것"이 아닌가? 한 아이가 매점에서 일하는 사람에게 고맙다고 말할 때 "뜻이 하늘에서 이루어진 것처럼 땅에서도 이루어진 것"이 아닌가? 공립 학교의 기도문 정책이 어떻게 변하든 그 숭고한 성전은 늘 그 자리에 있다. "그리스도는 만유萬有이시며 만유 안에 계신다." 하지만 "신이 노했다"고 말하는 광신자의 외침이 아주 쓸모없는 말만은 아니다. 우리 교육 시스템의 근간 원칙, 즉 '경쟁과 성공'의 원칙이 우리 아이들 안의 신의 불빛을 흐리게 하고, 나아가 우리 학교 안의 신의 불빛을 흐리게 한다는 것을 상기시켜 주기 때문이다. 우리의 아이들은 지금 서로 격려할 형제자매가 아니라 정복해야 할 적을 마주보고 있다. 우리는 신성과 반대되는 것을 가르치고 있다. 우리는 아이들에게 서로 사랑해야 한다고가 아니라 서로 싸워 이겨야 한다고 말한다. 언제든 서로 아껴줘야 한다가 아니라 무슨 수를 쓰든 서로를 이겨야 한다고 말한다. 우리는 우리의 시스템을 몰아붙이는 동시에 신의 사랑을 후퇴시키고 있다.

나는 지금 게임의 승자로서의—혹은 패자로서의—내 경험을 말하는 것이다. 학창 시절 나는 최선을 다하는 것에서 나아가 최고가 '되어야' 했다. 제대로 올라서지 못하면 결과는 그야말로 비참했다. 배움의 길로 향한 문이 다 닫혀버리고 취직할 기회도 줄

어들었다. 실패자들에게는 사회적 원조도 다 담 너머 먼 나라 얘기이다. 어쩌면 먹을 것도 없이 내몰릴지도 모른다. 이런 '사느냐 죽느냐'의 압박에 시달리는 아이들이 무너지는 것이 과연 이상한 일인가? 최근에 페퍼다인 대학교 법학과 학생들과 얘기를 나눈 적이 있는데, 서로 도와가며 공부하는 것조차 바람직하지 못한 일로 치부된다고 했다. 그리스도의 가르침으로 창설된 학교가 그렇다. 내가 알기로 예수는 "신념, 희망, 경쟁 중에 최고는 경쟁이니라!" 라고는 절대 말하지 않았다. 하지만 예수는 이미 죽었고, 사람들은 이렇게 논박한다. "내 자신도 돕지 못하는데 왜 너를 도와야 하지?" 하지만 이런 논리는 '나'는 '너'와 아무 상관이 없다는 잘못된 가정에 기반한 착각이요 구시대적인 발상이다. 다행히도 마틴 루터 킹 주니어는 페퍼다인 대학교의 법이 아니라 신의 법 아래 있었다. 그는 다음과 같이 말했다. "나는 네가 되어야 하는 것이 될 때까지 결코 내가 되어야 하는 것이 될 수 없다. 그리고 너는 내가 되어야 하는 것이 될 때까지 결코 네가 되어야 하는 것이 될 수 없다. 서로 연결되어 있는 우리 현실의 구조가 그렇다."

하지만 오늘날의 학교는 그 '현실의 구조'를 '배타의 사다리'와 바꿔버렸다. 그래서 학생들은 경쟁에서 이겨 맨 꼭대기에 올라가야 한다고 배운다. 그렇게 과열된 환경에서 따돌림이 만연하는 것이 뭐가 이상할까? 최근에도 러트거즈 대학의 한 남학생 신입생이 비정한 따돌림의 희생자가 되어야 했다. 그 학생이 다른 남학생과 친밀한 행위를 나누는 것을 룸메이트가 동영상으로 찍어 온라인에 올린 것이 그 모든 뒤틀린 장난의 시작이었다. 심한 모욕감과 당혹감에 그 어린 학생은 조지 워싱턴 다리에서 뛰어내려 목숨을 끊어버렸다. 분노한 학교 임직원들이 재빨리 그 잔인하고 비정한 룸메이트를 처벌했다. 하지만 학생들로 하여금 서로 싸우게 한 잔인하고 비정한 시스템에 대한 처벌은 어떻게 하나? 선행을 하는 것보다 일등이 되는 것을 더 높이 사는 사회 분위기에 대한 조사는 어떻게 하나? 따돌림은 어디서 갑자기 뚝 떨어진 문제가 아니다. 우리가 심은 씨앗에서 나온 열매이다. 그렇다면 우리는 무슨 씨앗을 심은 것인가? 우리는 "무리에서 눈에 띄어라. 일등이 되어라. 네 자신부터 챙겨라. 그리고 이겨라"라는 씨앗을 심었다. "남을 이기고 무너뜨려라"와 "남을 놀리고 질책하라"가 과연 얼마나 다를까? 따돌림의 문제는 여기서 그치지 않는다. 학교 총기 난사 사건의 횟수가 전례 없이 늘어나고 있다. 여섯 살밖에 안 된 아이마저 학교에 총을 들고 나타나 피바다를 만들었다. 소외감과 분노가 한계에 다다랐기 때문이다.

학교 총기 난사 사건들이 끔찍한 비극이기는 하지만, 그 원인을 추적해 보면 비록 왜곡된 것이긴 해도 한 가지 논리를 발견하게 된다. "나는 경쟁에서 이기라고 배웠어. 하지만 나는 보통 방식으로는 이길 수 없어. 나만의 왜곡된 방식으로라도 이길 거야." 극단적인 형태로 변한 경쟁이 이 모든 비극의 원인인 것이다. 전통사회나 원주민 사회에서 총기 난사 사건 같은 일은 일어나지 않는다. 티베트의 아이들은 서로 죽이는 일이 없다. 부탄, 네팔, 라다크의 아이들도 마찬가지다. 그 아이들이 왜 서로를 죽이겠는가? 그 아이들은 마이클 조단처럼 경쟁적이 되는 게 아니라 달라이 라마처럼 자비심을 갖는 게 좋다고 배운다. 오늘날 우리 문화와는 다른 패러다임으로 움직이는 사회 중 이런 식의 청소년 대량 학살 행태에 감염된 사회는 없다. 우리는 불운해서 혹은 어쩌다가 이렇게 된 것이 아니다. 경쟁이 자연의 지배 질서이고 최고 이상이라는 뒤틀린 이데올로기에 고집스럽게 집착해서 이렇게 된 것이다.

미국 교육부조차 자기들의 목적이 "학생들의 성취감을 높이고 학생들이 세계적인 경쟁에 잘 대비할 수 있도록 하는 것"이라고 표방, 이 시대 사고방식의 유독성을 고스란히 드러내고 있다. 경제 잡지 《포춘Fortune》에서 언급하는 세계 500대 기업의 목표가 아니다. 우리 정부가 교육의 과제랍시고 선언한 내용이 그렇다. 노골적으로 말해서 미안하지만, 이보다 더 얄팍한 포부가 또 어디에 있을까? 세계 시장에서 최고가 되는 것이 정말로 우리가 우리 아이들에게 최고로 바라는 것일까? 우리가 선출한 관료들은 정말 경쟁에서 이기는 것이 미국 시민과 아이들에게 행복과 만족감을 안기는 묘약이라고 믿는 걸까?

만족감에 대해 연구하는 긍정심리학자들은 경쟁력과 행복 사이에는 아무 관계가 없음을 거듭 증명해 왔다. 몇 년 전, 미국은 대학 졸업자 수가 세계에서 최고였지만 행복 지수에는 1위 근처에도 가지 못했다. 지금도 미국은 경제적·군사적 규모가 세계 1위이지만, 미국이 세계에서 가장 행복한 나라가 되는 일은 요원하기만 하다. 삶의 질을 높이는 것은 내면적·본질적인 것이지 외면적·부차적인 것이 아니라는 증거가 많음에도 그러한 사실은 여전히 우리 마음속에 깊이 자리 잡지 못하고 있다. "중요한 것은 누구를 이기냐가 아니라 우리가 누구냐"이다.

하지만 현대 교육은 '누구를 이기냐'를 더 중요하게 생각하며 우리 아이들에게 최고의 학교 성적, 최고의 대학 입시 성적, 최고의 AP 수업Advanced Placement class(고등학교에서 미리 진행하는 대학 수업—옮긴이) 성적, 최고의 대학 성적, 최고의 전문 대학원 성적을 받으라고 매일매일 경쟁으로 내몰고 있다. 최고의 성적이 최고의 삶을 살게 해줄 거라고 끝없이 속삭이면서 말이다. 나도 그런 스트레스 축제에 빠짐없이 참가했고 점수 경기에서 이겼지만(대학 학점 총점을 3.8까지 올렸다) 인생의 경기에서는 졌다. 잠을 거의 자지 않았기 때문에 건강이 나빠졌고, 긴장을 풀기 위해 술도 많이 마셨다. 대학생들이 음주와 약물 복용을 지나치게 많이 한다는 것은 비밀도 아니지만, 왜 그런지는 여전히 미스터리로 남아 있다. 학생들이 순진한 호기심에 그러는 걸까? 혹시 그것은 우리가 학생들에게 속해 있길 강요하는 시스템 속 깊은 곳에 근본적인 결함이 있음을 말해주는 건 아닐까? 존 레논은 러스티 네일Rusty nail(칵테일의 일종—옮긴이) 잔을 머리에 내리치며 이렇게 말했다.

"아무도 묻지 않는 근본적인 질문이 있습니다. 왜 사람들이 어떤 종류든 간에 약물을 복용하느냐는 겁니다.…… 정상적으로 살아가는 데 왜 그런 액세서리들이 필요한 거죠? 내 말은, 압박감이 너무 심해서 우리가 스스로를 보호하지 않고는 살 수 없게 만드는 이 사회는 뭔가 대단히 잘못된 게 아니냐는 겁니다."

존 레논이 말한 스트레스는 늘어만 가고 있다. 예를 들어 예전에는 4.0이 최고 학점이었던 데 반해 이제 4.5 이상까지 높아졌으니

학생들이 올라가야 할 사다리가 더 높아진 셈이다. 이런 상태가 학생들에게 어떤 결과를 불러올지는 생각만 해도 소름 끼친다. 최근 MSNBC는 미국의 대학생 중 50퍼센트가 자살을 생각한 적이 있다고 보도했다. 50퍼센트다. 우리 '최고로 똑똑한' 아이들 중 절반이 지독한 학업 스트레스에서 벗어나기 위해 스스로 목숨을 끊을 것을 고려한다는 말이다. 충분히 경악할 만한 경고가 아닌가? 우리는 우리 아이들 절반이 그런 생각을 스스로 극복하기를 손 놓고 기다리고만 있어야 할까?

경쟁이라는 걸 모조리 없애야 한다는 뜻이 아니다. 합리적으로 행사되었을 때 경쟁에도 분명 장점이 있다. 하지만 우리는 합리성에서 벗어난 지 이미 오래되었다. 우리는 경쟁의 원래 의도를 심하게 왜곡했다. '경쟁competition'이란 단어는 '겨루다'라는 뜻의 라틴어 'competere'에서 유래했다. 그러므로 라이벌 테니스 선수인 비외른 보리Bjorn Borg와 존 맥켄로John McEnroe, 라이벌 농구 선수인 매직 존슨Magic Johnson과 래리 버드Larry Bird는 서로 재능을 더 높이기 위해 겨루는 사이인 셈이다. 스티븐 스필버그, 로버트 저메키스Robert Zemeckis, 피터 와이어Peter Weir, 데니 보일Denny Boyle의 영화를 공부하면서 나의 예술과 그 관점은 더 높고 더 넓게 확장되었다. 나는 나를 통하여 실현되는 예술에 쓰임이 되고자 그들의 천재성과 겨뤘던 것이다. 하지만 우리의 문화는 단지 겨루는 정도만으로는 안 된다고 말한다. 우리는 '무슨 수를 써서라도' 이겨야 하고 '죽기 살기로 노력해야' 한다. 성공 하나에 사느냐 죽느냐의 가치를 부여한다는 데 그 유독성이 있는 것이다. 여덟 번째 죄악(교만, 나태, 분노, 색정, 과욕, 질투, 탐욕 등 성경에 나오는 일곱 개의 죄악에 한 가지를 덧붙여 말하는 것—옮긴이)은 "전리품은 승자의 것"이라는 사고방식이다. 최고 수준의 운동 선수인 경우 수백만 달러 계약을 맺고, CEO들이 100만 달러 이상의 상여금을 받는다는 것을 모르는 사람은 없다. 그런 정보가 우리 어린아이들에게 어떤 왜곡된 메시지를 전달할 것인가? 바로 "승자는 뭐든지 갖고 패자는 뭐든 줄서서 기다려야 한다"가 아니겠는가?

대부분의 사람들이 그런 불공정을 인식하지만 그것을 그냥 삶의 일부로 받아들인다. 4번 타자는 2억 5천 달러(약 2,500억 원—옮긴이)를 벌지만, 도시의 교사는 가족을 부양하기도 힘이 든다. 운동 선수들만 그런 것이 아니다. 이 치명적인 철학을 아무 생각 없이 받아들여서 다음 세대로 그대로 넘겨주는 사업가, 의사, 변호사, 심지어 예술가도 이는 마찬가지다. "최고가 되거라. 아니면 도태된다." 이것이 우리가 아이들에게 가르치는 것이다.

아이들이 스트레스를 받아 자살 충동을 느끼는 것이 이상한가? 아이들이 꿈도 없고 마음은 약하고 영혼이 시들한 게 이상한가? 경쟁심이 그렇게도 높이 떠받들어지는데 싸우거나 아니면 도망치는 것이 당연한 반응 아닐까? 100명이 경쟁하면 99명은 지게 되어 있다. 우리가 아이들에게 남겨주고 싶은 세상이 과연 그런 세상인가? 맥도날드 창업자 레이 크록Ray Kroc은 "만약 내 경쟁자가 물에 빠지는 모습을 본다면 나는 물이 터져 나오는 소방 호수를 그 입에다 넣어줄 테다"라고 큰소리쳤다. 이런 이데올로기에 떨지 않을 학생이 과연 얼마나 될까? 우리가 아이들에게 먹이는 진짜 정크 푸드는 바로 그런 이데올로기들이다.

"남에게서 바라는 대로 남에게 해주어라"고 했지만, 비극적이게
도 우리는 우리도 모르는 새 성경의 이 황금률을 오직 황금에 관
한 규칙으로 바꾸어버렸다. 그런데 그런 경쟁 제일주의 풍토도 현
대 교육의 진짜 비극과 비교하면 아무것도 아니다. 진짜 비극이란
무엇일까? 그 비극은 아이들의 활기의 원천인 저마다 타고난 재능
과 능력에 어떤 영향을 미칠까, 아니 그것들을 어떻게 억압할까?

대화 19

두려움 경쟁에서 이긴 사람에게 보상을 주는 것이 뭐가 문제지?

진리 그들이 이뤄낸 일을 칭찬하고 그 재능을 높이 평가해 주는
게 문제는 아니지.

두려움 돈으로 보상하면 안 되는 거야? 너도 언급했듯이 전리품은
승자의 것이잖아.

진리 전리품은 "전쟁에서 이겨 적으로부터 약탈해 온 것으로 강도
질한 것"이나 다름없어. 우리가 원하는 게 그런 사회일까? 전쟁
과 강도질에 기반한 사회?

두려움 그건 강도질이 아니라 경쟁에서 승리한 거라고! 규칙을 준
수해서 이긴 것이 바로 승리라는 거야! 세상은 늘 그런 식으로
흘러왔어.

진리 늘 그렇지는 않았어. 다양한 원주민 사회를 봐. 제일 빨리 달
린다고, 사냥을 제일 잘한다고 그 사람에게만 부족의 자원을 전

부 몰아주지는 않았어.

두려움 하지만 열심히 노력한 운동 선수는 그만큼 가질 자격이 있
어. 예술가도 의사도 마찬가지고!

진리 그 운동 선수가 쓰레기통을 치우는 환경미화원, 우범 지대를
순찰하는 경찰관, 상추를 뽑는 이민 노동자, 사회가 벌인 전쟁에
나가 싸우는 군인들보다 열심히 일할까? 스포츠와 예술에 대한
열정을 추구할 수 있을 만큼 축복받은 사람들보다 화장실이나
하수구를 청소하고 관리하는 환경 미화원들이 더 많은 일을 하
고 있다고 볼 수는 없을까?

두려움 정말 터무니없군.

진리 다른 사람의 노동의 가치를 인정해 주는 게 터무니없어?

두려움 운동 선수들은 절대 쉽게 벌지 않아. 항상 제일 빠른 사람
일 수는 없으니까. 예술가도 늘 탁월한 작품을 만들 수는 없어.

진리 좀 덜 빨리 달리거나 독창성을 좀 잃었다면 지역 공동체에서
가르치거나 봉사하면서 살 수는 없는 거야?

두려움 그런 일은 돈이 안 되잖아!

진리 그런 일이 돈이 안 되는 건 애초에 그 운동 선수와 예술가가
너무 많은 돈을 가져갔기 때문인 걸 왜 보지 못하지? 교사나 사
회복지사 같은 사람들에게 줄 돈이 없을 만큼 말이야.

두려움 네 생각은 비현실적이야. 탁월함은 축하받을 일이야. 승자
는 축하를 해줘야 해.

진리 축하는 좋지만 떠받들 필요는 없어.

두려움 이런 얘기가 교육과 무슨 상관이지?

진리 관계가 아주 많아. 사회는 얼마를 받느냐로 아이들에게 가치 있는 게 뭔지를 가르치니까 말이야.

두려움 하지만 나는 우리 시스템의 사고방식에 무엇이 잘못됐다는 건지 모르겠어. 승자는 A학점을 받고 최고 학교에 가고 장학금을 받고 제일 좋은 직업을 갖게 돼. 학생들에게 전달되는 메시지는 그렇게 분명해.

진리 그렇다면 실패자에게는 어떤 메시지가 전달되지?

두려움 실패했다는 메시지가 전달되겠지! 사회가 모든 사람을 다 보살필 수는 없어.

진리 어떤 식으로든 사회는 그 구성원 모두와 함께 가게 될 거야. "천 명의 친구 중에 불필요한 친구는 한 명도 없지만, 한 명의 적이 있다면 가는 곳마다 그 적과 만나게 되리라."

두려움 그러니까 경쟁에서 이기지 못한 사람이 사회의 적이라고?

진리 결국 범죄자는 배고픈 사람 아니겠어?

두려움 뭐라고? 범죄자들이 먹을 것만 훔치는 건 아니야.

진리 나는 음식을 먹지 못해 배고픈 것만 말하는 게 아니야.

두려움 그래서 뭐? 그들이 의미에 배고파하기라도 한다는 거야?

진리 그들은 우리 모두가 배고파하는 것에 배고파해.

두려움 아, 제발! 결국 네가 하는 말은 모두 사랑으로 귀결되는군.

진리 그게 모든 것이 작동하는 방식이야.

두려움 심지어 교육도?

진리 특히 교육이 그래.

도마복음

나는 선생이 아니라 깨우는 자다.
—로버트 프로스트 Robert Frost

교육에는 개혁 reform이 아니라 변형 transform이 필요하다.
—켄 로빈슨 경 Sir Ken Robinson

살아오면서 나는 오랫동안 내가 멍청하다고 생각했다. 자기 혐오나 낮은 자존감 얘기를 하려는 게 아니다. 우리 학교 시스템 안에서 내가 한 경험을 토대로 내린 결론이 그랬다는 말이다. 물론 내가 평균 이상의 학점을 받기는 했지만, 그건 막대한 시간을 들여 공부하고 모든 과제를 열심히, 아주 열심히 해낸 끝에 겨우 성취한 것이었다. 실제로 쉬운 건 하나도 없었다. 언어, 수학 등등을 열심히 공부해야 했고, 과제를 끝내려면 늘 애를 많이 써야 했다. 모든 문장을 확실히 내 것으로 만들기 위해 나는 천천히 읽고 또 읽었다. 내가 그렇게 노력하는 동안 진짜 천재들은 내 옆에서 프레드 애스테어 Fred Astaire(미국의 가수이자 무용가, 뮤지컬 배우—옮긴이)는 저리 가라 할 정도로 학교 생활 내내 탭 댄스를 쳐댔다. 내가 데이비드 넬슨 David Nelson(미국의 저명한 물리학자—옮긴이)처럼 과학 천재였다면, 혹은 피터 존스Peter Jones(미국의 저명한 수학자—옮긴이)처럼 마치 왈츠를 추듯 수학 문제를 풀었다면 어땠을까? 학교가 가르친 대로, 그들과 내 자신을 비교해 보면 나는 발이 마구 엉키는 엉성한 댄서에 지나지 않았다.

그런데 고등학교 2학년 때 영어 선생이 창조성과 독창성이 필요한 쓰기 숙제를 내줬을 때 나에게도 얼핏 희망의 빛이 보이는 듯했다. 우리는 무생물 주인공이 마치 생물인 양 독백을 하는 과제를 받았고, 나중에는 반 친구들 앞에서 직접 연극으로 선을 보였다. 나는 식기 세척기 속에서 돌아가는 포크를 선택했고, 덕분에 두 손을 높이 든 채로 겨드랑이 냄새를 맡는다거나 궂은 날씨를 견디는 시늉을 하며 이런 식으로 농담을 던졌다. "한 순간 비가 쏟아지다가 다음 순간 뜨겁고 건조한 날씨가 이어지는데, 식기들은 대체 어떤 옷을 입어야 하나요?!" 그 수업은 경쟁을 강요받는 여느 때의 지겨운 학과 공부와는 달랐다. 나는 어느덧 그 과제에 몰입했고 기운이 넘쳤으며 흥분해 있었다. '아무도 이렇게까지 하라고 하진 않았는데…… 그래도 재미있잖아!'라는, 전에는 한 번도 해본 적 없는 생각이 머릿속을 맴돌았다. 누구나 그랬겠지만 나역시 학교 다니는 내내 즐거움과 배움은 서로 배타적인 관계를 유지했다. 아이들은 즐거워할 수도 있고 뭔가를 배울 수도 있지만, 그 둘을 동시에 하는 경우는 거의 없었다. 그런데 어쩐 일인지 그 재미있는 연습 덕분에 물과 기름이 서로 합쳐진 것이다. 즐거움과 배움이 하나가 되고 같은 것이 되었다.

그 후 대학 5년차가 되어서야 그 두 기묘한 동반자가 다시 한 번

결합할 수 있었다. 졸업까지 1학점만 필요한 상태여서 나는 전공 외의 과목에 눈을 돌렸고, 버지니아 대학교 연극과에서 글쓰기와 연출 과목을 듣게 되었다. 그리고 천국이 또 한 번 나를 위해 그 문을 조금 열어주었다. 그냥 수업을 들었을 뿐인데 내 눈앞에서, 아니 내 안에서 어떤 문 하나가 열리는 것 같았다. 나는 갑자기 살 아나서 연기를 하고 시나리오를 쓰고 농담을 던지고 장면을 연출 했다. 과제는 더 이상 끔찍한 일이 아니었다. 과제는 곧 창조의 기 회가 되었다. 나의 학문적 고투는 사라졌다. 진짜 할 일이 많았고 정신이 없었지만 편안했다. 나는 모든 것이 자연스럽고 제대로 가 고 있다고 느꼈다. 학점 따위는 신경 쓰지 않았음에도 A를 받았고, 창조성과 유머 감각이 뛰어나다는 소리까지 들었다. 나는 결국 내 가 전혀 멍청하지 않다는 걸 깨달았다. 내가 힘들었던 것은 내 능 력이나 지능이 부족해서가 아니었다. 문제는 내가 공부해야 했던 것과 그것을 공부하는 방식에 있었던 것이다. 아인슈타인이 말한 것처럼 나는 "나무를 타도록 요구받은 물고기"였다. 내 학교 생활 은 그 유명한 말의 생생한 증명이었다.

교육자 켄 로빈슨 경은 우리는 다 똑똑하다고 믿는다. 켄은 누 군가에게 "얼마나 똑똑하니?"라고 묻기보다 "너는 어떻게 똑똑하 니?"라고 묻는다. 우리가 더 자주 물어야 하는 질문이다. 그리고 오늘날의 교육 문제 핵심을 곧장 건드리는 질문이기도 하다. 현 재 우리의 학교들이 실제 하고 있는 일에는 교육이라는 말이 적절 하지 않다고 말할 수 있으리라. '교육education'이라는 말은 '내면 으로부터 끌어내는' 혹은 '드러내는'이라는 뜻의 라틴어 'educare'

에서 유래했다. 그러므로 진정한 의미의 교육은 아이들 속에 있는 재능과 흥미를 끌어내는 것이다. 하지만 우리의 교육은 순응과 표준의 체계를 따른다. 우리는 끌어낸다기보다는 주입시킨다. 지금 우리의 학교 교육에는 사실 '훈련schooling'이라는 말이 더 적합하다. 정말로 아이들에게 수학, 과학, 역사의 내용을 주입시키고, 인생을 살아갈 방법에 대한 언급은 거의 없이 기술적·직업적 훈련만 시키고 있기 때문이다. 교육에 대한 우리의 접근법은 소크라테스 방식(확정된 진리를 전해주기보다 질문을 통해 상대가 스스로 무지를 깨닫고 진리를 찾아가도록 도와주는 문답법—옮긴이)이 아니다. 우리는 아이들이 그들 자신에 대해 생각하고 말하도록 고취하지도 않고, 그런 말을 할 경우에도 잘 듣지 않으며, 아이들 내면에 있는 저마다의 빛이 잘 빛나도록 도와주지도 않는다. 그 대신에 우리는 아이들이 어릴 때부터 알아야 할 것을 말해주고, 그것으로 슬프게도 그들이 앞으로 되어야 할 사람이 누구인지를 은근히 일러준다. 스코틀랜드의 유명한 작가 뮤리엘 스파크Muriel Spark는 그런 앞뒤가 바뀐 접근 방식에 대해 이렇게 말했다. "나에게 교육은 학생들의 영혼 속에 이미 있는 것을 끌어내는 것이다. 멕케이 부인에게 교육은 학생들 속에 없는 뭔가를 집어넣는 것이고, 그런 것은 나에게는 교육이 아니다. 그것은 침범intrusion이다."

침범…… 참 강력한 말이다. 하지만 교육이란 게 원래 끌어내는 것인데 멕케이 부인처럼 이런저런 참견을 주입시키기만 한다면 그다지 강력한 말이 아닐지도 모른다. 〈도마복음〉에는 이런 말이 있다. "만일 너희가 너희 안에 갖고 있는 것을 끌어내 열매를 맺게 한다면 너희 안에 있는 그것이 너희를 구할 것이다. 만일 너희가 너희 안에 갖고 있는 것을 끌어내지 않는다면 너희 안에 있는 그것이 너희를 파괴할 것이다." 여기서 문제의 심각성이 분명해진다. 진정한 교육은 바로 삶과 죽음의 문제인 것이다. 육체의 죽음은 아니라도 최소한 정신과 영혼의 죽음이 달린 문제이다. 당신이 시인이고 내면에서 치유의 언어들이 아우성을 친다면, 그리고 그 예술이 밖으로 구현된다면, 당신은 삶의 의미와 목적을 찾아 빛이 날 것이다. 〈도마복음〉의 말대로 당신은 구원받은 것이다. 그 내면의 말들이 내면에 갇혀 삭기만 할 뿐 구현되지 못한다면, 당신 안에 있는 빛, 곧 당신 자체인 그 빛이 희미해질 것이다. 그럼 〈도마복음〉이 경고한 대로 당신은 파괴될 것이다. 회계원 책상에 붙잡혀 있는 선생, 회사 칸막이 안에서 답답해하는 예술가가 되는 것이다. 〈도마복음〉은 일말의 의심의 여지도 남기지 않는다. "재능은 반드시 발휘되어야 한다."

재능은 왜 발휘되지 못할까? 매들렌 렝글Madeleine L'Engle은 《물 위에서 걷기: 신념과 예술에 대한 숙고Walking on Water: Reflections on Faith and Art》라는 책에서 놀랄만한 통계를 제시했다. 먼저, 5세 아동 90퍼센트가 스스로를 매우 창조적이라고 말한다. 학교 교육을 시작하고 2년이 지나 7세가 되면 그 숫자는 10퍼센트로 떨어진다. 그 아이들이 성인이 되면 2퍼센트로 떨어진다. 교육 시스템 속으로 들어간 지 겨우 두 해 만에 아이들은 스스로가 창조적이지 못하다고 믿게 되는 것이다. 왜? 교육에 대한 우리의 접근 방식에 대체 무엇이 잘못이길래 우리 아이들이 저마다 가진 능력을 그렇게나 초토화시키는 걸까?

아이들은 모두 끝없는 호기심과 탐구심을 갖고 이 세상에 들어오며 하나같이 타고난 학습자들이다. 간단한 관찰만 해도 알 수 있는 사실이고, 몇십 년 동안의 연구가 확인해 준 사실이다. 아이들은 주변에 있는 것을 모두 열심히 탐구하며, 손에 닿는 거의 모든 것들을 만지고 보고 듣고 냄새를 맡으며 열정적으로 알아간다. 아이들은 질문하기를 주저하지 않고, 늘 알고 싶어 하며, 받은 정보는 뭐든 다 흡수한다. 하지만 학교에 들어가면서 그 경계 없던 호기심에 굴레가 씌워지고 질문하는 본성이 억압된다. 아이들은 더 이상 자유롭게 탐구할 수 없다. '가만히 앉아 있어야' 하고, '조용해야' 하고, '주목해야' 하고, '창밖을 바라보아서는' 안 된다. 아이들이 창밖에 관심을 보이는 것은 지극히 당연하다. 떡갈나무가 올라오라고 손짓하고 쌓여 있는 나뭇잎들이 어서 와서 놀라고 부르니까 말이다. 시인이자 교사이기도 한 메리 올리버는 눈을 크게 뜨고 뭐든 신기해하는 유치원 아이들이 고등학교 12학년(우리의 고등학교 3학년에 해당—옮긴이) 정도가 되면 멍한 눈으로 응시하는 학생으로 변하는 모습을 보곤 했다. 그래서 메리는 복잡한 심경으로 "우리가 아이들을 공장의 생산품으로 바꿔놓고 있다"고 했던 것이다. 미국에서만 하루에 학교를 그만두는 학생이 7천 명이나 된다는 게 과연 놀랄 일인가?

지금의 시스템에서는 거의 묻지 않지만, 아주 기본적인 질문이 하나 있다. 바로 이 질문에서 교육이 나왔다고 해도 과언이 아니다. 바로 "너는 누구인가?"라는 질문이다. 그리고 그 질문에서 "너는 무엇을 사랑하나?"라는 질문이 나온다. 이 질문에 어떤 대답이 나오든 그것을 하찮게 치부해서는 안 된다. 노는 것을 사랑한다고 하더라도 말이다. 농구를 즐기는 학생이라면 농구 선수들을 분석하는 것으로 수학을, 튕겨져 오르는 공의 역학에서 과학을, 농구 게임 관련 문학을 읽으면서 영어를 공부할 수 있다. 서핑이든 요리든 그림이든 노래든 글쓰기든 드로잉이든, 열정이 있는 곳이라면 삶과 창조성에 대한 열의를 식히지 않고도 뭐든 쉽고 자연스럽게 배울 수 있다. 하지만 너무 많은 학생이 네모난 구멍 속에 쑤셔 박힌 둥근 말뚝처럼 살고 있다. 폴 메카트니가 학교를 마칠 때까지 그의 음악적 재능을 알아챈 교사는 한 명도 없었다. 파울로 코엘료는 글을 쓰지 못하게 하는 충격 요법까지 받아야 했다. 알베르트 아인슈타인조차 기존의 학교에서 힘든 시간을 보냈다.

유명한 사람들만 우리의 잘못된 교육 시스템으로부터 피해를 입는 것은 아니다. 수천 명의 또 다른 아인슈타인들이 매일 유사한 좌절을 겪고 있다. 그들은 비범하지만 평범하다. 아무도 그들에게 아주 기본적인 질문, "무엇이 너를 살아있게 하니?"라고 묻지 않는다. 놀랄 일도 아니다. 현재 우리의 학교는 유치원 때부터 한 가지 결과만 추구하며 직업 교육만 시킨다. 학생들의 취업을 위한 커리큘럼을 짜고 그것을 실행시키는 데만 새로 거둬들인 세금을 다 쓰겠다는 플로리다 주지사의 최근 선언만 봐도 알 수 있다. 조지아 주 학교들은 이제 9학년(우리의 중학교 3학년에 해당—옮긴이)부터, 일부는 심지어 5학년부터 학생들로 하여금 직업을 정하게끔 하는 쪽으로 방향을 틀고 있다. 열 살 먹은 아이가 나머지 일생 동안 무슨 일을 할지 결정한다는 게 얼마나 불합리한지 아무도 생각하지 못하는 걸까? 나는 현재 쉰세 살이지만 여전히 뭘 해야 할지 알아내려고 노력중이다. 내가 조지아 주에서 학교를 다녔다면 5학년을 마흔두 번이나 더 다녀야 했을 판이니 다행이라고 해야 하나? 하지만 교육이 단지 직업 교육만이 아니지 않나?

미국 교육부의 사명문을 다시 떠올려보자. "학생들의 성취감을 높이고 학생들이 세계적인 경쟁에 잘 대비할 수 있도록 한다." 여기에 학생들이 자신의 자아와 재능, 열정을 발견하도록 돕겠다는 이야기는 한 마디도 없다. 인간으로서 발전해 간다거나 더욱 확장된 머리와 가슴, 영혼의 소유자가 된다는 언급은 더 말할 것도 없다. 아폴로 신전 위에 새겨져 있는 말 "네 자신을 알라"는 "너의 직업을 알라"가 되었다. 우리의 지혜로운 그리스 조상들은, 직업을 삶의 가장 중요한 목표로 삼을 정도로 지혜롭지는 분명 못했겠지만, 자아, 실재, 진리에 대한 앎을 교육의 목표로 삼을 만큼은 지혜로웠다. 우리는 취업과 봉급을 선택했다. 직업에 대한 이런 잘못된 충성 때문에 아이들이 매일 고통받고 있는 모습이 보이지 않는가? 우리 아이들에게 뭔가를 훈련시켜야 한다면 모든 일에서 가장 본질적인 것을 훈련시켜야 하지 않을까? 사랑하는 법, 남의 이야기를 잘 들어주는 법, 일상적으로 칭찬하는 법 같은 것 말이다. 에밀리 디킨슨Emily Dickinson은 〈나는 가능성에서 산다I Dwell in Possibility〉라는 시에서 다음과 같이 자신의 탁 트인 관점을 내보였다.

"소일거리로 이렇게

작은 손 넓게 펼친다.

천국을 모으려고."

교육은 더도 덜도 아닌 천국을 모으려고, 천국을 여는 일에 참여하려고, 우리 가슴속에 있는 신의 의지Will를 공경하려고, 우리 사이에서, 우리 안에서, 우리로서 신이 걷듯이 걸으려고, 우리의 작은 손을 넓게 펼치는 일로 초대하는 것이어야 한다.

대화 20

두려움 사람들이 가슴이 시키는 대로 따라 살아야 하고, 교육은 사람들의 열정을 끄집어내는 것이어야 한다는 너의 주장은 현실적이지 않아.

진리 왜 그렇지?

두려움 실질적이지 않으니까! 모든 사람이 바이올리니스트가 될 수는 없어. 바이올린만 천 대인 오케스트라가 어디 있겠어?

진리 천 대가 아니라 더 많이 있게 만들 수도 있지.

두려움 터무니없는 소리. 그 정도로 큰 오케스트라는 없어.

진리 두려움, 너의 문제는 무엇이 가능한가가 아니라 지금 무엇이 있는가만 생각한다는 거야. 바이올린을 연주하고 싶어 하는 사람이 너무 많으면 어쩌냐고? 얼마나 많은 사람이 바이올린을 연주하고 싶어 하는지 신이 모를 것 같아? 신이 네 머리카락의 숫자까지 알고 있다면 바이올리니스트의 숫자 정도야 얼마든지 세지 않겠어? 어떤 사람이 바이올린에 진짜 열정을 갖고 있다면 그가 그 열정을 표현할 것을 바로 신이 원하고 있으니까. 신은 특정 음악을 특정 사람을 통해 특정 시간과 공간에서 경험하기를 원해. 우리는 신을 공경하며 우리 각자의 음악을 연주해야 하지 않을까?

두려움　계산을 해봐. 그런 일은 일어나지 않을 거야. 화장실 청소는 누가 할 거야? 창문은 누가 닦고?

진리　봉사하는 것의 아름다움을 이해하는 사람이라면 누구나 기꺼이 그런 일을 나눠서 맡을 거야. 동료를 염려하는 수석 바이올리니스트가 나서서 먼저 모범을 보일 거야. 지휘자도 그럴 테고, 표를 받는 사람도 그럴 거야. 다른 사람을 위해 일하는 것이 얼마나 기쁜지 알게 된 화가라면 캔버스로 돌아가는 일이 아주 어려워질 거야.

두려움　몇몇 사람은 힘든 일을 나눠서 하는 데 동의할지 모르지. 하지만 훨씬 더 많은 사람들은 음악가, 배우, 작가, 감독이 되고 싶어 할 걸.

진리　아주 많은 사람이 마음속으로 바이올린에 대한 열정을 품고 있다고 쳐. 그 중 일부는 음악계에서 콘서트를 기획하면서 음악과 거리가 먼 사람들에게 음악을 소개해 주는 등의 일을 할 수도 있지 않을까? 바이올린을 디자인하거나 제작할 수도 있고, 뮤지션들을 위한 여행을 꾸릴 수도 있어. 그래도 바이올린 연주에 대한 열정이 식지 않는다면 연주가들이 가끔 자리를 비울 때 부족

하나마 그 자리를 채울 수도 있을 테고.

두려움 이해를 못하는군. 부모들은 자식들이 바이올리니스트가 되기를 원치 않아. 세계 경제의 경쟁에서 살아남아 돈을 잘 버는 일을 하기 원한다고.

진리 그런 것이 부모들이 원하는 게 아니야. 그렇게 원하도록 훈련받았을 뿐이지.

두려움 그렇게 원하도록 훈련받았다고?

진리 그래. 그런 건 스스로에게 하는 이야기들이지. 그러다 언젠가부터 그것이 그저 이야기일 뿐이라는 걸 잊어버린 거지.

두려움 나의 무지를 깨우쳐보시지. 부모들이 자기 아들딸을 위해 정말로 원하는 것이 뭐지?

진리 우리 모두가 원하는 것을 원해. 사랑받는 것, 심지어는 더 사랑하는 것.

두려움 틀렸어. 부모가 아이들을 위해 원하는 것은 안전에 대한 보장이야. 아이들이 스스로를 보살필 수 있기를 바라지. 독립하기를 바란다고.

진리 독립적으로 사는 사람은 아무도 없어, 아무도.

두려움 무슨 말이야? 아무것도 없는 상태에서 혼자 모든 것을 일군 사람들이 얼마나 많은데.

진리 정말? 한 명이라도 이름을 대봐.

두려움 수백 명이라도 댈 수 있어. 예를 들어 빌 게이츠. 완전히 독립적인 사람이지.

진리 빌 게이츠는 전혀 독립적이지 않아.

두려움 뭐라고? 그는 세상에서 제일 부자야!

진리 그는 세상에서 제일 부자이지만 또 사람들에게 완전히 의존하지. 그는 자신의 물건을 사가는 수백만 명의 사람들에게 의존하고 있어. 그리고 그의 물건을 고안하는 수천 명의 사람들에게도 의존하지. 또 그것을 운반하고 파는 더 많은 사람들에게도 의존해. 두려움, 너는 정말 우리가 모두 서로 의존하며 산다는 걸 보지 못하니? 아기일 때 우리는 젖을 물려주는 엄마에게 의존하지. 유아기 때는 마음껏 뛰어놀게 해주는 자연에 의존하고, 좀 더 자라면 우리에게 언어와 기술을 가르쳐주고 지식을 전달해 주는 사람들에게 의존해. 두려움, 너는 이 대화를 해나가기 위해서 심지어 지금 나한테도 의존하고 있어.

두려움 좋아. 그런데 이거 알아? 나는 이런 말도 할 수 있어. 부모들은 아이들이 살면서 더 좋은 것들을 갖기 원한다는. 나는 그게 잘못됐다고는 전혀 생각하지 않아.

진리 우리가 마침내 동의하는 게 하나 생겼군. 나는 거기서 심지어 한 단계 더 나아가겠어. 나는 아이들이 살면서 최고로 좋은 것들을 갖기 원해. 물론 그것이 무엇인지에 대해서는 우리가 서로 다른 견해를 갖고 있겠지만. 너는 가장 좋은 차, 집, 연금, 보트를 말하겠지. 나는 사랑, 가족, 친구, 창조성, 봉사, 아름다움을 말하겠어.

두려움 네 문제가 뭔지 알아? 판타지 세상에서 살고 있다는 거야. 나는 진짜 세상에서 살아.

진리 내가 말하는 것 중에 진짜로 현실적이지 않은 게 있다면 그 즉시 못 들은 걸로 해도 좋아.

두려움 너는 학교에서 성적을 매기는 것도 원치 않아.

진리 나는 성적이 무슨 뜻인지도 모르겠어.

두려움 터무니없는 소리. 어떤 과목, 예를 들어 수학에서 뛰어난 학생은 수학에서 A를 받아. 이해하기 힘들 게 뭐가 있어?

진리 그래도 잘 모르겠는걸? 그 학생이 정확하게 어떻게 뛰어나다는 거지? 질문을 잘한다는 건가? 아니면 틀에서 벗어난 사고를 잘한다는 거야? 아니면 표현력, 태도, 협동심, 리더십, 융통성이 좋다는 거? 열심히 공부한다는 거? 열정, 기꺼움, 친절함을 잘 드러낸다는 거야? 자기의 이야기를 구성하는 작은 에피소드들이 뭐지? A를 받았다는 그 학생은 계속 호기심을 잃지 않고 성장하고 성숙해 갈까? 삶이 그 학생 내면의 불꽃과 빛을 꺼트리는 대가를 요구하지는 않을까?

두려움 그런 것들이 모두 수학과 무슨 상관이지?

진리 삶하고 관계가 있지.

두려움 주제는 삶이 아니라 수학이야.

진리 나는 그 둘을 어떻게 분리해야 할지 모르겠어.

두려움 수학은 더하고 빼는 일을 해. 삶은 그 밖의 다른 모든 것들이고.

진리 그러니까 수학이 삶의 일부가 아니라는 거야?

두려움 수학은 하나의 기술이야. 성적은 우리가 그 기술을 잘 익혔는지 아닌지를 말해주고. 그뿐이야.

진리 바로 그거야. 성적만으로는 충분치가 않아.

두려움 하지만 고용주가 고용될 사람이 더하고 뺄 줄 아는지 알고 싶다면?

진리 고용주는 고용될 사람이 더하고 뺄 줄 아는지 혹은 앞으로 할 일을 잘할지 못할지 알아야 할 충분한 권리가 있어. 하지만 고용주는 고용될 사람이 회사의 분위기를 좋게 할지 나쁘게 할지, 회사 업무에 창조성을 더할지 뺄지도 알고 싶지 않을까? 그런 것을 알게 된다고 나쁠 게 있을까? 그는 자신이 고용한 사람들에 대해 더 많이 알고, 그렇게 해서 자기 회사에 대해 더 많이 알고 싶어 할 거야.

두려움 하지만 점수를 매기지 않는다면 아이들을 도대체 어떻게 구분하지?

진리 그 대답은 너무 뻔해서 대답할 필요도 없어.

두려움 모든 과목에서 학생 한 명 한 명의 강점과 약점을 다 알아내야 한다는 거야?

진리 우리는 아이들을 알아야 하고, 아이들도 자신을 알아야 해.

두려움 불가능해. 그럴 시간이 없어.

진리 그렇다면 교육도 없어.

두려움 아니, 교육은 있지. 아이들은 학교에 있고!

진리 하지만 학교에서 아이들은 연결되어 있지 않아.

두려움 무엇과?

진리 그들 스스로와, 그리고 신과도.

두려움 신을 믿지 않는 아이라면?

진리 문제될 것 없어. 그렇다면 그 아이의 가슴, 자기만의 목소리를 믿으면 돼.

두려움 신을 믿든 안 믿든 상관없다고? 종교인들이 너를 교수형에 처할 거야!

진리 사람들이 자신의 가슴, 자신의 고유한 목소리를 믿는다면 곧 신을 공경하는 거야. 모든 것이 신이야.

두려움 하지만 신의 이름을 부르진 않잖아?

진리 사랑이 신의 이름이야.

두려움 많은 사람이 신성모독이라고 할 걸? 지옥에 떨어질 거라고 할 거야.

진리 그렇게 심판하는 사람들이야말로 이미 지옥에 있는 거야. 다른 사람이 천국으로 가는 문을 닫는 사람은 자신이 천국으로 갈 문을 닫는 거야.

두려움 그리고 교육도 그 문, 천국으로 향한 문을 닫는 거고?

진리 내면이 아니면 천국이 과연 어디에 있겠어? 그 내면의 천국이 밖으로 표출되어야 해.

두려움 바이올리니스트는 자신의 음악을 연주해야 하고?

진리 모두가 자신의 음악을 연주해야 해.

두려움 그 음악이란 게 대체 뭐지?

진리 다른 누구도 연주할 수 없는 것, 너만의 음악.

신사적 경멸

내가 다섯 살 때 어머니는 늘 삶에서 중요한 것은 행복이라고 말씀하셨다.
그리고 학교에 들어가자 사람들이 내게 커서 뭐가 되고 싶냐고 물었다.
나는 '행복'이라고 썼다. 그들은 내가 숙제를 이해하지 못했다고 했고
나는 그들이 삶을 이해하지 못했다고 했다.
—존 레논

"교육에 대한 신사적gentle 경멸 없이 신사gentleman의 교육은
완성될 수 없다." G.K. 체스터턴Chesterton의 이런 점잖은 책망이
2009년 가을에 되살아났다. 페퍼다인 대학의 한 집회에서 연설을
하던 그때 교육에 대한 내 안의 신사적 경멸이 표면으로 나타난
것이다. 신앙 기반의 모임이긴 했지만, 학교 교직원과 졸업생, 나
아가 다양한 분야의 전문가들이 와서 고무적인 강연을 하는, 대학
에서 의무적으로 치르는 집회였다. 내가 감독한 영화 〈브루스 올
마이티〉 〈라이어 라이어〉 〈에이스 벤츄라〉의 몇몇 장면이 소개된
뒤였는데, 한 학생이 성적을 매기는 제도에 대해서 어떻게 생각하
는지 물었다. 어려운 질문이 아니었다. 나는 성적으로 등급을 매기
는 행위를 절대 좋아하지 않으니 말이다.

나는 성적을 매기는 일이 '허튼 짓bullshit'이라는 저주의 말로

연설을 시작했다. 그리고 이어서 저주의 말을 하나 더 했다. SAT Scholastic Aptitude Test(미국의 대학 입학 자격 시험—옮긴이)를 '똥구멍이나 빨아먹는 시험Suck Ass Tests'(보통 'suck ass'는 '나쁜'이라는 뜻으로 통용되는 은어—옮긴이)이라고 하고, PSATs Preliminary SAT(대학 수학 능력 예비 평가—옮긴이)를 '예쁜 똥구멍을 빨아먹는 시험Pretty Suck Ass'이라고 비아냥댔다.—맞다. 능력aptitude 평가에는 내가 좀 반항적인attitude 편이다!—다음, 나는 성적 때문에 스트레스받을 필요가 없고, 성적은 계층화·계급화할 수 없는 것을 계층화·계급화하는 가짜 신에 대한 집착에서 나온 하나의 망상이라고 했다. 그리고 학생들로서는 감히 생각할 수 없는 말도 했다. 성적은 중요하지 않다, 중요한 것은 진실로 최선을 다하는 것이다…… 이어서 나는 다음과 같이 소리쳤다.

"수학 공부에 정말이지 최선을 다했는데 평균 점수인 C만 받았다면 여러분의 평범함을 축하하세요. 역사 과목에서 A를 획득했다면 여러분의 우수성을 축하하세요. 리처드 브랜슨Richard Branson(영국의 기업인—옮긴이)은 자신이 스프레드 시트(표 계산 소프트웨어—옮긴이)를 쓸 줄 모른다고 공공연히 얘기했지만 지금 이 세상의 패러다임 안에서 아무 문제 없이 잘살고 있습니다. 아인슈타인에게 〈토요일 밤 라이브Saturday Night Live〉(주말의 코믹 버라이어티쇼—옮긴이) 코미디 대본을 쓰라고 하면 낙제점을 받을지도 모르지만, 토요일 밤에 어떤 과학 법칙이 작용하는지 말해보라고 하면 우리 모두에게 감동을 주고도 남을 것입니다. 점수는 중요하지 않습니다. '여러분이 누구인가?'가 중요합니다. 여러분 각자의 독특함, 강점, 약점, 진심을 껴안으세요. 그리고 병든 시스템이 뭐라고 하든 개의치 마십시오. 신은 세상을 만들어놓고 이 세상이 참 멋지다고 했습니다. 여러분은 모두 그 멋진 세상에 속해 있습니다."

발언을 끝내기가 무섭게 학생들이 벌떡 일어나 열렬한 박수를 쳐댔다. 나는 그 박수가 나를 위한 것이 아님을 잘 알았다. 학생들은 자신들이 이미 알고 있는 것, 즉 성적을 매기는 행위가 아주 부당한 행위라는 점, 따라서 자신들의 특별한 재능과 성격과 특징을 결코 알아내거나 구별해 낼 수 없다는 점을 말하려고 일제히 일어났던 것이다. 간단히 말해 A, B, C 따위의 등급은 우리 학생들이 갖고 있는 각각의 독특한 빛을 표현하는 데 아무짝에도 쓸모가 없는 것이다.

하지만 성적도, 학교도 갑자기 하늘에서 뚝 떨어진 것이 아니다. 비록 빗나간 관점에서 자라난 것이긴 하지만, 그것들은 우리의 사회적인 현주소와 분리, 계층화, 승리 같은 우리가 중시하는 가치의 반영물이다. 존 레논이 맞았다. 우리는 삶을 이해하지 못하고 있다.

예컨대 대부분의 학교는 현재 시험을 위한 교육을 하고 있다. 무슨 시험인가? 표준화된 시험이다. 학생들이 그 제한적이고 독단적인 표준을 잘 충족시키면 학생은 장학금을 받고 교사는 승진하고 학교는 좋은 학교로 선정된다. 하지만 삶은 표준화와 거리가 멀다. 자연도 마찬가지다. 그런데 왜 우리 학교는 그래야 할까? 자연은 표준을 혐오한다. 독특한 예술 작품을 진지하게 열심을 다해 창조하는 사람들처럼 말이다. 신은 셀 수 없이 많은 생명체를 창조하는 그런 예술가다. 그 생명체 중에 똑같은 것은 하나도 없다. 똑같은 나무, 똑같은 데이지 꽃, 똑같은 풀잎은 하나도 없다. 우리 아이들은 독특함이라는 면에서 그런 예술 작품들보다 더하면 더했지 덜하지 않다. 그러니 그런 우리 아이들의 다양성을 자로 잰 듯 표준화하겠다는 생각은 얼마나 바보 같은가?

대학 입학 자격 시험 성적이 한 아이의 영혼, 살아온 과정, 상상력, 창의력에 대해 과연 무슨 말을 해줄 수 있을까? 성장하고 듣고 적응하는 능력? 그런 시험은 학생들에게 "잭과 재닛이 가게로 운전해 가는 데 걸리는 시간을 계산하라" 같은 무의미한 문제들만 나열한다. 애초에 잭과 재닛이 왜 그 가게로 가야 했는지 상상하는 편이 훨씬 더 낫겠다. 피임 도구를 사러? 안주거리를 사러? 아니면 과도한 학자금 대출금을 어떻게라도 갚아볼 심산에 복권이라도 사러? 그것도 아니면 그 변변찮은 표준화된 시험 탓에 늦게까지 공부하기 위해 에너지 드링크라도 사러? 대학 입학 자격 시험 성적이 나쁘다고 머리가 나쁜 것은 아니다. 때로 그 반대일 수도 있다. 어떤 학생들에게는 낮은 점수를 받았다고 오히려 칭찬해 줘야 할지도 모른다.

대화 21

두려움　너는 정말로 표준화된 시험을 도끼로 찍어 산산조각 내려고 하는구나. 너한테 좋지 않았다고 해서 다른 사람에게도 좋지 않다고 말할 수는 없어. 표준화된 시험들이 학업 능력, 적성, 지능을 정확하게 측정해 준다고 말하는 사람도 많아.

진리 표준화된 시험들이 특정 지능을 측정하기는 하지. 맞아.

두려움 너는 그런 지능이 부족해서 화를 내는 거야. 인정하지 그래? 적성 검사에서 높은 점수를 받는 사람들은 너보다 똑똑한 거야!

진리 그 적성 검사에서는 그렇지. 하지만 두려움, 너는 오랫동안 나를 내가 아닌 다른 어떤 것으로 바꾸려고 했어. 물고기는 물고기인 것에 만족할 뿐, 나무를 잘 타는 다른 생물과 자신을 비교하려 들지 않아.

두려움 말은 그렇게 해도 느낌은 또 다를 걸?

진리 '너의' 느낌이 다르겠지. 너는 사람들에게 어떠어떠한 사람이 되어야 한다고 말하지. 그래서 사람들은 자신이 이미 그 어떤 사람이 되어 있다는 것을 인식하지 못하게 돼.

두려움 그러니까 결국 인식의 문제라는 거야?

진리 맞아, 인식 recognition. 다시 알아보는 것 re-cognize, 다시 생각하는 것 re-think 말이야.

두려움 '내가' 사람들에게 말하는 것을 다시 생각해 보라는 뜻이야?

진리 사회가 사람들에게 말하는 것도 다시 생각해 봐야 해. 사회가 사람들에게 당신은 이렇다 저렇다 말하는 것은 진짜 그 사람이 누구인지를 말하는 것이 아니야.

두려움 그렇다면 기회를 줄게. 진짜 그 사람들은 누군데?

진리 그 질문에는 시인 하피즈의 대답이 가장 적당하겠군. "무수

한 것으로 변장하고 술래잡기를 하던 신이 너에게 키스하며 말
했다. '네가 그것이로구나. 그러니까 네가 정말로 그것It이라는
말이야!'"

두려움 그러니까 우리가 모두 '그것It'이라고?

진리 심지어 두려움 너에게도 너만의 역할이 있지. 어떤 사람들
에게 너는 지혜로 가는 길의 시작이기도 해. 하지만 오직 시작일
뿐이야.

두려움 그 '시작' 다음에는 내가 어떻게 되는데?

진리 결국 너는 너 자체로, 즉 에고의 망상으로 보여지게 될 거야.
그리고 너는 모든 망상들이 걷는 길을 걷게 될 거야.

두려움 모든 망상들이 걷는 길?

진리 완벽한 사랑이 너를 몰아내게 될 거야.

남의 불행을 즐기다

날 때부터 품어온 각자의 독특한 열매를 맺지 못하는 것이……
세상에서 가장 큰 수치가 아닐까?
　　　　　　　　　　　　　—랠프 월도 에머슨

세대에서 세대로 이어지기 때문에 교육은 그야말로 사회의 영혼이다.
　　　　　　　　　　　　　—G.K. 체스터턴

　　유명한 호스 위스퍼러horse whisperer(말과 교감하는 조련사—옮긴
이) 벅 브래너만Buck Brannaman이 자신은 말(馬)의 문제를 갖고 있
는 사람을 돕는 게 아니라 사람의 문제를 갖고 있는 말을 돕는다
고 했는데, 여기에는 커다란 진실이 담겨 있다. 마찬가지로 우리가
'문제의 학교'를 갖고 있는 것이 아니라 학교가 '문제의 우리'를
갖고 있다. 문제를 갖고 있는 우리에게서 학교가 나왔다. 우리가
가르치는 내용과 방법은 어쩌다 그렇게 만들어진 것이 아니다. 그
것들은 우리 자신의 연장延長이다. 우리가 사는 방식, 삶에서 추구
하는 것, 집착하며 얻어내려는 것, 협력 사회를 유토피아라느니 비
현실적이라느니 하며 허튼소리로 치부하는 그 모든 것의 연장이
교육이고 교육 방법인 것이다. 우리는 지금, 학교가 문제가 아니라

우리 자신이 문제라는 피할 수 없는 결론에 도달해 있다.

《로스앤젤레스 타임즈》는 최근 여론 조사 결과 캘리포니아 주민들은 더 나은 학교를 만들기 위해서 세금을 더 낼 의사가 있다는 보도를 했다. 하지만 우리는 진짜로 대가를 치를 준비가 되어 있을까? 그 대가는 돈과는 아무 상관이 없다. 그것은 우리가 가치를 두는 것, 우리가 가르치는 것, 우리가 어떤 사람이 되어버렸는지에 대해 묻는 것과 더 관계가 있다. 토머스 머튼은 "교실에서는 최소한의 공부만 이루어진다"고 했다. 배움은 쇼핑몰, 스포츠 이벤트, 교회당, 투표장, 식품점, 이웃 모임, 저녁 식탁에서도 계속 이루어짐을 지적한 것이다.

교사들이 세상에서 가장 중요한 일을 한다는 것은 누구나 인정하는 사실이다. 하지만 우리 모두가 교사가 아닌가? 우리 모두 우리가 교육이라 부르는 어떤 에너지 안에서 우리 아이들이 자라나는 일에 참여하고 있지 않느냐는 말이다. 아이가 있든 없든 결혼을 했든 안 했든 우리의 행동은 메시지들을 보내게 되어 있고, 그 메시지들은 넓게 발산되어 전체에 영향을 미치게 되어 있다. 수많은 부모들이 "내 아들딸이 스스로 행복할 수 있는 일을 하기 바란다"고 말한다. 하지만 정작 그 부모들 자신은 자신이 행복할 수 있는 일을 하지 않는다. 그러니 아무리 그렇게 말한들 아이들의 귀에는 들리지 않는다. 아이들은 당연히 "부모들은 말과 행동이 달라요"라고 말한다. "저더러는 행복을 추구하라고 하면서 정작 본인들의 행복은 어떻게 된 거죠?"

모든 것이 교육이다. 모든 것이 가르친다. 교사는 칠판 앞에서 가르치고, 나머지 우리는 우리의 인생으로 가르친다. 도망갈 길은 없다. 가르치는 일을 혐오한다고 해도 적어도 그 혐오의 메시지만큼은 가르칠 수밖에 없다! 그런 현실을 받아들이는 것이 더 낫다. 떡갈나무도 이래라저래라 지시하고, 일몰도 매일 설교한다. 문제는 '가르치느냐, 않느냐'가 아니라 '무엇을 가르치느냐'이다.

당신은 경쟁과 성공의 낡은 이야기, "친구들이 다 실패할 때까지 나는 결코 진짜 성공했다고 할 수 없어"라고 외치는 지긋지긋한 샤든프로이더Schadenfreude(독일어로 남의 불행을 은근히 즐긴다는 뜻—옮긴이) 학파의 가르침을 전파하고 있지는 않는가? 아니면 혹시 다가올 혁명을 가르치고 있는가? 이 세상에서 존재하고 행동하는 새로운 방식의 탄생을 위해 작지만 필수적인 역할을 하고 있지는 않는가? 물론 우리는 교실에 있는 교사에게 예의를 지켜야 한다. 하지만 회의실, 식당, 집 안의 거실에서도 이는 마찬가지다. 아시시의 성 프란체스코는 "가능한 모든 곳에서 복음을 전파하라. 다른 방법이 다 실패했을 때는 말(言)을 사용하라"라고 간언했고, 그것은 신성한 명령이었다. 그는 그렇게 권고하며 "어떻게 교육을 바로잡을 것인가?"가 아니라 "어떻게 우리 자신을 바로잡을 것인가?"로 질문을 바꿀 것을 요구했다.

내가 집회에서 성적에 대해 연설한 것을 기억하는가? 모든 집회 연설이 그렇듯 내 연설도 녹음되었다. 그런데 몇몇 학생이 학교에 그 녹음테이프 사본을 요청했다가 어찌된 일인지 그것이 '사라졌다'는 말을 들었다고 했다. 지금까지도 그날의 내 연설은 폐퍼다인 대학 역사상 녹음테이프가 '분실된' 유일한 사례로 남아 있다.

그 사건을 나는 극찬으로 받아들이려 한다. 공기 중의 무언가가 나를 쿡쿡 찌르며 교육에 대한 나의 신사적 경멸이 훌륭했고 지금도 살아있다고 말해주는 것 같다. 모든 것이 교육에 달려 있다. 우리의 행복은 교실의 수업 계획에 달려 있고, 우리의 경제는 교육이 빚어낸 하나의 방식일 뿐이다. 우리는 더 잘해야 한다. 표준적인 학생은 아무도 없다. 모든 학생이 자신만의 독특한 이야기를 펼쳐보이게 되어 있다. 진정한 의미의 배움은 새로운 사실들을 머릿속으로 부어넣는 것이 아니라 오래된 사실을 끄집어내는 것이다. 교육이 하나의 열쇠가 되게 하자. 그 이상도 그 이하도 되지 않게 하자. 인간의 마음의 문을 여는 열쇠, 우리 안에 늘 있었던 무한 원인Infinite Cause, 신성의 불꽃, 천국 그 자체를 여는 열쇠 말이다.

대화 22

두려움 그렇게 교육을 비판하는 사람은 너뿐이야. 미국의 대통령도 내 편이야.

진리 대통령조차 두려워할 수는 있지.

두려움 우리의 지도자도 그렇게 생각할까? 다음은 대통령이 교육부 웹사이트에 공개한 글이야.

"미국의 아이들은 모두 세계적 수준의 교육을 받을 권리가 있습니다. 오늘날은 과거 어느 때보다 성공하기 위해 세계적 수준의 교육이 필요합니다. 미국은 한때 세계 제일의 교육국이었습니다.

한 세대 전만 해도 우리는 대학 졸업생 수에서 세계 최고였습니다만, 지금은 우리 앞에 10개국이 버티고 있습니다. 그 나라 학생들이 우리 학생들보다 더 똑똑해서가 아닙니다. 이들 나라가 학생들을 더 똑똑하게 교육시키기 때문입니다. 그리고 오늘 교육에서 우리보다 앞서나가는 나라들은 내일 경쟁에서 우리보다 앞서나갈 것입니다.

우리는 분발해야 합니다. 모두 함께 새로운 목적을 성취해야 합니다. 그럼 2020년까지 미국이 다시 한 번 대학 졸업생 수에서 세계를 이끌어나갈 날이 오게 될 것입니다. 학생, 학교, 우리 자신에 대한 기대치를 높여야 합니다. 그것이 국가적 최우선 과제여야 합니다. 우리는 대학에서 잘 공부하고 좋은 직업을 가질 수 있도록 고등학교를 졸업하는 모든 학생을 잘 준비시켜야 합니다.

진심을 다해,

미국 대통령 버락 오바마.”

진리 대통령의 관점을 네가 밝혔으니 나도 정중히 내 관점을 말해 볼게.

“친애하는 대통령께,

모든 아이들에게 세계적 수준의 교육을 받을 권리가 있다는 말씀에 더할 수 없이 공감합니다. 하지만 우리는 ‘세계적 수준의 교육’이 무엇을 뜻하는가에 대해선 확실히 다른 견해를 갖고 있는 것 같습니다. 말씀을 들어보면 대통령께서는 대학 졸업생 수가 곧

'세계적 수준의 교육'을 결정한다고 보시는 것 같습니다. 그리고 그것이 성공의 필수불가결한 조건이고요. 대학이 성공의 필수불가결한 조건일까요? 대학에 가지 않았지만 잘살고 있는 수천 명, 아니 수백만 명의 사람들을 굳이 일일이 밝혀야 할까요? 가정에서 배우거나, 멘토로부터 배우거나, 혹은 삶 자체와 삶 속의 많은 문제들을 직접 경험하면서 배운 사람들 말입니다. 우리 세대 최고 예술가 중 한 명인 짐 캐리는 고등학교도 마치지 못했습니다. 아인슈타인도 학교에서 몹시 힘들어했고요. 대통령님, 미국 최초 헌법의 서명자 상당수는 우리가 전통적 교육이라 부르는 교육이 아니라 도제 교육을 받은 사람들이라는 사실을 알고 계신지요?

어떤 사람들은 이렇게 말할 것입니다. '아, 네. 하지만 그 사람들은 지금 세상에 사는 게 아니잖아요?' 그런데 지금 세상은 무엇이 그렇게 다른가요? 삶의 의미와 목적과 만족을 부르는 것은 여전히 똑같은 것들 아닌가요? 오늘날의 사람들처럼 어제의 사람들도 다른 사람들을 사랑하고 삶이 주는 선물에 감사하고 정신과 영혼을 고양시키고 위대한 선에 봉사하는 것에서 최고의 기쁨을 느끼지 않았나요? 그리고 대통령께서는 어떻게 그렇게 단정적으로 미국이 한때 세상에서 가장 좋은 교육을 받은 나라였다고 말씀하실 수가 있나요? 어떻게 그렇게 잘 아세요? 대통령께서는 상당히 좁은 의미의 '최고 교육'을 말씀하고 계십니다. 대학 졸업생의 숫자 기록에만 의존하고 계시니까요. 그런 숫자가 정말 그 '교육받은' 사람이 어떤지에 대해 과연 무슨 말을 해줄 수 있을까요? 책이 말하는 지식은 있지만 지혜라곤 전혀 없는 사람도 있지 않을까요? 그런 숫자가 그렇게 가치 있다면 왜 미국은 인구 대비 약물 과다 복용과 중독 비율에서 세계 1위를 기록하고 우울증 환자 비율은 세계 2위를 기록할까요? 교육에 대한 접근 방식은 다르지만 시민들이 건강하고 만족하며 사는 다른 문화들은 어떻게 생각하시는지요? 땅을 존경하고 보살피는 법을 알았던 코기 인디언들이 교육이 부족한 사람들이었을까요? 티베트인 스승들은 어떤가요? 전통적인 의미의 '대학' 교육은 받지 않았지만 삶과 삶의 가치, 그림과 연극을 이해하고 덕과 영혼을 높이 평가하는 그들을 대통령께서는 '최고 교육을 받은 사람들'이라고 부르지 않으실 건가요?

바로 이 책의 저자(톰 새디악 자신을 말함—옮긴이)만 해도 명망 높다는 버지니아 대학교를 나왔고, 파이 베타 카파 회Phi Beta Kappa(미국 대학 우등생들로 구성된 친목 단체—옮긴이) 회원이지만, 솔직히 말해 공부했던 것 중에 기억나는 것은 하나도 없다고 합니다. 그런데 그는 대학 졸업 후 지난 25년 동안 어떤 권위자의 압력이나 지도를 받는 일 없이 혼자서 열심히 배웠습니다.—가슴이 하는 말을 듣고 시와 철학, 영성, 스토리텔링에 대한 자신의 사랑에 귀 기울이면서 말입니다.—연기 예술을 위해 스텔라 아들러Stella Adler, 샌포드 마이즈너Sanford Meisner, 리 스트라스버그Lee Strasberg, 우타 하겐Uta Hagen과 몇 년을 보냈습니다. 그리고 에머슨, 노자, 릴케, 루미, 하피즈를 읽었, 아니 흡수했습니다. 아무도 그렇게 해야 한다고 말하지 않았죠. 점수를 받으려고 리포트를 쓴 것도 아니고 성취감을 느끼기 위해 논문을 쓰지도 않았습니다. 그렇다고 그가 아무것도 배우지 않은 걸까요? 그 과정에서 그는 많이 배우지 않았을까요? 대학이 그런 공부를 할 수 있도록 그를 준비시켰던 게 절대 아닙니다. 대학은 그 반대의 일을 했지요. 대학은 돈이 되지 않는 일, 직업을 얻는 데 필요하지 않은 일은 절대 하지 말라고 했으니까요.

대통령께서는, 긴 인류 역사에서 아주 짧은 기간의 주장일 뿐인, 아주 좁은 의미의 교육으로 그동안 우리가 우리 자신을 가르쳐왔다는 사실만이라도 알아채실 수는 없을까요? 우리는 인류가 17만 년 동안 축적해 온 지식과 지혜를 정말 무시해야 할까요? 원주민들은 책을 읽지 않았지만 별들의 움직임을 읽을 수 있었습니다. 그런 그들을 교육받지 못했다고 말할 수 있을까요? 우리는 교육에 왜 꼭 그렇게 편협하고 단선적인 정의를 적용해야 할까요? 교육의 색조는 다양하지 않을까요?

이제 대통령의 논리 중에 진짜 문제의 소지가 다분한 점을 하나 짚어보려 합니다. 오늘날 교육에서 우리보다 앞서가는 나라들이 내일 경쟁에서 우리를 앞서갈 거라고 하셨죠. 뭐라 욕을 먹든 말 하겠습니다. '그게 뭐 어때서요?'라고요. 우리가 2등이나 5등이면 뭐가 어떻다는 거죠? 그래도 여전히 태양도 떠오르고 달도 떠오르겠죠? 우리는 왜 그렇게 일등에 집착하는 거죠? 뭔가에 꼭 집착을 해야 한다면 진리에 집착하는 건 어떨까요? 최선을 다한 결과 수학에서 3등을 하고 과학에서 2등을 했다면 그것이 그렇게 큰 비극일까요? 그는 어쩌면 창조성이나 남을 돌보는 일에서 최고의 수준을 보여줄지도 모릅니다. 우리 마음속에 사랑과 평화가 얼마나 많으냐의 문제로 보면 어쩌면 전 세계가 우리를 부러워하게 될지도 모릅니다. 대통령께서는 기독교도가 아닌가요? 일등을 하는 것이 그렇게 중요하다면 역사상 가장 위대한 도덕 교사였던 그분(예수를 말함—옮긴이)이 그 문제에 대해서는 왜 아무 말씀도 하지 않았을까요? 기억하실지 모르겠지만, 그분은 금메달을 받은 자가 아니라 온유한 자들이 이 땅의 주인이 될 것이라고 했습니다.

일등이 되는 것은 훌륭함을 추구하는 것과 아무 상관이 없습니다. 훌륭함이란 우리나라가 시간과 노력을 들여 추구할 만한 것이죠. 할 수 있는 한 최선을 다해 열정과 재능을 키우라고 서로서로 격려하는 일은 더할 나위 없이 좋은 일이지만, 한갓 숫자일 뿐인 결과는 중요하지도 않을 뿐더러 오히려 우리의 감정과 집중력을 불필요하게 고갈시킬 뿐입니다. 훌륭한 농구 코치인 존 우든John Wooden도 그렇게 느꼈습니다. 그는 이기고 지는 것에 개의치 않았죠. 이겼지만 졌다고 느낀 게임도 많았고, 졌지만 이겼다고 느낀 게임도 많았습니다. 용기와 헌신적인 태도로 문제에 마주서서 최선을 다하는 것이 이기는 것입니다. 이겼다고 말해주는 것은 전광판에 보이는 숫자가 아닙니다.

마지막으로, 대통령께서는 교육이 국가적인 최우선 과제여야 한다고 말씀하셨습니다. 그 점은 동의합니다. 하지만 그 전에 최소한 교육을 받는다는 것이 무엇을 의미하는지를 놓고 국가적인 대화를 나눌 수는 없는 건가요? 저는 교육에 대한 수많은 정의 중에서 최초의 정의가 가장 강력하다고 생각합니다. 개인의 빛과 재능을 끌어내는 것이 교육이라는 정의 말예요. 에머슨이 말했듯이 영혼에 불을 붙이는 것이 교육입니다. 교육이란 어쩌면 신이 이 세상으로 들어오는 수단일지도 모릅니다. 신이 우리의 열정과 목적을 통해서 우리의 손과 발로 이 땅의 삶을 경험하는 것인지도 모릅니다. 예수가 말했듯이 천국이 정말 우리 안에 있다면 우리가 불러낼 것은 결코 무의미하지 않을 것입니다. 어쩌면 그것이 곧 신 자신의 의지일지도 모르니까요.

진심을 담아서,

톰 새디악의 진리 드림.”

두려움 존경심이라곤 하나도 없군. 이 분야의 권위자도 아니면서.

진리 자연이 권위자야. 그리고 자연이 증명하듯이 경쟁과 성공을 이상으로 삼는 종은 살아남을 수 없어.

두려움 그렇다면 너는 성공 대신에 뭘 원하지? 참, 너는 교육이 재미있기 바라지!

진리 왜 재미있으면 안 돼? 우리는 왜 아이들이 마음껏 놀고 창조하고 자연을 누비게 두지 못하는 거지? 이런 행동들이 정확히 인간이 배우는 바로 그 방식이야.

두려움 아이들이 놀이를 통해 배운다고? 시간 낭비하는 법만 배우겠지. 놀기만 하면 그런 것들만 배워. 배움은 원래 재미가 없는 거야. 배움은 힘든 거라고.

진리 그래? 아이가 처음 말을 배울 때도 힘들까? 흥미로운 대상을 보고 처음으로 탐구하는 법을 배울 때도 힘들었을까? 아이들에게는 호기심이라는 장비가 있고, 그 장비가 경험을 이끌고, 그 경험이 아이들을 가르치게 되어 있어. 힘들게 노력하는 것은 아이들이 배울 준비가 되어 있지 않은 것, 배우고 싶지 않은 것을 억지로 배우게 할 때만 필요한 거야. 그럴 때 결국 우리는 아무것도 가르치지 못하고 아이들만 불행하게 만들어. 교육 시스템도 엉망이 되고.

두려움 우리는 지금 행복을 이야기하는 게 아니야.

진리 우리는 행복을 이야기하고 있어.

두려움 우리는 교육을 이야기하고 있다고!

진리 교육의 목적이 시민들을 행복하게 만드는 것이 아니면 뭘까?

두려움 교육의 목적은 시민들이 성공하게 하는 거야. 성공한 사람들은 쓸데없는 말이나 하면서 시간을 낭비하지 않아. 행복은 한갓 감상일 뿐 현실적인 가치는 없어.

진리 그렇다면 너는 행복을 이해하지 못한 거야. 행복은 현실성에 뿌리를 두고 있어. 행복이란 게 본질적으로 시스템이 잘 작동하고 있다는 뜻이 아니면 뭐겠어? 부드럽게 움직이는 엔진, 잘 작동하는 컴퓨터, 이런 걸 행복하다고 말하지 않아? 인간의 삶도 마찬가지 아닐까? 경제가 잘 작용하고, 교육이 제 할일을 제대로 하면 결과적으로 행복이 넘쳐나지 않을까? 행복은 이 책에서 우리가 마지막으로 탐구할 주제야. 행복의 조건은 무엇일까? 사회적 압력의 바다 속에 풍덩 빠져 허우적대는 우리가 어떻게 미국 독립선언서가 가장 신성한 목적으로 추구하는 그 행복을 발견할 수 있을까? 혹은 어떻게 그 행복이 우리를 발견할 수 있을까?

행복의 원칙

모든 욕망을 제거하고 나면 당신은
더 사랑하고 행복하게 사는 것, 그 두 가지만 지지할 것이다.
—하피즈

　이 글은 단언하건대 행복에 대한 전형적인 에세이는 아닐 것이다. 이미 행복을 주제로 비슷비슷한 말들을 써낸 사람들이 너무 많다.—일찍 일어나 일출을 보고, 가족과 더 많은 시간을 보내고, 운동하고, 느릿느릿 살고, 봉사할 일을 찾고, 강아지를 입양하고 등등.—구글에서 '행복'이란 글자를 쳐보기만 해도 논문이 천 개는 넘을 것이다. 모두 한결같이 그 성스런 상태를 경험하려면 이렇게 저렇게 여섯 단계만 따라가면 된다고 주장한다. 솔직히 말해 그 여섯 단계는 이제 좀 지겨운 감이 있다. 가치가 없다는 것이 아니다.—정말로 진실을 담고 있고 도움도 된다.—다만 나는 행복에 이르는 단계들이 아니라 행복의 역학에 대한 대화 분위기 조성에 더 관심이 있을 뿐이다. 그것은 행복에 이르는 여섯 단계 혹은 일고여덟 단계가 왜 도움이 될 수밖에 없는지 그 근본 이유를 밝히는 작업이기도 하다. 행복에 이르는 단계들이 의존하고 있는 원칙은 무엇일까? 그리고 그 원칙은 진정한 우리 자신의 모습에 대해 어떤 말을 할까? 개인으로서 또 하나의 종種으로서 우리를 번영하게 하는 것은 무엇이라고 말할까?

먼저 고백하건대 나는 행복이란 말을 썩 좋아하지는 않는다. 더 정확히 말하면 현재의 문화가 사랑해마지 않는 행복을 마땅찮게 여긴다. 현재 우리가 말하는 '행복'은 오해가 낳은 결과이다. 행복의 법칙을 연구한다는 긍정심리학조차 행복에 '긍정positive'이라는 꼬리표를 붙이며 애써 행복의 한 면만을 선택했다. 긍정이라…… 진정한 의미의 행복 논의라면 긍정에만 집중하지 않을 것이다. 긍정에만 집중할 때 행복의 그 빛나는 꼬리표들이 우리를 불행하게 만들 것이다. 그 꼬리표들은 바람직한 상황만 암시한다.

'행복'이라는 말은 원래 '행운, 운, 번영'을 뜻했다. 이는 세상이란 장밋빛 안경을 통해 볼 때 제일 좋아 보인다는 사실을 암시한다. 하지만 나는 투명한 안경이 좋다. 장밋빛으로 물든 풍경은 싫다. 나는 내 그림자가 짙고 내 어둠이 진정으로 어둡기를 바란다. 긍정만 말하는 것은 동전의 한 면만 취하는 것이다. 빛은 늘 그늘과 함께 온다. 여기 바닷가가 만조라면 저기 바닷가는 간조라는 뜻이다. 양극성은 분명 존재하고 사라질 수 없다. 위가 있으면 아래가 있고, 북쪽이 있으면 남쪽이 있다. 에머슨의 말처럼 "우리는 사물을 둘로 나눠 그 중에서 느낌이 좋은 쪽만 가질 수는 없다. 그것은 바깥이 없는 안을 갖겠다는 것이나 마찬가지이다."

행복의 경우도 마찬가지다.―더 크게 전체를 놓고 보아야 한다.―눈물과 웃음 둘 다를 봐야 한다. 새가 노래 부르고 나비가 팔

랑대는 축복으로 가득한 낙천적 상태가 진정한 행복은 아니다. 스물네 시간, 일주일 내내 구름 위를 걷는 것이 행복은 아니다. 우리는 세상이 무너지고 있는데도 그런 사실을 철저하게 부인하면서 밀랍 인형처럼 꼼짝도 하지 않고 치아를 양쪽으로 양껏 드러내며 인위적으로 웃는 사람들을 너무 많이 봐왔다. 그들은 행복해 보이기보다는 오싹해 보인다. 진정한 만족—나는 '행복'이라는 말보다는 '속에 든 것'이라는 뜻의 'content'에서 파생한 '만족 contentment'이라는 말을 더 좋아한다—은 행운과 호의가 오는 것과 가는 것을 모두 허락하고 환영하기까지 한다. 그리고 사실 최고의 행운은 부정적인 일, 질병, 결핍, 손실 등일지도 모른다. 나로하여금 죽음까지 직면하게 했던 뇌진탕은 딱 맞은 시기에 내려진 완벽한 축복이었다.

사람들은 긍정적으로 생각하라고 말한다. 하지만 정직하게 생각하는 게 더 현명하지 않을까? 신비주의자 노르위치의 줄리안Julian of Norwich은 "다 잘될 거야.(All shall be well) 다 잘될 거야. 모두 다 잘될 거야"라고 말하면서 현재 동사 'is'가 아니라 미래 동사 'shall'을 썼다. 그 말은 여기 이 세상에서는 여전히 문제가 존재하고 사람들은 슬퍼하며 손상이 일어나고 있다는 뜻이다. 최근에 전쟁에서 아들이나 딸을 잃었다면, 혹은 중독에서 벗어나려고 애쓰고 있다면, 지금은 모두 좋지 않은 것이다. 하지만 더 깊이 생각해 보면 변치 않는 진리가 그 모습을 드러내게 되어 있다. 죽음에서 생명이 탄생하고, 문제와 결핍의 잿더미는 새 시대가 떠오를 무대이다. 시간이라는 완벽한 치유자가 있으니 아무리 어두운 시기도 결국은 의지의 빛과 함께 밝아지기 시작할 것이다.

수피들은 "갑작스런 실망이 찾아올 때 기쁨을 느끼는 것"이라고 자신들의 종교를 정의함으로써 우리가 나아갈 길을 밝혀주었다. 신앙이 얼마나 깊으면 예고도 없이 실망이 찾아올 때 진정으로 기뻐할 수 있을까! 그런데 왜 기쁨일까? 오래된 습관의 죽은 피부가 벗겨지고 그곳에 새 살이 나고 있다는 걸 온전히 믿는다면 기쁠 수밖에 없다. 진정으로 행복한 사람들은 알고 있다. 슬픔, 비애, 실망, 상실…… 이 모두가 삶의 일부이며, 시험과 시련은 힘들지만 꼭 필요한 안내자라는 것을 말이다. 모든 일은 위대한 스승 Great Teacher이 벌인 일임을 깊이 믿기에, 그들은 아무리 힘든 문제라도 그것이 의미하는 바를 놓치지 않는다. 즉 그것이 문제를 바로잡기 위한 기회이며, 연단을 위한 불임을 알아보는 것이다.

〈브루스 올마이티〉에서 신은 브루스에게 모든 것이 작동하는 방식을 일견할 기회를 준다. 영화를 보지 않은 독자들을 위해 설명하자면, 브루스에게 기도에 응답할 수 있는 힘을 준 것이다. 브루스는 게으르고 무지해서 사람들의 요구를 다 들어줘 버린다. 그러다 따돌림을 받고 있는 한 소년에게 그를 괴롭히는 반 아이들을 때려눕힐 수 있는 힘을 준다. 브루스는 물론 그런 긍정적 반응이 불러들이는 사건의 사슬을 보지 못한다. 브루스는 그 소년의 진짜 소명이 따돌림당하는 고통을 시로 승화하는 것임을 보지 못하는 것이다. 그 소년의 시는 언젠가 수백만 명의 사람들을 감동시킬 예정이었다. 판세를 뒤집은 브루스의 중재 덕분에 소년은 그 길 대신 케이블 텔레비전에 나오는 레슬링 선수가 되는 길을 걷게 된다. 그것이 소년의 진정한 소명이었다면 레슬링 선수가 되는 것도 좋은 일이겠지만 소년의 길은 그것이 아니었다. 나중에 신은 미래의 시인인 그 소년이 갖고 있는 잠재적 아름다움을 들려주면서 우리가 너무나 자주 무시하고 싶어 하는 진리 하나를 명확히 전달한다. "이런 그림을 그리기 위해서는 너는 어두운 색을 써야 한다." 이것이 진짜 요지이다. 사회로서, 개인으로서 우리는 아직 어두운 색을 받아들이는 법을 배우지 못했다. 우리는 파스텔 색만 칠하고 싶어 한다. 그래서 시인 루미—루미는 자신을 괴롭히는 자들을 때려눕힐 힘 따위는 결코 받지 않았을 것이라고 나는 확신한다!—는 이렇게 진실을 말한 것이다. "장미는 꽃잎을 떨어뜨려도 축하하고…… 구름은 울어도 축하한다."

문제를 피하고 싶은 욕망, 고통을 피하고 싶은 바람, 바로 그것들에 대한 우리 문화의 뿌리 깊고 파괴적인 중독이 그렇게 많은 사람들이 말없이 절망적인 삶을 살아가는 이유이다. 시련은 우리를 단련시키고, 이 단련이 없다면 우리의 끝은 무딜 뿐이다. 우리는 감각을 무디게 하기 위해 술을 마시고 약을 복용한다. 현실을 무시하기 위해 텔레비전을 시청한다. 슬픈 사실은 우리가 마음이 불안한 것보다 산만한 쪽을 선호한다는 것이다. 하지만 그 반대여야 한다. 불안할 때 우리는 뭔가를 배울 기회를 얻는다. 행복하고 만족하는 사람들은 그 점을 알기 때문에 분리와 상실의 고통이 주는 유익한 힘을 받아들인다.

M. 스캇 펙Scott Peck의 걸작 《아직도 가야 할 길The Road Less Traveled》의 주제도 바로 그것이다. '아직도 가야 할 길'은 정확하게

말해 힘들어서 아직 가지 않은 길이다. 하지만 진실을 피할 수는 없다. 지금의 고통을 피하면 억눌리고 뒤섞인 고통들이 미래에 한꺼번에 닥쳐오게 마련이다. 반쪽만 산 인생의 결과에서 벗어날 길은 없다. 연인, 배우자, 친구와의 대화를 힘들다고 피해보라. 편안함과 안전함을 위해서 진짜 소명을 무시해 보라. 책임을 회피해보라. 뒤이은 편안함은 그리 오래가지 못할 것이다. 억압된 진실은 곪아터지게 되어 있다. 반대로 앞서 말한 관점에 비추어 고통을 본다면 고통은 그 자체로 선물이 될 것이다. 고통은 압력이지만, 유일하게 석탄 덩어리를 다이아몬드로 바꾸는 압력이다. 심지어 군인조차 기합을 받을 때 "감사합니다! 한 대 더 맞아도 되겠습니까?!"라고 힘껏 외치지 않는가?

긍정의 복음은 절반의 복음일 뿐이다. 최근에 "네, 여러분은 할 수 있습니다!"라고 참석자들에게 외치는 꽤 유명한 세미나에 참석한 적이 있다. 하지만 나는 때때로 "어쩌면 할 수 없을지도 모릅니다!"라고 말한다. 나쁜 말이 아니다. 한계와 상실 속에서 의지와 감사하는 마음이 나오고 길이 보이기 때문이다. 솔직히 말해 나는 나이 들어가는 게 뻔히 보이는데도 《몸과 마음이 젊어지는 법》 같은 책을 쓰는 사람들에게 좀 싫증이 난다. 《시크릿》 행진에 찬물을 끼얹을 생각은 없지만, 생각이 현실을 창조하지는 않는다. 신이 현실을 창조한다. 생각은 그 현실을 경험하는 방식에 크게 영향을 미칠 뿐이다.

긍정적인 생각을 맘껏 즐길 수는 있지만, 당신의 키가 155센티미터인데 갑자기 210센티미터로 자라 NBA 농구 선수로 활약하겠다는 식의 생각은 하지 않을 것이다. 기아로 고통받는 에티오피아에서 태어났다면 그 어떤 생각도 당신을 구해주지는 못할 것이다. 식량만이 구해줄 것이다. 그 많은 비전 보드vision board(인생의 구체적인 목적을 알아내고 그것에 집중하기 위한 도구. 원하는 모습이나 하고 싶은 일의 이미지를 모아 메모판 같은 데 붙여놓는다—옮긴이)들을 죄다 허무하게 만들 말이라는 걸 잘 안다.—종종 나는 예수는 그런 비전 보드 없이 어떻게 살았을까 생각해 본다.—하지만 우리가 상상하는 이미지들이 결국은 신의 의지 안에 있는 것들이 아니겠는가? 천국에도 신문이 있다면 비전 보드는 분명 코미디 란에 있을 것이다. 신 앞에서 우리의 계획을 말해도 신은 웃을 테지만, 비전 보드를 보여주면 신이 더 심하게 웃을 테니 말이다.

내 경우를 말하자면 내가 무엇이 최선인지 알아냈다고 생각할 때마다 신은 더 좋은 생각을 갖고 있었다. 나는 〈그녀는 보안관 She's the Sheriff〉이라는 단명한 시트콤을 연출하고 싶었지만, 신은 내게 〈에이스 벤츄라〉를 주었다. 나는 블록버스터 상업 영화를 계속 찍고 싶었지만, 신은 내 머리를 한 번 꽝 때리고는 〈아이 엠〉으로 내 이야기를 해보라고 했다. 반복할 만한 가치가 있으니까 다시 한 번 말하겠는데, 여기서 신이란 우리 밖의 어떤 힘을 가리키는 것이 아니다. 우리가 '그것It'이다. 우리가 신의 손이고 발이다.

신이 어디에나 있다면 그는 모든 부분들 속에, 모든 입자들 속에 있을 것이고, 당신과 내 안에는 더 확실히 있을 것이다. 물기는 물로부터 분리될 수 없다. 하지만 에고ego는 정말 '신을 변방으로 몰아내고edged god out', 가장 높은 자아Highest Self인 신과 우리 사이의 연결을 끊어버렸다. 그 때문에 〈브루스 올마이티〉에서 브루스가 더 많은 돈, 더 좋은 아파트, 더 좋은 직업을 원한다고 했을 때 신이 다음과 같은 말로 진실의 펀치를 날린 것이다. "언제부터 인간들이 자기가 뭘 원하는지 알게 됐지?"

마지막으로 나는, 미국의 '독립선언서'를 존경해 마지않지만, 행복에 관해서라면 토머스 제퍼슨이 틀렸다는 말을 해야겠다. 행복은 추구해야 할 것이 아니라 연습해야 할 것이다. 《활쏘기의 선禪 *Zen in the Art of Archery*》에 보면 선禪 궁수의 활솜씨는 정확성이 실로 엄청나서, 황소의 눈을 맞힐 수 있을 뿐만 아니라 그 황소의 눈에 박힌 화살을 다른 화살로 쪼개기까지 할 정도다. 그런데 바로 여기서 우리는 한 가지 역설에 직면한다. 궁수는 화살을 쪼개려 하지 '않는' 것으로 화살을 쪼갠다는 것이다. 그는 활을 잡고 화살을 메긴 다음 활시위를 잡아당기는 활쏘기 과정에만 집중한다. 그 집중력이 대단해서 궁수와 표적은 이미 하나가 된다. 그러므로 생각이 없는, 결과에 대한 마음이 없는 상태에서 화살이 스스로 시위를 떠나 표적인 화살을 쪼개버린다. 그것은 목적 없는 목적이다. 장자莊子가 말했듯이 "무無를 쏴 맞히는 궁수가 기술에 달관한 궁수이다."

나는 행복도 이와 마찬가지라고 믿고 있다. 행복에 집중하고 행복을 추구해서는 행복해지지 않는다. 그 대신 참된 것, 선한 것, 옳은 것에 집중하면 행복이 따라온다. 가족과 더 많은 시간을 보내는 것이, 더 높은 목적에 헌신하는 것이, 진심을 말하고 정직하고 명확하게 말하는 것이 옳고 좋은가? 그렇다고 생각하면 그렇게 하

라. 그러면 행복의 화살이 쪼개질 것이다. 나는 행복해지겠다는 의도로 내 삶을 바꾸지는 않았지만 정말이지 행복해졌다. 나는 매 순간 선택했고 그 선택이 옳고 좋다고 느꼈기 때문에 그 선택에 따라 행동했다. 나는 더 행복해지기 위해서가 아니라, 그렇게 하는 것이 옳다고 느꼈기 때문에 기부했다. 더 행복해지기 위해서가 아니라, 더 소박한 삶이 옳다고 느꼈기 때문에 이동식 주택으로 이사했다. 옳고 좋은 것으로 한 발자국씩 움직일 때마다 행복은 불가피한 결과로 따라왔다. 그러다 나는 2천 년 전에 아리스토텔레스가 밝힌 원칙과 만나게 되었다. "덕과 행복은 하나이고 같은 것이다"라는.

되돌아보면 내 인생은 하나의 행복 연구 사례 같기도 하다. 행복했던 한 아이가 망상에서 가치를 찾는 세상 속으로 끌려들어 간다. 아이는 젊은 나이에 전문가가 되었지만 어디에서도 만족을 느끼지 못하고 힘들어한다. 그렇게 시간이 흐르다가 청년은 어떤 원리들에 눈을 뜨고 마침내 평화와 기쁨을 발견한다.…… 많은 사람들이 여전히 세상의 속임수에 빠져 있으니 어쩌면 내 이야기가 도움이 될지도 모르겠다.

그러므로 과거로 돌아가 내가 삼킨 독이 무엇이었고 어떤 해독제가 효과가 있었는지 한번 살펴보려 한다. 정확하게 어떻게 나는 행복해졌을까? 그리고 그 과정에서 무슨 원칙들이 스스로 모습을 드러냈을까? 당신이 《예기치 못한 기쁨 Surprised by Joy》(《나니아 연대기》의 저자인 C.S. 루이스의 자서전—옮긴이) 속의 루이스처럼 되는 데 그 원칙들이 도움이 될지도 모르겠다.

두려움 너는 사회적 통념을 너무 많이 거스르고 있어. 불안정할 때 기뻐해야 한다고 하고, 안락함을 추구해서는 안 된다고 하고. 자신을 돌보고 안전을 꾀하는 것은 두말할 필요 없이 현명한 태도야. 비행기 사고가 나면 자기의 산소 마스크부터 쓰라고 하잖아!

진리 네 옆에서 사람이 죽어가는데 너에게 여분의 산소가 있다면 그땐 아니지. 지금은 너무 많은 사람이 죽어가고 있고, 그보다 더 많은 사람이 너무 많이 여분의 산소를 갖고 있어.

두려움 하지만 사람들은 안락한 삶을 원해. 그게 왜 잘못이지? 고통받고 싶지 않은 것이 왜 잘못이라는 건지 모르겠어.

진리 '안락comfort'이라는 말을 봐봐. '환영한다'는 뜻의 'come'과 온갖 위험과 위기를 막아주는 구조물인 '요새'를 뜻하는 'fort'가 합쳐진 말이야. 안락이란 기껏 그런 요새를 환영한다는 뜻이지. 진짜배기로 살아가려면 우리는 위험을 껴안아야 해. 요새를 무너뜨리고 삶의 모든 것을 초대해야 해.

두려움 그러니까 너는 우리가 계속 불편하게 살아야 한다는 거야? 누가 그렇게 살고 싶겠어?

진리 나는 네가 불편함 속에서 안락함을 찾기 바라는 거야. 너는 고통을 피하는 것이 당연하고 옳은 일이라고 하지. 하지만 성장하길 바라는 것도 당연하고 옳은 일이고, 성장하는 데 고통은 필수 조건이야. 너는 고통에서 열정이 나오는 게 보이지 않니? 남부 흑인 구역에서 태어난 목사는 모두에게 정의가 구현되도록 하는 일에 일생을 바쳤어. 알코올 중독에서 벗어난 사람이 이제 다른 중독자들을 돕지. 역설 위에 지어진 것이 인생이야. 고통 속에 아름다움이 있고 아름다움 속에 고통이 있다는 것이 그 역설이야. 이런 말이 있지. "바람을 막겠다고 산에 방패를 두르면 산 허리의 아름다움을 보지 못할 것이다."

두려움 나는 "바람이 불지 않는 곳으로 피해!"라고 말하겠어. 바람은 파괴하지. 바람 때문에 사람이 죽을 수도 있어! 바로 그런 죽음이 야기하는 고통을 모두 피하고 더 나은 삶을 살기 위해 사람들은 비전 보드를 이용하는 거야. 너는 바로 그래서 비전 보드를 싫어하는 거고!

진리 나는 비전 보드라고 다 싫어하지는 않아. 비전 보드가 어떻게 이용되느냐에 따라 다르지.

두려움 비전 보드가 이용되는 방식이야 다 똑같지. 우리는 원하는 것들의 이미지를 붙여놓고 그것들을 가질 수 있기 바라잖아!

진리 비전 보드가 네 안에 있는 진리를 끄집어내는 데 이용된다면 좋은 도구가 될 테지. 하지만 에고를 위한 뭔가를 얻는 데 이용된다면 차라리 권총을 갖는 게 낫지 않을까? 둘 다 강도질에 쓰이는 도구니까 말이야. 에머슨이 이렇게 경고했지. "요구한 것 때문에 제일 큰 대가를 치를 수 있다."

두려움 그러니까 뭐야, 이제 요구하는 것이 나쁘다는 거야? 너의 그 훌륭한 책(성경을 말함―옮긴이)도 "구하여라, 받을 것이다"라고 하지 않아?

진리 중요한 것은 요구하느냐 않느냐가 아니라, '왜' 요구하느냐야. 너는 신의 의지를 구현하고 싶어서 원할까? 너는 진짜 너의 가슴이 바라는 것을 원할까? 아니면 사회가 너를 자신의 생산품으로 만들며 네 안에 심어놓은 욕망이 원하는 것을 원할까?

두려움 하지만 너희 몽상가들은 대개 생각을 바꾸면 뭐든 가질 수 있다고 믿지 않아? 예수는 생각만으로 사람들에게 생선과 빵을 먹였어. 우리는 그럴 수 없는 거야?

진리 그러니까 너는 우리가 가난과 기근을 생각 하나로, 우리의 의도만으로 끝낼 수 있다고 생각하는 거야?

두려움 그래. 많은 몽상가들이 그렇게 생각하잖아. 마음먹은 것은 뭐든 만들어낼 수 있다고.

진리 그렇다면 왜 빵과 생선뿐일까? 우리의 생각과 의도로 집도 만들어서 노숙자들에게 줄 수 있잖아? 그리고 기왕 시작한 김에 생각 하나로 쓸고 닦고 할 필요도 없게 바닥을 깨끗하게 하는 건 어때? 왜 모두를 위해 식량, 생수, 집, 의약품 등을 넉넉히 만들어 서로 도와줄 필요도 없게 만들지 않지? 생각의 힘, 표현의 힘 그 논리적 끝이 그렇게 될 수밖에 없지 않아? 모든 것을 생각으로 만들 수 있다면 손발은 왜 있는 거지? 신神은 왜 우리를 원하지? 아니, 필요로 하지?

두려움 신이 우리를 필요로 한다고?

진리 우리가 없다면 창조자가 창조의 경험을 할 수 있을까? 우리의 눈과 발을 통하지 않는다면 말이야. 생각은 시작이야. 언제나 그래. 하지만 생각은 행동으로 옮겨져야 해. 가난을 없애겠다는 생각이 우리로 하여금 세상 속으로 걸어 들어가게 해야 해. 곤경에서 도망치는 게 아니라 곤경을 향해 나아가는 거지.

두려움 온통 곤경, 고통에 대한 얘기뿐이군. 네가 팔고 있는 이야
기는 너무 부정적이야. 사람들이 쉽게 받아들이지 않을 거야.

진리 두려움, 너는 언제쯤 이해할 거니? 모든 훌륭한 이야기에는
난관이 들어 있지. 극복해야 할 난관이 크면 클수록 이야기도 커
져. 위대해진다는 얘기야. 똥이 최고의 비료가 되는 것은 우연이
아니야. 왜 받아들이지 않는 거지? 네 무릎까지 차오른 똥 속에
서 있으면서 왜 비옥한 땅을 일굴 생각을 안 하는 거지?

돈을 보여줘!

그 모든 돈을 다 가질 정도로 영리하려면
그 모든 돈을 다 원할 정도로 멍청해야 한다.
—G.K. 체스터턴

엄청난 부는 곧 엄청난 노예 상태이다.
—세네카

로스앤젤레스 AM 라디오는 주말이면 인포머셜informercial('정
보'와 '광고'의 합성어로 상품에 대한 상세한 정보를 제공하며 광고 효과를 높
이는 프로그램—옮긴이) 방송으로 넘쳐난다. 나는 매주 한 토크쇼를
듣는다. 내가 이른바 '우리의 집단적 광기'라고 부르는 것의 대표
주자격인 토크쇼. 인포머셜 방송의 하나인 이 토크쇼는 청취자
들을 부자로 만들어준다고, 삶의 스트레스를 없애준다고 약속하
기도 하고 당신의 부유층 입성을 축하해 주기도 한다. 이 토크쇼
에서 소개하는 책이 시키는 대로 부의 창출 원리를 배우기만 하면
당신도 멋진 인생을 살아갈 수 있다. 당신도 행복해질 수 있다. 그
런데 그런 돈벌이 프로그램을 위한 광고가 사실은 다음과 같은 말
을 하는 거라면 어떨까?

"저는 당신이 반년도 안 돼 백만 달러를 벌게 해줄 겁니다! 정말로요. 왜냐면 저는 백만장자를 만드는 사람이니까요! 그리고 제 책을 사고 제 시스템을 따르기만 하면 확실히 더 많이 벌게 될 거예요. 하지만 십중팔구 지금보다 더 행복해지지는 않을 거예요! 그리고 새로 생긴 돈이 복잡한 문제를 많이 만들 테니 지금보다 덜 행복해질 수도 있어요! 당신이 느끼는 그 마음의 구멍 있잖아요? 돈이 그 구멍을 메워줄 수는 없을 거예요! 그러니 뭘 기다리세요? 서둘러 제 시스템을 따르고 바로 오늘 덜 행복해지세요~"

정신 나간 소리 같지 않나? 그런 책을 원할 사람, 저런 미끼를 덥석 물 사람은 아무도 없을 것이다. 그런데 지금까지의 행복에 대한 연구가 하나같이 말하는 점은 정확히 이런 것이다. "기본적인 것들을 사고 남는 돈은 사람들을 더 행복하게 하는 게 아니라 오히려 덜 행복하게 한다."

그렇다면 왜 돈을 엄청 많이 번 사람들, 제트 족(개인 제트기로 여행을 다니는 부자들—옮긴이), 《포춘》 선정 500대 기업에 막 입성한 사람들이 그렇게 추앙받고 존경받는 걸까? 어떻게 성공했는지, 어떻게 하면 우리도 그렇게 성공할지 그 비밀을 알려주느라 각종 헤드라인을 독점하는 사람들 말이다. 50세 이하 젊은 억만 장자, 25세 이하 백만장자, 자수성가한 십대 백만장자 같은 통계가 쏟아져 나온다! 분명 멀지 않아 청소년 부자, 아기 억만장자 목록도 나올 것이다! 돈이 우리의 행복과 만족을 보장하지 않는다는 것을 이제 다 잘 알고 있음에도 우리는 여전히 정확한 메시지를 놓치며 살고 있는 것 같다. 돈이 정말 만병통치약이라면 세상에서 제일 부자라는 나라에서 우울증, 자살, 불안 장애 비율이 왜 이처럼 기록적인 수치를 보여줄까? 그렇게 부자인데도 왜 우리는 아직도 아이들에게 잘살려면 돈이 필수라고 가르칠까? 그렇지 않다고 생각한다면 이 놀라운 통계 수치를 보기 바란다. 미국 청소년 중 74퍼센트가 대학을 가는 가장 주요한 이유가 경제적 이유라고 생각한다. 열정의 추구, 의식의 고양이나 확장, 인간 관계 때문이 아니다. 대학이라는 그 공허한 기관에 들어가면서 우리 아이들은 더 이상 자기 영혼의 불꽃이 활활 불탈 것이라고 기대하지 않는다. 다만 영화 〈제리 맥과이어〉에 나오는 치명적인 대사처럼 "돈을 보여줘!"라고 외칠 뿐이다.

어딘가에 단절된 곳이 있다. 무슨 이유에선지 우리는 부와 행복이 아무 상관없다는 단순한 사실을 계속 무시한다. 적절한 예가 하나 있다. 남캘리포니아의 한 대학에서 영화 〈아이 엠〉을 상영한 적이 있다. 영화가 끝나자 한 학생이 일어나더니 고개를 갸웃거리며 아주 혼란스럽다는 듯 질문했다. "당신은 그러니까 대저택을 버리고 이동식 주택에서 살기 시작했다는 말입니까?" 나는 그렇다고 대답한 다음, 그에게 반전이 될 말도 하나 해줬다. 그렇게 해서 더 행복해졌다고. 그러나 혼란은 재빨리 그 궤도를 이탈하는가 싶더니 곧장 불신의 궤도 쪽으로 옮아갔다. 그의 표정은 얼빠진 RCA(폭스테리어 혹은 잭 러셀 테리어 품종의 개—옮긴이) 같았다. "MTV의 〈크립스Cribs〉(유명 뮤지션들의 집을 소개하는 리얼리티 쇼—옮긴이)에 나올 법한 집을 마다하고 이동식 주택에 사는 사람이 어디 있어요?" 아하, 맞다. MTV의 〈크립스〉, "예술적 성공은 곧 넘쳐

나는 돈"이라고 말하면서, 우리 아이들이 감당할 수 없고 어른들도 대부분 획득할 수 없는 삶의 그림을 그려주는 그 어처구니없는 쇼 말이다. 오늘날의 음악 산업이 그렇다. 더 공평하고 더 정의롭고 더 사랑이 넘치는 세상을 담아오던 예술, 음악이 이제 부끄러운 줄도 모르고 자기 자신을 팔아가며 역사적으로 그렇게도 반대했던 바로 그 순응을 몸소 실천하고 있다.

하지만 여기서는 일단 집 평수를 줄이는 것이 어떻게 행복을 늘리는 것인지 도무지 이해할 수 없었던 그 당황한 학생에게로 돌아가 보자. 나는 그 학생에게 내가 대저택을 이동 주택으로 바꿨지만 그 덕분에 행복한 인생을 만드는 원칙들 속에서 살게 되었다고 설명해 주었다. 소박함의 원칙, 공동체의 원칙, 마음이 진짜 원하는 것을 따라야 한다는 원칙 말이다. 나는 1만 7천 평방피트(약 500평—옮긴이)가 넘는 집에서 1천 평방피트(약 30평—옮긴이) 이동 주택으로 옮겨갔고(소박함), 따라서 이전에는 전기문들과 2미터 높이의 벽으로 분리되었던 이웃들과도 친구가 되었으며(공동체), 우리 사회의 꿈이라는 교외에 위치한 커다란 성이 아니라 나의 꿈인 바닷가의 오두막을 갖게 되었다.(마음이 진짜 원하는 것)

슬프게도, 그렇게 자세히 설명했건만 그 놀란 학생의 당혹감은 사라지지 않았다. 바로 여기에 문제가 있었다. 행복에 관해서 사회는 우리에게 위가 아래이고 아래가 위라고 가르쳤다. 이 문화가 어찌나 교육을 잘 시켰는지 그 학생은 더 큰 것이 더 좋은 것이라고 굳게 믿고 있었고, 그 반대를 말하는 나의 경험은 도저히 받아들일 수 없었다. 정말로 문제가 아닐 수 없다. 우리 안의 천국 대신

"좀과 녹이 파괴할 보물"에 집중하라는 이 사회의 메시지에 최면에 걸린 듯 자고 있는 사람들을 우리는 어떻게 깨워서 제대로 생각하게 만들 수 있을까?

1990년대 초에 실행된 유명한 실험이 하나 있다. 실험에 참가한 사람들은 농구 경기에서 '빨강' 팀이 서로 공을 주고받는 횟수와 '노랑' 팀이 서로 주고받는 횟수를 세라는 지시를 받았다. 그리고 경기중에 고릴라 옷을 입은 한 남자가 농구 코트를 누비게 했는데, 패스 횟수를 세던 사람 중 그 사실을 눈치 챈 사람은 한 명도 없었다. 군복 같은 위장복을 입은 남자가 아니라 고릴라 옷을 입은 남자였다. 하지만 실험에 참가한 사람들은 패스 횟수를 세는 데 바쁜 나머지 180센티미터가 넘는 남자가 고무와 털로 뒤덮인 옷을 입고 돌아다니는데도 전혀 알아차리지 못했다. 우리도 이와 똑같다고 하면 틀린 말일까? 우리의 문화가 우리에게 농구공 패스 횟수를 세듯 돈과 물질적 소유에 대해서만 계산하라고 시키고, 사회적 위상과 성공에 대한 왜곡된 정의에만 집중하도록 만들기 때문에, 우리는 행복이 가족, 공동체, 창의성, 소박함, 봉사에서 나오는 것임을 전혀 알아채지 못하고 있는 게 아닐까?

적어도 어른이 된 후 나의 삶은 그랬다. 나는 행복이란 끊임없이 돈을 세야 하는 '저 밖에' 있는 것이라고 들었다. 물론 그런 나를 행복은 지나쳐갔다. 하지만 어릴 때 나는 말할 수 없이 행복한 아이였다. 너무 좋아서 진짜로 매일 뛰어다닐 정도였다. 순진했던 거라고 말해도 좋다.─나는 순수했다고 하겠지만.─같은 길을 그저 왔다 갔다 하는 경우는 없었다. 언덕과 먼지 나는 길, 개울이 매일 새로운 축하의 활공을 위한 또 다른 기회였다. 메리 올리버가 말했듯이 "들판은 모든 곳에서 당신을 초대한다." 그리고 나는 그 들판의 초대를 기쁨에 들떠 받아들이는 것보다 더 좋은 일을 알지 못했다.―그보다 좋은 일은 없다!

아이들은 행복, 열정, 놀이에 대해 어른들이 잊어버린 무언가를 알고 있는 것일까? 동양 철학에 따르면, 인간은 누구나 행복과의 연결고리, 행복에 대한 지식, 행복을 위한 본질적 요소를 갖고 태어난다. 그래서 장자는 〈경상초庚桑楚의 제자〉라는 시에서 자족自足의 문제로 씨름하는 제자에게 다음과 같이 가르친다.

"첫 번째 원리를 알고 싶다고?
어린아이가 바로 그것을 가졌느니라.
어린아이는 염려하지 않고, 자기를 의식하지 않으며,
생각 없이 행동한다.
있는 자리에 머물되 그 이유를 모르고,
사물을 알려 하기보다
그저 그것들과 함께 가며,
그 흐름과 하나가 된다.
이런 것들이 첫 번째 원리니라!"

유대-기독교 사상도 장자와 비슷한 정서를 보여준다. "어린이와 같이 되지 않으면 결코 하늘나라에 들어가지 못할 것이다." 이런 예수의 충고가 사실이라면 아이들은 정말 천국에 더 가까이에 있다는 것인데, 그렇다면 어째서 그런지 물어볼 만하지 않을까? 정확하게 왜 헨리 데이비드 소로는 자신이 태어난 그날만큼도 지혜롭지 못하다는 사실을 늘 유감으로 생각했을까?

대화 24

두려움 너는 왜 아이들을 제단에 모시려고 하지? 너의 성경은 "내가 어렸을 때에는 어린이의 말을 하고 어린이의 생각을 하고 어린이의 판단을 했습니다. 그러나 어른이 되어서는 어렸을 때의 것들을 버렸습니다"라고 하지 않아?

진리 같은 성경에서 "하늘과 땅의 주님이신 아버지, 지혜롭다는 사람들과 똑똑하다는 사람들에게는 이 모든 것을 감추시고 오히려 철부지 어린이들에게 나타내 보이시니 감사합니다"라고도 하지.

두려움 하지만 장자의 말은 무책임해. 염려하지 않는 아이들을 흠모하라고? 생각하지 않는 아이들을 흠모해? 사람들이 아무도 염려하지 않으면 대체 사회가 어떻게 되겠어?

진리 더 건강해질지도 모르지.

두려움 더 게으른 사회가 되겠지! 염려 없이 되는 일은 아무것도 없어. 사람들이 염려를 하니까 그나마 이렇게라도 유지가 되는 거야. 사람들이 염려하니까!

진리 염려와 같은 말이 근심과 걱정이라는 거 알고 있지? 걱정한다면 아이는 자연스러운 상태에 있는 게 아니야. 걱정은 두려움 가득한 사회가 가르친 거지. 바로 네가 가르친 거야.

두려움 나는 아이를 보호하려는 거야! 위험에서, 고통에서!

진리 아이들로부터 삶을 박탈하려는 거겠지. 고통이란 삶의 일부이고 앞으로도 늘 그럴 거라는 걸 왜 보지 못하지? 걱정한다고 그 사실이 변하지는 않아.

두려움 그렇다면 아이의 자연스러운 상태는 뭐지?

진리 노자에 따르면 사랑이지. 순수한 사랑.

두려움 그렇다면 나의 자연스러운 상태는 뭐지? 네가 뭐라고 할지는 다 알고 있어. 걱정이라고 할 테지!

진리 이제 너는 걱정하는 너를 걱정할 테지.

두려움 아아아아! 너무 어려워.

진리 네가 어렵게 만드는 거야.

두려움 내가 어떻게 해야 하지?

진리 움켜쥐고 있는 걸 놓아줘.

두려움 그럼 나는 가라앉고 말 거야.

진리 아니, 너는 떠오를 거야.

두려움 어떻게?

진리 행성들을 돌게 하고 우리 몸의 피를 돌게 하는 바로 그 힘이 그렇게 해줄 거야.

두려움 그게 아이들이 알고 있는 거야?

진리 그게 곧 아이들이야.

작은 아이, 토미 새디악

난리법석을 떨며 나는 이 세상의 더러운 장치들을 배우고 타락했지만,
이제 그것들을 다 지우고 예전에 그랬던 것처럼 작은 아이가
되어가고 있으니 신의 왕국으로 들어가게 될지도 모르겠다.
—토머스 트러헌Thomas Traherne

평범한 사건 하나가 뜻밖에도 내 인생의 흐름을 바꾸어놓았다. 그것은 천사의 합창이나 천국에서 들려오는 우렁찬 트럼펫 소리도 아니었고, 모세가 물을 가르듯 구름이 갈라지는 사건도 아니었다. 비극적인 재난이 발생한 것도 아니었고, 의사가 정신이 번쩍 들 만한 진단을 내린 것도 아니었다. 내 인생을 바꾸고 일련의 새로운 일들이 벌어지게 만든 그 사건은 말하기에도 민망한 아주 사소한 것이었다. 나는 자전거를 샀다. "뭐라고요? 신경쇠약에 걸린 게 아니었어요? 중재한답시고 출동한 경찰이 당신을 도덕 교화 감호소에 집어넣은 게 아니고요?" 아니다. 겉으로 보기에 정말 별일 아닌 것 같으니 다시 말하겠는데, 그 원인이 뭐고 결과가 어쨌든 "나는 자전거를 샀다."

이맛살을 찌푸리며 '뭐야 시시하잖아'라고 생각한다면 그런 생

245

각 자체가 시사하는 바도 꽤 클 것이다. 당신도 알다시피 우리는 '삶의 작은 변화가 불러일으키는 힘'을 대단히 과소평가하고 있다. 행동이나 습관을 고치는 작은 행위, 그 작은 전환이 에너지의 물결을 일으키고, 시간이 허락한다면 산을 움직일 수도 있다. 로버트 저메키스의 시간 여행에 관한 기념비적인 영화 〈백 투 더 퓨처〉가 그 완벽한 예이다. 변조한 드로리안DeLorean 자동차를 타고 마티 맥플라이(마이클 J. 폭스 분)가 30년 전인 1955년으로 돌아가는데, 그는 곧 과거에서 뭔가를 바꾸면 그것이 아무리 작은 행동이라도 미래가 극적으로 바뀐다는 것을 깨닫는다. 한 번 친절한 행위를 하고 한 번 짓궂은 짓을 하고 한 번 간섭했을 뿐인데 몇십년 후 미래는 그때마다 영원히 달라져 있었다. 행동 하나의 힘이 현실을 바꾸고 고치고 다듬을 정도로 막강하다.—나비 효과의 무한한 영향력을 보시라.—물리학도 그렇게 말한다. 직접 실험해 보기 바란다. 일정한 방식으로 벽에 테니스 공을 쳐보면 공은 늘 똑같이 튕겨져 나올 것이다. 이제 벽을 향한 각도를 딱 1도만 바꿔보라. 딱 1도만 바꿨을 뿐인데 공이 튕겨져 나오는 모습은 이전과는 비교도 할 수 없이 다를 것이다. 내 인생에서는 자전거를 사는 행위가 그 1도였다. 어떻게?

쇼 비즈니스는 슬로우slow 비즈니스라고 해도 과언이 아니다. 영화 한 편 만드는 데 참 오래 걸리고 노동 시간도 길기 때문이다. 하루 평균 여덟 시간 일한다는 말은 들어보지도 못했다.—하루 여덟 시간 작업하는 날은 일하는 날이 아니라 노는 날이다.—영화감독들은 보통 해가 뜨기도 전에 일을 시작해 해가 지고 한참 지날 때까지 일한다. 영화감독으로 일하는 동안 나는 보통 하루에 16~18시간, 일주일에 6일씩 몇 달을 쉬지 않고 일했다. 자연으로 들어가 심호흡을 하거나 쉴 시간은 거의 없었다. 14년 동안이나 그렇게 영화를 만드느라 삶의 균형은 비참하게 깨졌고, 결국 나는 뭔가 조치를 취해야 한다는 걸 알았다. 그것도 아주 잘 알았다.

자전거를 하나 사겠다는 결심은 그 자체로만 보면 아주 작은 반항 행위에 지나지 않았다. 그것은 내가 정말 당연하게 여겼지만 결국 지쳐 떨어지고 만, 살기 위해 일하는 것이 아니라 일하기 위해 산다는 사고방식에 대한 조그만 거부였다. 그리고 인생에 우선순위를 다시 매기기 위한 첫 단계의 노력이었다.

우리 문화는 가슴 아프게도 우리가 학교에 입학하는 그날부터 우리가 우선시해야 할 것이 무엇인지 분명하게 말해준다. 그날부터 우리는 놀 생각일랑 집어치우고 진지하게 살아가야 한다. 사실 자전거 구입은 그런 우리 문화가 말하는 메시지를 정면으로 뒤집는 행위였다. 진지하게 살아가라고? 좋아! 그렇다면 나는 이제 진지하게 놀아보지! 토마스 머튼도 다음과 같이 말했으니 나에게 전적으로 동조할 것이다. "우리에게 심각한 일이 자주 신의 눈에는 매우 사소한 일로 비칠 것이다. 우리에게 '놀이'처럼 보이는, 신 안에 있는 그것을 신은 가장 진지하게 받아들일 것이다."

그래서 2002년 가을, 나는 패서디나 산기슭의 작은 언덕들 사이에 있는 스포츠용품점으로 들어갔다. 내 생각은 간단했다. '다시 놀 때가 왔다.' 자전거 코너로 가서 두 바퀴로 된 그 놀라운 창조물 하나를 고른 다음 주차장으로 나가 시험삼아 타보았다. 기어 작동법도 좌석의 키 조절법도 몰랐고, 브레이크 레버가 어디에 있는지도 몰랐다. 하지만 부드럽게 8자를 그리며 움직이는 사이 검은 아스팔트가 오랫동안 잊고 있던 익숙한 감각들을 불러일으켰다. 젊은 날의 낙천적인 섬광들이 다시 떠오르며 내 몸이, 내 존재 전체가 소리쳤다. "좋았어!"

세계적 환경 운동가로 널리 알려진 존 프란시스John Francis는 내 말뜻을 잘 이해할 것이다. 1972년, 해양 기름 유출 사태를 목격한 존은 엔진이 달린 모든 교통 수단의 이용을 포기했고, 17년 동안 침묵하며 살았으며, 22년 동안 걸어서 지구를 여행했다. 영화 〈아이 엠〉을 위해 존을 인터뷰하면서 나는 오랜 침묵 속에서 결국 무슨 말을 들었느냐고 물었다. 존은 "어린 조니 프란시스를 발견했습니다"라고 대답했다. 침묵과 고독의 20년이 놀랍도록 간단한 깨달음 하나로 모아졌다. "유년 시절의 솔직함, 기쁨, 경이, 순수함이 다시 탄생했어요."

자서전 《플래닛워커 Planetwalker》(지구를 걷는 사람이란 뜻—옮긴이)에서 존은 1960년대 과도한 사회적 압박 속에서 자라난 자신이 어떻게 자신의 것이 아닌 세상의 시선에 따라 살게 되었는지 회상했다. 어린아이 조니는 자연 속에서, 해변과 숲을 뛰어다니며 살았다. 하지만 자라면서 성공한 사람의 모습에 대해 사람들이 하는 소리를 들었다. 넥타이를 매고, 코트를 입고, 의사, 변호사 혹은 사장이 되어 돌아다니는 것이 성공한 사람의 모습이었다. 어떻게 해야 한다느니, 무엇이 되어야 한다느니 하는 사회의 시끄러운 외침에서 벗어났을 때 비로소 그만의 진짜 목소리가 들려왔다. 그 목소리에 따르면 자기는 의사도 아니고 변호사도 아니었다. 존 프란시스는 워커walker였고, 자연을 사랑하고 옹호하는 사람이었다.

나도 침묵 속으로 걸어 들어가 내면의 깊은 목소리가 하는 말을 들었을 때 그 결과가 얼마나 심오한지 알게 되었다. 1996년 영화 〈라이어 라이어〉 개봉 다음날, 나는 영화 개봉 후면 미친 듯이 쏟아지는 미디어 관련 일을 모두 뒤로하고 켄터키의 조용한 언덕들 사이에 위치한 토머스 머튼의 트라피스트 수도원, 겟세마네로 향했다. 내 생각을 적을 수첩 하나와 어떤 경험이든 받아들이겠다는 기꺼움만 갖고 잠정적 은거에 들어갔다. 책, 전화, 컴퓨터 따위는 잊었다. 그리고 정말 뜻밖에도 나는 내 어린 날의 기쁨 속으로 되돌아갔다. 미리 생각하거나 준비한 것도 아닌데 나는 다시 마치 아이처럼 걷기 시작했다. 아니, 아니, 걷는 것이 아니라 '뛰기' 시작했다! 나는 얕은 강바닥 위의 바위 위를 깡충깡충 뛰었고 야생 꽃들, 키 큰 풀들, 거북이, 수생 곤충 같은 나를 둘러싼 생명체들에서 경이로움을 느꼈다. 나무 그루터기를 보며 나이테 수를 세었다. 한 마디로 실없는 짓을 한 것이다. 그렇다. 그날 나는 무엇보다 실없는 짓을 했다! 1967년 여름 캠프 이후 실없는 짓이라곤 해본 적이 없었다. 그 당시 나는 아홉 살이었는데 지금 여기서 자연스럽게, 자진해서, 기쁘게 아홉 살 때와 똑같은 것을 하고 있었다. 침묵이 온통 나를 뒤덮었다. 나는 신비주의자들 말대로 텅 비었지만 가득했다. 그때 새로운 목소리, 나만의 진정한 목소리가 들려왔다. 워즈워스Wordsworth가 《서곡Prelude》에서 한탄했던 것은 더 이상 보이지 않았다. 나는 다시 한 번 모든 창조물이 "천상의 빛을 입은 "(워즈워스의 시 〈불사의 시사Intimation of Immortality〉의 한 구절—옮긴이) 모습을 보았다.

나는 그 경험에서 얻은 관점을 유지하겠다고 굳게 결심하고 도시로 돌아왔다. 하지만 노력하면 할수록 내 안의 아이는 더 침묵했다. 아이의 빛은 기대의 산사태 속에 모조리 파묻혀버렸다. 나는 더 이상 하나의 존재being가 아니라 일하는doing 기계였다. 그리고 내 안의 고요한 목소리가 다시 작은 소리를 내는 데까지는 몇 년이 더 걸렸다. 그렇게 되기 위해 나는 자전거를 사는, 당시로서는 꽤 별난 행동을 한 것이다.

나는 자전거를 타고 식품점에도 가고 산도 오르고 바닷가도 가고 일하러도 갔다. 그리고 자전거 페달을 한 번씩 밟을 때마다 내 안의 아이의 힘도 풍력 발전용 터빈이 키우는 바람의 힘처럼 커져갔다. 더 과감하게 놀아야겠다고 결심한 나는 서프보드에 왁스 칠을 한 다음 20년 만에 처음으로 파도도 탔다. 그때도 즉시 내 안의 아이가 서핑이 주는 희열에 다시 눈을 떴다. 우리 문화가 야유하며 소리쳤다. "성공을 위해 진지하게 노력하는 사람은 자전거나 타면서 시간을 낭비하지 않아!" "사람들이 왜 '서핑이나 해대는 놈들surf bums'이라고 말하겠어?" 하지만 내 속에 있는 아이도 만만치는 않다. "너는 시간 낭비라 쓰지만 나는 최고라고 읽는다."

한동안 그런 밀고 당기기가 이어졌고 머리와 가슴 사이에서, 내 안의 두 마리 늑대 사이에서 싸움이 계속되었다. 하지만 자전거를 타고 파도를 타고 자연을 걸으면서 나는 진실을 말하는 늑대 쪽에 더 많이 먹이를 주었고, 그 결과 내 가슴이 하는 말을 점점 더 잘 알아들을 수 있었다. 나는 어느새 변하기 시작했다. 인류가 자연을 남용하고 내가 거기에 일조했음을 깨달았을 때, 나는 쇼 비즈니스 엘리트들에게 허용되는 특전과도 같은 전용 비행기 타기를 그만 두었다. 두려움 가득한 늑대가 나를 맹렬하게 비난했다.

두려움 제정신이야? 언제나 원하는 때에 어디든 갈 수 있는데 그 걸 그만둬?

진리 지구의 자원은 제한적이야. 나는 내 몫의 자원 이상을 썼어.

두려움 때로는 모른 척 넘어가기도 하는 거야. 불편한 진실이라는 말이 괜히 있겠어?

진리 진실은 불편하지 않아.

　패서디나의 부동산을 팔고 이동식 주택 구역으로 이사했을 때 도 두려움의 공격은 계속되었다.

두려움 맙소사! 이동 주택이라니……

진리 내가 필요한 건 그게 다야.

두려움 더군다나 넌 땅 주인도 아니야!

진리 소유권은 망상이야.

두려움 물건은 소유하는 거야!

진리 내가 소유하는 건 이 선택뿐이야.

　경제 습관을 고치고 더 많은 돈을 기부하기로 결심했을 때도 두려움은 그 사실을 받아들이지 못했다.

두려움 미래는 생각 안 해? 이대로라면 굶어죽을 거야!

진리 다른 사람들은 이미 굶고 있어.

두려움 몇 년 못 가서 돈이 필요할지도 몰라! 병이라도 걸리면 어쩔 거야? 죽을 수도 있어!

진리 지금 옳은 일을 하지 않으면 나는 지금 이미 죽은 거야.

두려움 가진 돈을 다 줘버릴 거야?!

진리 처음부터 우리 돈이었던 적은 한 번도 없어.

두려움 백만장자가 아니라면 너는 대체 뭐지? 다 줘버리면 너는 별 볼일 없는 사람이 될 거야!

진리 나는 내 자신으로 남을 거야. 늘 그래왔던 것처럼.

두려움의 논지가 더 큰 힘을 발휘할 수도 있었다. 내 인생에서 그런 변화—놀이, 공동체, 소박함, 나눔을 내 삶으로 받아들인 일—가 듣도 보도 못한 평화와 기쁨을 느끼게 해줬다는 논박할 수 없는 사실이 없었다면 말이다. 그 사실 때문에 두려움은 코너에 몰렸다.

두려움 어떻게 이럴 수가 있어? 우리는 지금 우리가 배운 것과 정반대의 일만 하고 있어.

진리 그래서 우리는 정반대의 감정인 행복과 만나게 됐잖아.

두려움 하지만 돈, 권력, 명예가 우리를 행복하게 해야 하잖아! 그래야 한다고!

(진리는 걱정하지 말라는 듯 두려움의 어깨에 손을 얹었다.)

진리 또 시작할 거야, 두려움은? 언제나 "~해야 한다"라고 말하는 거.

물론 두려움은 절대 완전히 사라지지 않겠지만 이제 물지는 못하고 짖기만 할 뿐이다. 그는 불안이라는 올가미에 묶인 개 같다. 두려움에 대면하라. 그러면 두려움은 꼬리를 감춘 채 훌쩍거리기만 할 것이다. 결국 당신 혹은 나 같은, 자기 자신이고 싶은 사람을 두려움은 절대 견디지 못한다. 예수는 "아버지나 어머니를 나보다 더 사랑하는 사람은 내 사람이 될 자격이 없고, 아들이나 딸을 나보다 더 사랑하는 사람도 내 사람이 될 자격이 없다"고 했다. 진짜 가족을 떠나라는 말이 아니다. 어머니, 아버지, 형제, 자매 같은 다른 사람이 우리에게 갖고 있는 바람을 거부하지 않는 한 우리는 결코 우리 자신을 발견할 수 없다는 비유적인 말이다. 그것들을 거부하지 않는다면 결코 마음이 시키는 진실한 삶을 살 수 없다.

분명한 사실은 가슴이 시키는 일을 해야 행복할 수 있다는 것이다. 우리는 모두 전적으로 독특한, 신성의 각기 다른 표현으로서 이 세상에 태어나며, 우리의 특별한 재능과 가능성은 반드시 발현되어야 한다. 그것들을 발현하지 못할 때는 불행할 뿐만 아니라 우리 영혼의 빛, 우리의 존재 이유까지 희미해진다. 누구나 가슴이 시키는 일을 하지 않아서 매일 조금씩 죽어가는 사람을 알고 있을 것이다. 가슴속 진실에 역행하며 돈, 명예, 권력을 위해 혹은 다른 사람의 기대에 부응하기 위해 살고 있다면 언젠가는 그 대가를 치르게 될 것이다. 삶을 얻었다면, 바로 그래서 삶을 잃을 것이다. 오랜 지혜를 외면했기 때문이다.

여기 질문이 하나 있다. "무엇이 두려워서 말하지 못하고 행동하지 못하고 탐험하지 못하고 존재하지 못하는가?" 지루함에서 축복으로, 구속에서 자유로 나아가려면 반드시 대면해야 할 질문이다. 그리고 말로만 하는 대답은 부족하다. 반드시 행동으로 답해야 한다. 강한 의지로, 직접, 과감하게 안락한 구역에서 벗어나 조셉 캠벨이 말했던 미지의 '어두운 숲'으로 발을 들여놓아야 한다. 영웅의 여정이 꼭 그렇다. 두려움에 대면해서, 그것이 결국 종이 호랑이였음을 보는 여정 말이다. "언제나 당신이 두려워하는 바로 그 일을 하라"던 에머슨의 충고를 소집 나팔 소리로 듣고 그렇게 해보자.

"너는 갖고 다닌다,
인생을 악몽으로 바꿀
온갖 재료들을.
그것들을 섞지 마라!
……
너는 갖고 다닌다,
존재를 기쁨으로 바꿀
온갖 재료들을.
그것들을 섞어라,

그것들을 섞어라!"

—하피즈

정말 그렇게 쉬울까? 그냥 섞기만 하면 되는 엄마의 레시피 같
은, 행복과 의미 있는 삶을 위한 재료들, 나아가 '모든 것을 작동시
키는' 재료들을 정말로 찾아낼 수 있을까? 분명히 대답하겠는데,
"그럴 수 있다." 밖에서 권력, 명성, 부를 축적하는 데 집중하지 말
고, 우리가 본래부터 갖고 있는 것에, 천국이 거하는 곳, 바로 우리
내면에 있는 것에 집중하라. 놀이를 되찾고, 가족과 친구, 공동체
안에서 가까운 관계들을 만들어라. 우리 자신들보다 더 큰 목적
에 봉사하라. 이 모든 일을 규칙적으로 연습하면—그렇다, 연습이
다!—우리의 가장 소중한 감정인 '행복'을 더 깊이 경험하게 될 것
이다. 왜 그럴까? 그런 행동들, 그런 원칙들이 그 특성상 원래 우
리가 작동하는 방식을 완벽하게 반영하기 때문이다. 우리는 본디
사랑과 연결을 구하는 존재이기 때문에 가까운 관계를 만들 때 더
행복해진다. 우리는 본디 연민을 느끼고 협력을 구하도록 프로그
램되어 있기 때문에 다른 사람에게 봉사할 때 삶의 의미를 발견하
게 된다. 그리고 놀며 자연 세계를 탐험할 때 우리는 더 행복해진
다. 그때 우리는 우리 안과 주변에 있는, 결코 우리와 분리되어 있
지 않은 다른 모든 존재들과 접촉하기 때문이다.

결국 행복은 논쟁의 주제가 아니라 경험해야 하는 일이다. 늘 그
렇듯이 여기서도 루미의 충고는 슬기롭다. "오늘, 다른 모든 날들
처럼, 우리는 공허한 마음에 두려움만 가득한 채 일어난다. 서재

문을 열고 들어가 책을 읽지는 마라. 악기를 꺼내라. 사랑하는 일, 아름다운 일을 하자. 무릎을 꿇고 대지에 키스할 방법은 무궁무진하다."

무궁무진한 방법들. 당신의 방법, 나의 방법, 그의 방법, 그녀의 방법…… 모두 진실하고 모두 성스러운 기도이다. 그러니 무엇을 기다리는가? 지금 당장 악기를 꺼내들고 당신의 음을 연주하라. 입을 오므리고 대지에 키스하라. 흙 묻은 입술, 드럼을 치느라 부은 손, 춤을 추느라 지친 발에 축복을! 결국 당신의 행복과 나의 행복이—모든 것은 서로 연결되어 있으니 세상의 행복도—그것에 달려 있나니.

대화 25

두려움 너는 사람들을 슬픔, 비탄, 고통 속으로 끌고 가면서 어떻게 그렇게 아무렇지 않게 행복을 말할 수 있지?

진리 나는 사람들이 슬픔, 비탄 고통을 이해하기 바랄 뿐이야.

두려움 그건 말장난이야. 너는 사람들을 다치게 하고 있어.

진리 "상처는 곧 축복이다."

두려움 또 인용이군.

진리 사실 하피즈가 나를 인용한 거지.

두려움 흠, 내 말도 인용할 것을 허락하지. "삶을 덜 고통스럽게 하는 것은 두려움이다."

진리 짧게 보면 그렇지.

두려움 오호, 이제야 너도 미래를 생각하는 거야? 내일은 걱정하면 안 되는 건 줄 알았는데!

진리 걱정하는 게 아니야. 사실을 말하는 거야.

두려움 결국에는 고통을 당하게 될 거라는 뜻이야?

진리 자기만의 이야기를 살아가지 못하면 결국 고통을 겪게 될 거야.

두려움 그게 뭐? 그게 그렇게 끔찍한 거야?

진리 끔찍 그 이상이지. 그건 신성모독이야.

두려움 신성모독? 과장이 너무 심하군.

진리 한 사람의 진실한 목소리가 바로 신의 목소리야. 너만의 진정한 목소리를 부인하는 것은 신을 부인하는 것이고.

두려움 지금 모두가 신이라고 말하는 거야?

진리 완벽하게 신을 섬길 때 너의 의지와 신의 의지는 하나가 돼.

두려움 헷갈리게 하지 마. 사람들에게서 뭘 원하지?

진리 모든 것.

두려움 악덕 노예주 같으니라고. 참 적게도 원하시네요!

진리 노예 주인은 노예를 구속하겠지. 나는 자유롭게 해.

두려움 무엇으로부터의 자유?

진리 너로부터의 자유.

너는 누구인가?

우리는 이미 하나이다. 하지만 하나가 아님을 상상한다.
우리가 회복해야 할 것은 원래 그 하나된 상태이다.
우리는 이미 우리가 회복해야 하는 그것이다.
—토머스 머튼

　오랫동안 의사들은 건강해질 때까지 환자의 피를 뽑을 수 있다
고 잘못 믿었다. 그런 치료를 사혈법瀉血法, bloodletting이라고 했는
데, 말 그대로 병을 예방하거나 치유하기 위해 의도적으로 피를
뽑는 것이다. 그런데 수백 년 동안 그렇게 단호하게 시행되던 치
료법이 어느 날 갑자기 사라졌다. 왜? 무엇 때문에 한때 매일 필
수적으로 행해지던 치료법이 갑자기 폐기되었을까? 무엇 때문에
"한 세대가 이전 세대의 일을 마치 좌초한 대형 선박처럼 포기했
을까?" 그 대답은 매우 간단하다. "제대로 작동하지 않는다는 것
을 발견했기" 때문이다. 사혈 치료는 원하는 결과를 이끌어내지
못했다.

　이제 하던 일을 멈추고 '분리되었다, 경쟁적이다, 공격적이다,
이기적이다, 결함을 가지고 태어났다' 같은 우리 사회를 구축하는

기본 원칙들을 한번 생각해 보자. 여기서도 우리는 똑같은 결론에 도달하게 되지 않을까? 우리 시대의 사혈이라 할 그것이 제대로 작동하지 못하고 있는 것 아닐까? 과학이 현재 발견하고 있는 것, 신비주의자들이 수천 년 동안 말해왔던 것, 즉 "모든 것이 하나이다"가 진리라면 우리가 자연을 정복하고 다른 인간들을 정복하려 애쓰며 하고 있는 일들은 사실 건강해질 때까지 피를 흘리는 것이 아니라 죽을 때까지 피를 흘리는 것이 아니겠느냐는 말이다.

이 탐험을 시작하게 했던 애초의 질문, "인생 사용 설명서가 있는가? 있다면 그것은 무엇인가?"에 이제 답할 수 있을 것 같다. 양자 얽힘 현상, 모든 것을 연결시키는 에너지장, 긍정의 말로 강해지는 인간 심리, 자연계에 지배적인 협동의 질서 같은 최근 과학적 발견들을 볼 때 증거는 충분하다. 삶의 가장 심오한 진리로서 '하나임oneness' 혹은 '합일unity'을 이야기하는 모든 성인 성자의 말씀들이 증명되고 있다. 그런 도덕적 지도자들을 더 이상 이상주의자로 치부할 수는 없다. 과학과 영성이 하나임을 말하고 있는 이때 우리는 새로운 사실을 이해하게 된다. 우리의 도덕적 지도자들은 이상주의자가 아니라 현실주의자였다는 사실 말이다.

아인슈타인은 "인류 역사상 가장 위대한 도덕 교사들은, 어떤 면에서, 삶의 기술을 통달한 예술적 천재들이었다"라고 말했다. 20세기를 이끌었던 그 과학자는 무엇 때문에 그렇게 말했을까? 그 천재들은 무엇을 알았던 걸까? 원주민, 기독교도, 유대교도, 불교도, 힌두교도, 수피교도 할 것 없이 모든 신비주의 전통은 하나의 간단한 원칙을 일관되게 가르친다. 그것은 다름 아니라 '사랑'

이다. 단순한 감정으로서의 사랑이 아니라 '실질적인 것'으로서의 사랑이다. 모든 것이 작동하는 법을 조사할 때 우리는 그 중심에서 사랑을 발견하지 않는가? 인간의 세포 구조를 재생시키는 연민의 뿌리가 사랑이다. 우리 삶에 의미와 목적을 주는 공동체의 기반이 사랑이다. 우리 인류를 번영하게 할 협력의 기본이 사랑이다. 사랑은 데스몬드 투투가 말했던 신에게서 받은 '상자'의 설명서이다. '인생 사용 설명서'는 그 안의 내용을 고려할 때 '인생 협력 설명서'라고 부르는 것이 더 나을지도 모르겠다. 모든 것이 작동하는 방식은 오직 사랑뿐이다.

에머슨은 인류 역사상 "사랑을 국가의 기본으로 삼은 적이 한 번도 없었다"고 말했다. 사실이다. 우리는 한 번도 사랑을 사회가 따라야 할 지침으로 삼아본 적이 없다. 그러니 깨진 경제, 엉망이 된 교육 제도, 불행이라는 고통스러운 결과가 뭐가 이상할까? 우주의 보상은 정밀하고 엄격하다. 미움을 드러내면 미움이 부메랑이 되어 돌아온다. 분노 속에서 살면 오래 살지 못한다. 이웃의 것을 훔치면 바로 내 것을 훔치는 것이 된다. 모든 것이 작동하는 법 밖에서 계속 행동하는 한 우리는 세상에 광기만 끊임없이 더할 것이다. 일요일에는 이웃을 사랑하다가 월요일에는 이웃을 박살내는 그런 종류의 광기 말이다.

'먹고 기도하고 사랑하는eat, pray, love'(엘리자베스 길버트의 자전적 여행기 형식의 책 제목으로, 동명의 영화로도 만들어졌다─옮긴이) 세상이 아니라, '먹고 기도하고 밀어내는eat, pray, shove' 세상이다. 그런 행동은 죄지만 종교적인 법의 위반을 말하는 전통적인 의미의 죄는 아니다. 휘틀리 스트리버Whitley Strieber(20여 권이 넘는 소설과 논픽션을 쓴 베스트셀러 작가—옮긴이)가 어느 낯선, 지혜로운 이를 마주친 적이 있는데 그가 죄를 이렇게 정의했다고 한다. "죄는 옳은 것의 번영을 부인하는 것이다." 맞다. 이것이 우리 시대의 죄이다. 분노, 탐욕, 시기심, 자만심 속에 살며 다른 존재, 우리 자신, 모든 생명체가 번영할 권리를 부인하는 것 말이다. 그렇게 우리는 인생 사용 설명서에 쓰인 중요한 메시지를 외면하고 제멋대로 행동한다. 경쟁을 부추기고, 승자에게 과도한 보상을 내리고, 필요한 것보다 훨씬 많이 갖고, 삶의 기본인 연결을 부인하며, 스스로를 다른 사람과 자연으로부터 분리된 존재로 보는 것은 말하자면 죽을 때까지 계속 피를 뽑아대는 행위이다. 이제는 다른 이야기, 새로운 이야기를 할 때가 아닐까? '연결과 협력의 이야기' '사랑이 모든 것이 작동하는 방식이라는 이야기' 말이다.

우리는 한 바퀴를 돌아서 처음에 제기했던 본질적인 질문으로 돌아왔다. "당신은 누구인가?" 과학적으로 말해도 당신은 기적이요 황홀 그 자체이다. 당신은 140억 년 전 우주를 창조했던 바로 그 에너지와 물질을 포함하고 있다. 당신은 한때 그 에너지였다. 모든 생명체가 시작된 빛의 지극히 작은 점 속에 있던 그 에너지였다. 당신 주변의 것들, 당신이 보고 만지고 맛볼 수 있는 모든 것이 그 물질, 그 동일한 우주적 에너지에서 나왔다. 반짝이는 물, 쭉 뻗은 나무, 나는 새, 자라는 풀…… 다 그 에너지에서 나왔다. 모든 시대의 성자와 성인은 그것을 이렇게 표현했다. "너희는 모든 창조물의 형제자매이다." 당신 자신과 '모든 것이 작동하는 방식'도 하나에서 나왔고 같은 것이다. 그러므로 당신이 곧 사랑이다.

바닷가 오두막에 살던 한 남자에 대한 유명한 이야기가 있다. 매일 아침 남자는 낚시를 하러 나가 그날 먹을 만큼만 잡아왔다. 그 후에는 아들과 놀고 낮잠을 즐기고 가족과 점심을 먹으며 시간을 보냈다. 저녁이 되면 남자와 아내는 동네 술집에서 친구들을 만나 이야기도 나누고 음악도 연주하고 밤새도록 춤도 추었다.

그러던 어느 날 한 여행자가 고기 몇 마리 잡고 낚시를 끝내버리는 남자의 모습을 지켜보다가 물었다. "왜 물고기를 서너 마리밖에 안 잡는 거요?" 남자가 대답했다. "이거면 오늘 우리 가족 먹을 양으로 충분해요." 학교에서 경영학을 공부한 여행자는 도저히 충고를 하지 않을 수 없었다. "여보시오, 물고기를 몇 마리 더 잡아서 시장에 내다팔면 여윳돈을 조금 만질 수 있을 거요." 남자는 물었다. "왜 그래야 하죠?" "그 여윳돈을 모아 배를 살 수 있잖소. 그럼 더 많은 물고기를 잡을 수 있고요. 그럼 또 더 많은 돈을 벌 테고. 그 돈을 모으면 배를 여러 척 살 수도 있어요!" "왜 그렇게 많은 배가 필요하나요?" 남자는 궁금했다. "모르시겠소? 배가 많으면 더 많은 생선을 팔 수 있고, 돈이 더 많아지면 뉴욕으로 이사 가서 국제적으로 사업을 확장해 전 세계에 생선을 팔 수도 있잖소!" 남자는 물었다. "그러려면 얼마나 걸리겠소?" "10년 아니면 20년쯤 걸릴 테죠." 사업가가 대답했다. "그 다음에는요?" 남자가 물었다. "그 다음에는 회사를 수백만 달러에 팔고 은퇴한 다음 바닷가에 오두막을 짓고 사는 거죠. 그리고 매일 낚시나 하고 오후에는 낮잠도 자고 가족들과 점심도 먹고 저녁에는 친구들을 만나 음악도 연주하고 춤도 추는 거죠!"

　이 사업가처럼 일생 동안 바로 눈앞에 있는 것만 맹목적으로 좇는 사람이 우리 가운데도 얼마나 많을까? 대체 어떻게 해야 좇고 있는 대상과 좇는 자가 똑같은 한 사람이라는 것을 깨달을 수 있을까? 루미는 이렇게 말했다. "광기의 가장자리에서 살아왔다. 이유를 알고 싶어 문을 두드렸다. 문이 열려서 보니 안에서 두드리고 있었다!"

"너에게 보여주고 싶다,

네가 외롭거나 어둠 속에 있을 때,

원래 네 안에 있던

그 놀라운 빛을."

　이 아름다운 네 줄의 시로 하피즈는 우리의 질문 "나는 누구인가?"에 대답한다. "네 존재의 빛은 놀랍다!" 토머스 머튼은 이렇게 말하며 하피즈에 화답했다. "슬픔과 우둔함이라는 인간의 조건이 나를 뒤덮는 것처럼, 이제 우리가 모두 무엇인지에 대한 깨달음이 나를 뒤덮는다. 모두 이것을 깨달을 수만 있다면! 하지만 설명할 수 없다. 사람들에게 당신들 모두 걸어다니는 빛나는 태양이라고 말할 길이 없다."

　머튼은 여기서 한 단계 더 나아간다. "마침내 나는 원래의 나로 되돌아가는 것이 내 최고의 야망이라는 결론에 다가가고 있다."

　잠깐! 사회적 지위, 돈, 성공, 권력은 다 어쩌고? 머튼은 그 모든 것들을 꿰뚫어봤고 우리도 그렇게 하기를 바란다. 상상이나 할 수 있겠는가? 아이들에게 '누군가'가 될 필요가 없다고, 이미 그 '누군가'가 되어 있다고 말해주는 것을 말이다. 그런 멋진 가르침이라면 기꺼이 받아 안고 구현하고 심지어 가르칠 수도 있다.

당신은 우리가 자신에게 하는 말들, 성공하고 대단한 사람이 되라는 명령이 그저 다른 사람들과 사회의 기대에서 나온 하나의 이야기일 뿐임을 볼 것이다.—정말 이것은 보고 못 보고의 문제이다!—그 이야기는 일시적이고 유한하다. 그것이 진짜 당신은 아니다. 수피 신비주의자 메라Meera는 다음과 같이 꿰뚫어봤다. "시간 속에서 네 역할을 다하려면 영원 속의 네가 누군지 알아야 한다." 영원 속의 당신은 곧 신이다. 당신은 신이 변장한 무수한 모습 중 하나이다. 당신은 대양 속 물방울 하나가 아니다. 당신은 그 물방울 속의 대양이다. 그러니 거울을 보기 바란다. 거울 속에서 당신을 바라보는 존재가 세상의 문제에 대한 대답이고 해결책이다. 아무것도 만들어낼 필요도 없고 위대한 지도자를 기다릴 필요도 없다. 당신이 그것들이다.

사랑으로 한 발자국씩 걸을 때마다 치유가 이루어질 것이다. 한 번씩 친절을 베풀 때마다 그 결과가 물결을 이루며 밖으로 번져나갈 것이다. 보잘것없는 행위는 없다. 무의미한 제스처도 없다. 우리는 힘이 없지 않다. 진실로 말하자면 힘이 무한하다. 무슨 힘인가? 사랑할 힘이다. 그것은 우리가 태어날 때부터 갖고 있던 힘이다. 사랑이 당신이고 당신이 사랑이다. 그것은 늘 그래왔다. 사랑이 모든 것이 작동하는 방식이다. 아는 자가 곧 앎임을 당신이 이해하기를, 가슴의 비밀을 알고 드러낼 수 있기 바란다. 모든 것이 연결되어 있고, 모두가 하나이며, 모두가 변장한 신이라는 비밀 말이다. 그런 끝을 위하여……

대화 26

두려움 그게 다야? 놀랍도록 단순한 책이군.

진리 말했듯이 이 책에 새로운 것은 없어.

두려움 일말의 양심의 가책도 없는 거야? 무책임하기까지 한 것 같은데?

진리 무책임? 왜?

두려움 사람들에게 잘못된 희망을 주고 있잖아.

진리 나는 잘못된 희망을 주고 싶진 않아. 아니 희망 자체도 주고 싶지 않아.

두려움 희망을 주고 싶지 않다고? 이 책은 처음부터 끝까지 희망을 말하고 있어.

진리 희망은 뭔가가 어떻게 되었으면 좋겠다는 욕망이야. 특정한 결과가 일어나기를 바라는 거지. 진리에 결과 따위는 필요 없어. 그러니까 희망이 필요 없는 거지. 진리는 이미 있는 것에 대한 지식이야.

두려움 이제 희망하는 것조차 잘못인 거야? 사람들이 더 나은 내일을 희망하기를 바라지 않는다고?

진리 나는 사람들에게 오늘의 진리를 제대로 알고 온전히 그 진리에 따라 살 때 더 나은 미래가 온다는 것을 알려주려는 거야.

두려움 하지만 민주당원들은 공화당원들이 정신 차리기 바라고 그 반대도 마찬가지야. 그게 왜 잘못이지?

진리 잘못은 아니야. 비효율적일 뿐이지. 진실한 삶을 살아가는 모습을 겸손하게 보여줘. 너의 진실을 사람들과 나눠. 그럼 '정신을 차릴' 사람은 정신을 차리게 되어 있어.

두려움 이해할 수 없어. 너는 실질적인 충고는 하나도 하지 않고 있어. 독자들이 뭘 어떻게 해야 하는 거지?

진리 이 책은 무엇을 해야 하느냐에 관한 책이 아니라 우리가 누구이냐에 대한 책이야. 내가 누구인지를 알 때 무엇을 해야 할지 알게 되지.

두려움 너는 마지막에 와서 꽁무니를 빼고 있어.

진리 그렇다면 예수도 그랬겠군. 예수도 여섯 단계 프로그램이나 열 단계 건강 습관 따위를 제공하지는 않았어. 그는 사랑을 가르쳤어. 그리고 사랑을 실천했지. 그 자신이 바로 사랑이었어. 그 사랑이 각 개인들의 삶에서 구현되는 방식은 그들 개인에게 달려 있어.

두려움 사람들은 뭔가 실용적인 것을 원해! 너는 실용적인 것은 아무것도 제공할 수 없는 거야?

진리 사람들은 무엇을 해야 하는지 다 알고 있어. 문제는 그것을 못하게 하는 것이 무엇이냐지.

두려움 너는 그것이 바로 나라고 하겠군.

진리 두려움, 너는 모든 것을 적으로 보지. 그렇지 않아. 타자는 곧

너의 적이라는 생각을 버려. 고통이나 괴로움이 적이라는 생각
도 버려. 최소한 내가 적이라는 생각은 꼭 버려줘.

두려움 네가 나의 적이 아니라고? 하! 네가 나를 어떻게 생각하는
지 다 알아!

진리 너에 대해서 많은 감정을 갖고 있지만 대부분은 감사하는 마
음이야.

두려움 나에게 감사한다고? 대체 언제부터?

진리 두려움, 너는 일종의 교사야. 네가 나타날 때는 거기에 뭔가
썩은 게 있다는 뜻이지. 바로잡아야 할 잘못이 말이야.

두려움 그건 좋은 말이 아니라 비난이잖아!

진리 네가 없다면 어느 방향으로 가야 할지 알 수 없다는데 뭐가
비난이야? 그 모든 세월 너는 나에게 하지 말아야 하는 것을 말
하는 것으로 정확하게 내가 무엇을 해야 하는지를 말해줬어. 그
러니까, 맞아, 두려움, 너에게조차 나는 감사해.

　(긴 침묵)

두려움 네가 그러는 거 싫어.

진리 내가 뭘 어쨌는데?

두려움 인정해 주는 거. 그러면 나는…… 약해져.

　(또다시 긴 침묵)

두려움 그만 쳐다봐. 그럼 내가 어떻게 되는지 알잖아.

　(진리는 계속 두려움을 직시한다. 그러자 두려움이 거의 들릴
듯 말 듯한 목소리로 말한다.)

두려움 더 이상 대화하고 싶지 않아.

진리 이해해.

두려움 나는 완전히 사라지지 않아, 알고 있지? 다시 올 거야. 다시 일이 계획대로 되지 않을 때, 아니면 실망이 찾아올 때.

진리 기다리고 있을게. 네가 없으면 뭘 하지 말아야 하는지 어떻게 알겠어?

에필로그

마음, 그 알아차림의 세계는 별이 총총한 우주라서
거기서 너를 빼내기만 하면 천 개의 새 길이 밝아온다.
—루미

한 걸음, 그리고 또 한 걸음 내딛는 것이 인류를 구한다.
—생텍쥐페리

여기까지 읽었다면 당신이 갖고 있던 세계관이 산산조각까지는
아니라도, 최소한 흔들리기는 했기를 바란다. 최소한 나의 경우가
어땠는지는 말할 수 있겠다. 약 10년 전, '신'이었던 모건 프리먼
이 추천한 책 《이스마엘》을 읽은 뒤 나는 맹공격을 당한 내 기존
의 패러다임들을 부여잡고 모건에게 달려가 초조한 기분으로 이
런 질문을 던졌다. "좋아요, 모건, 알았어요. 내 세계관이 이제 안
팎으로 다 무너졌어요. 이제 대체 어떻게 해야 하죠? 우리 중에 뭔
가 할 수 있는 사람이 있기나 한가요?"

나는 그의 대답을 결코 잊지 못할 것이다. 내가 아는 가장 강하
고 가장 현명한 그 남자는 나를 똑바로 쳐다보며 말했다. "나도 모
르겠네." "뭐라고요?!" 나는 고함을 지르다시피 했다. "이렇게 나

를 내버려둘 수는 없어요. 내가 어떻게 해야 하는지 말해주세요. 제발요. 뭐라도요!" 하지만 그는 말해주지 않았다. 그는 그냥 떠나버렸다. 내가 혼자 잘못된 세상으로 걸어 들어가게—그것도 비틀비틀—남겨둔 채 말이다. 나는 세상으로 들어가 그 세상에서 내가 설 자리를 다시 찾아야 했다.

이 책의 의도는 결코 당신의 기분을 상하게 하려는 것이 아니라 당신이 진실을 느낄 수 있도록 도우려는 것이다. 여기에는 엄청난 차이가 있다. 그런 일은 절대 없을 테지만, 만약에 내일 당신이 피부암에 걸렸다는 사실을 알게 된다면 당신은 자신을 심판대에 올리겠는가? 그러지 않기를 바란다. 당신은 아마도 그 즉시 암을 제거하는 과정에 착수할 것이다. 자기 비판은 아무 소용이 없다. 자기 비판을 하든 안 하든 피부암은 거기에 있을 것이다. 암적인 이데올로기에 감염된 세상 안에서 살고 있는 우리 자신에 대해서도 그렇게 보았으면 한다. 그런 사실을 심판한다고 해서 좋을 것은 아무것도 없다. 그저 그런 사실을 보고 그 암을 인식해서 치유의 과정을 시작하면 된다. 그래서 그 암을 키우는 당신의 행동들을 가능한 한 최선을 다해 조금씩, 한 걸음 한 걸음씩 제거해 나아가면 된다.

좋은 소식도 있다. 나는 모건이 아무런 방향 제시도 해주지 않고 아무런 대답도 해주지 않은 것에 죽을 때까지 감사할 것이다. 왜? 그 덕분에 지난 10년 동안 내가 걸어온 길이 그의 길이 아니라 나의 길이 되었기 때문이다. 당신도 지금부터 당신만의 길을 걷기 시작할 것이다. 우리는 자신을 사랑해야만 세상을 사랑할 수 있다.

그러니 당신의 발걸음이 느리다고 조급해하지 말기 바란다. 나도 현재 내가 서 있는 곳으로 오기까지 10년에서 15년이 걸렸다. 그리고 나는 지금도 바로 그 과정 속에 있다. 현대의 성자라 불리는 피스 필그림Peace Pilgrim도 비슷한 시간들을 겪었다 그녀도 "아는 것에서 행하는 것으로 옮겨가는 데 15년이 걸렸다"고 했다. 심판하지 말고 스스로에게 시간을 주기 바란다. '~해야 한다'고 자신을 채찍질하기보다 스스로를 더 많이 '보기' 바란다. 그리고 두려움과 다른 사람의 기대로부터 좀 더 자유롭게 되기 바란다.

이런 약속은 할 수 있다. 아무리 작은 변화일지라도 무한한 힘을 발휘할 거라는. 대화 한 마디, 용기 있는 질문 하나, 친절한 행동 하나…… 그것들 하나하나가 도미노 효과를 일으킬 것이다. 도미노 하나가 다른 도미노에 떨어지고, 이곳에 있는 나비의 날갯짓이 저기에서 불꽃을 일으킬 것이다. 진정한 믿음이란, 가슴이 시키는 일을 따르는 것이 내가 의식하지 못하는 땅에 씨앗을 심는 일임을 아는 것이다. 그 씨앗이 꽃을 피우는 모습을 당신이 보지 못할 수도 있지만, 그것들이 당신이 알지 못하는 그 누군가의 영혼에 꽃을 피우고 열매를 맺을 것임을 믿기 바란다.

신비주의 예언자인 노르위치의 줄리안은 신성神性을 일견한 사람 특유의 확실성으로 우리에게 분명히 말한다. 그러므로 질문할 때, 변화를 도모할 때, 당신만의 '전환'이 혼란에 빠질 때, 다음과 같은 그의 통찰을 기억하기 바란다.

"다 잘될 거야. 다 잘될 거야. 모두 다 잘될 거야."

한 편의 재미있고도 심오한 영화 같은
'인생 사용 설명서'

저자가 할리우드에서 유명한 코미디 영화감독이라서일까? 영화에서처럼 이 책에도 선한 역을 하는 이가 나오고 악역을 맡은 이가 등장한다. 바로 '진리'와 '두려움'이 그들이다. 진리와 두려움의 대화라니…… 지나치게 교훈적이지 않을까, 처음에는 조금 걱정이 앞섰다. 하지만 교훈적이기는커녕 재미있기만 했고, 특히 악역인 '두려움'에게서 내 모습을 그대로 보는 것 같아 가면 갈수록 그들의 대화에 귀를 쫑긋 세우게 되었다.

그러다가 "우리 자신조차 소유하지 않은 자유로운 우리가 신, 살아있는 세상, 우리 모두가 다 함께 갖고 있는 것을 도둑질해 소유하고 있다"는 구절을 만났다. 순간 무언가가 내 머리를 꽝 내리치는 듯한 느낌을 받았다. '그래! 자유란 바로 그런 거야! 아무것도 소유하지 않는 것!' 나는 그동안 인간이란 자기 육체조차 어쩌지 못하는 나약한 존재이고, 그래서 자유롭지 못하다는 생각에 젖어 있었다. 그런데 내 자신조차 내 소유가 아니라는 것이다! 결국 내 몸을 내 소유라고 여기는 한 나는 그것으로부터 자유로울 수가 없었던 것이다. 육체를 위해 통장 잔고를, 건강을, 미래를 걱정하는 것은 물론이고, 나아가 '우리 모두가 함께 갖고 있는 것'을 하나라도 더 나를 위해 쓰거나 쌓아두려고 조바심을 내지 않을 수 없었으니, 그것이 바로 두려움이 하는 일이었다. 나는 '진리'와 '두려움' 사이에서 많은 시간 두려움 쪽에 서 있었던 것이다.

이 책은 바로 그 두려움이 하는 일, 소유와 수익과 내 것만을 추구하고 추앙하는 우리의 사고방식에 정면으로 도전한다. 저자 톰 새디악은 영화 한 편에 수십억 원을 벌어들일 정도로 성공한 할리우드 영화감독이었다. 하지만 똑같이 일하는 다른 사람들이 그 달 그 달 생활비를 걱정하는 데 반해 자신은 파격적인 급여를 받아가는 구조에 불편함을 느끼고 고뇌하고 고심하기 시작한다. 결국 그는 공동체의 모든 구성원들이 하나로 연결되어 있으며, 따라서 전체가 함께 행복할 때 자신도 행복해진다는, 머리로는 이미 알고 있던 '진리'를 가슴으로 따르기로 선택한다. 그는 대저택과 전용비행기를 포기하고 그 대신 이동식 주택과 자전거로 삶의 방식을 전환한다. 성장과 이익만 추구함으로써 결국 공멸의 운명에 처하게 될 오늘날의 지배적인 삶의 방식이 아니라 자연과 원주민이 보여주는 지속 가능한 삶의 방식, 필요한 것만 취하고 나머지는 다른 존재와 공동체에 돌려주는 소박한 삶의 방식을 온몸으로 받아들인 것이다.

이 책은 이처럼 저자 자신의 경험을 바탕으로, 지금 우리 자신과 사회가 어떻게 해서 지금처럼 망가졌고, 그것을 치유할 방법이 무엇인지를 간결하고 재미있게 들려준다. 특히 각 글 뒤에 붙은 진리와 두려움(진리와 두려움은 우리 마음의 양면이다)의 대화는 우리 자신과 사회를 병들게 한 원인이 무엇이고 그것을 치유할 방법이 어디에 있는지를 마치 영화 속 장면을 보듯이 극적으로 바라볼 수 있게 해준다.

이런 이야기가 개인의 경험 차원에서 끝났다면 독자들은 그건 그냥 당신의 이야기일 뿐이라고 치부할지도 모른다. 수많은 히트작을 낸 영화감독답게 톰 새디악은 자신의 극적인 변화 경험을 토대로 현대 과학과 상식에 세뇌된 이른바 '논리적인' 독자들도 수긍하지 않을 수 없을 정도의 풍부한 객관적 지식들을 풀어낸다. 한두 장章만 읽어보아도 곧 알 수 있듯이, 이 책은 오늘날의 병들고 망가진 사회의 치유와 안녕을 위해 우리가 던져야 할 질문이 무엇이고 어떻게 그 답을 풀어갈 것인지를 풍부한 사회학·인류학 지식으로 설명하는가 하면, 지구상의 모든 생명체가 하나임을 역설하기 위해 양자 역학·동조 현상 연구 같은 대체 과학을 이해하기 쉽게 들려주기도 한다. 또 성공과 결과만 강조하고 경쟁과 소외를 부추기는 우리 문화의 윤리도덕과 교육의 문제를 이익과 성장만을 추구하는 현재의 경제 시스템과 관련시켜 근본적으로 되짚는다.

그리고 이 모든 지식, 아니 삶의 범주들을 넘나들며 '진짜 삶'이 어떤 것인지를 깨달아가는 한 남자의 매우 개인적인 이야기가 마치 한 편의 다큐멘터리처럼 펼쳐진다. 하나는 전체로 통하게 마련,

저자의 개인적인 이야기는 결코 그만의 이야기가 아니다. 그의 이야기는 바로 우리의 이야기이다. 우리 안의 두려움과 우리 안의 진리가 나누는 이야기, 머리로는 어쩌면 알고 있지만 아직 가슴이 듣지는 못하는 이야기 말이다. 이 책이 재미있지만, 결코 코미디 영화 정도로 끝나지 않는 이유가 이것이다. 바로 내 이야기를 하고 있는 것이다!

톰 새디악, 이 코미디 영화의 거장은 '진짜 인생'에 다가가지 못하도록 가로막는 복잡한 미로들이 어떻게 거미줄처럼 서로 얽혀 있는지 실감나게 보여주지만, 알고 나면 얼마나 가까운 곳에 거기에 이르는 대로大路가 있었는지도 감추지 않고 보여준다. 이 책의 원제 '인생 사용 설명서Life's Operating Manual'라는 말이 시사하듯이 인생을 제대로 살기 위해 우리가 제기해야 할 두 가지 질문, 즉 "나는 누구인가?"와 "세상의 모든 것이 돌아가게 하는 원칙은 무엇인가?"에 대한 대답이 바로 그 '대로'이다.

우리는 원래의 자신으로 살아가지 못하고 있고, 그래서 그런 우리의 반영인 세상 또한 망가질 수밖에 없었다. 저자는 인류의 도덕성이 기술 발달과 인구 증가의 속도를 따라가지 못해 이 시대의 위기가 왔다고 하면서, 내면으로부터의 조용한 도덕성의 혁명이 절실함을 역설한다. 저자는 스스로 영적인 사람이라 자처했으면서도 다른 이들보다 많은 돈을 벌고 누림으로써 빈부 격차를 당연시하는 이 시대의 부조리를 강화해 왔다고 고백한다. 그는 자신의 그런 행위가 이 사회가 우리에게 세뇌시킨 거짓 자아의 이미지 때문이었음을 알아차리고 경악한다.

우리 사회는 좋은 대학을 가고 성공을 하고 돈을 많이 벌고 좋은 차와 집을 소유하는 것이 좋은 것이라고 가르친다. 그리고 인간이란 원래 원죄를 지니고 태어난 불량품이며 자연은 물론 다른 인간들과도 분리된 존재라고 가르친다. 양자 역학과 동조 현상 연구 같은 새로운 과학에서 모든 생명체가 서로 연결되어 있음을 속속 발견했음에도 불구하고 말이다.

리프킨, 사투리스 같은 학자는 물론 오늘날 우리가 많이 오해하고 있는 다윈조차도 인간이 본래 선한 존재라고 말한다. 인간을 제외한 자연의 모든 생명체들은 본능적으로 한계를 자각하고 필요한 것만 취한다. 그것을 저자는 한계의 법칙이라고 하는데, 그 법칙을 어긴 종들은 모두 자멸의 길을 걸었다. 하지만 우리 시대의 인류는 그 한계의 법칙을 무시하고 한정된 자원을 독점적으로 소비하는 것은 물론 자연을 마구잡이로 훼손하며 오로지 성장만을 외친다. 아이들에게는 협력이 아닌 경쟁을 통해 성공한 사람만이 이상적인 사람이라고 가르친다. 그런 학교 교육은 교육이 아니라 '이상의 표준화'를 통해, 아이들이 저마다 갖고 있는 재능을 죽이는 폭력이다. 그런 교육을 받고 자란 우리는 협력, 교감, 소통, 통합 같은, 원래 인간이 천성적으로 가치 있게 생각하는 것들을 잃어버리고 오로지 "돈만 보여달라"고 소리친다.

이 책에는 거장 감독답게 반전도 있다. 물론 희망을 부르는 반전이다. 지구상의 긴 생명의 역사를 볼 때 인류의 역사는 아직 젊다. 인류는 여전히 청년기를 보내고 있으며, 이제 막 소통과 통합과 사랑의 길로 고개를 돌리기 시작했다. 결국 톰 새디악이 자신의 개인적 역사는 물론 수많은 지식의 영역을 넘나들며 깨달은 사실은 우리가 모두 한 가족이고 형제이며 나아가 하나라는 것, 우리가 곧 사랑이고 세상을 돌아가게 하는 원칙 또한 사랑이라는 것, 따라서 그런 나와 세상도 하나라는 것이다. 그리고 우리는 나와 세상이 하나인 곳으로 향해 가고 있다는 것이다.

번역하는 동안 나는 한 편의 심오한 영화를 긴 시간에 걸쳐 본 것 같았다. 이제 나는 진리와 두려움 중에 조금 더 진리 쪽에 가까이 서게 되었을까? 확신은 못하겠다. 톰 새디악의 '두려움'이 '진리'에게 "나는 완전히 사라지지 않아, 알고 있지? 다시 올 거야. 다시 일이 계획대로 되지 않을 때, 아니면 실망이 찾아올 때"라고 하면서 자신이 언제든 또 나타날 거라고 경고했던 것처럼, 내가 조금씩 진리 쪽으로 나아가려고 할 때마다 나의 두려움도 고개를 쳐들 것이다. 하지만 이 두려움이라는 것이 사실은 우리가 감사해야 할 우리의 일부이며 우리가 진리 쪽으로 나아가는 데 꼭 필요한 존재라는 것은 이제 확실히 알겠다. 톰 새디악이 "네가 없다면 어느 방향으로 가야 할지 알 수 없어. 그 모든 세월 너는 나에게 하지 말아야 하는 것을 말하는 것으로 정확하게 내가 무엇을 해야 하는지를 말해줬어. 그러니까, 맞아, 두려움, 너에게조차 나는 감사해"라고 말한 것처럼.

앞으로 두려움이 고개를 쳐들 때마다 이 한 편의 영화 같은 책을 다시 펼치게 될 것 같다. 그리고 조금씩 두려움을 떨쳐낼 때마다 그만큼 행복해질 것이다. 이 책을 옮기고 내가 얼마나 더 자유로워졌는지 역시 아직은 잘 모르겠지만, 한 가지 확실한 것은 이제 다시는 예전처럼 세상을 보지는 못하게 되었다는 것이다. 많은 사람이 이 책을 읽고 자신의 진정한 모습을, 그것이 무엇이든, 좀 더 발견할 수 있으면 좋겠다. 그리고 나를 포함해 많은 사람들이 이 시대의 문화가 지어낸 말이 아니라 자연의 법칙이 하는 말에 따라 세상을 보고 포용할 수 있으면 좋겠다.

2014년 2월 28일
추미란

샨티 회원제도 안내

샨티는 사람과 사람, 사람과 자연, 사람과 신과의 관계 회복에 보탬이 되는 책을 내고자 합니다. 만드는 사람과 읽는 사람이 직접 만나고 소통하고 나누기 위해 회원제도를 두었습니다. 책의 내용이 글자에서 머무는 것이 아니라 우리의 삶으로 젖어들 수 있도록 함께 고민하고 실험하고자 합니다. 여러분들이 나누어주시는 선한 에너지를 바탕으로 몸과 마음과 영혼에 밥이 되는 책을 만들고, 즐거움과 행복, 치유와 성장을 돕는 자리를 만들어 더 많은 사람들과 고루 나누겠습니다.

샨티의 회원이 되시면

샨티 회원에는 잎새·줄기·뿌리(개인/기업)회원이 있습니다. 잎새회원은 회비 10만 원으로 샨티의 책 10권을, 줄기회원은 회비 30만 원으로 33권을, 뿌리회원은 개인 100만 원, 기업/단체는 200만 원으로 100권을 받으실 수 있습니다. 그 외에도,

- 추가로 샨티의 책을 구입할 경우 20~30%의 할인 혜택을 드립니다.
- 신간 안내 및 각종 행사와 유익한 정보를 담은 〈샨티 소식〉을 보내드립니다.
- 샨티가 주최하거나 후원·협찬하는 행사에 초대하고 할인 혜택도 드립니다.
- 뿌리회원의 경우, 샨티의 모든 책에 개인 이름 또는 회사 로고가 들어갑니다.
- 모든 회원은 샨티의 친구 회사에서 프로그램 및 물건을 이용 또는 구입하실 때 할인 혜택을 받을 수 있습니다.
- 샨티의 책들 및 회원제도, 친구 회사에 대한 자세한 사항은 샨티 블로그 http://blog.naver.com/shantibooks를 참조하십시오.

샨티의 뿌리회원이 되어
'몸과 마음과 영혼의 평화를 위한 책'을 만들고 나누는 데
함께해 주신 분들께 깊이 감사드립니다.

뿌리회원(개인)

이슬, 이원태, 최은숙, 노을이, 김인식, 은비, 여랑, 윤석희, 하성주, 김명중, 산나무, 일부, 박은미, 정진용, 최미희, 최종규, 박태웅, 송숙희, 황안나, 최경실, 유재원, 홍윤경, 서화범, 이주영, 오수익, 문경보, 최종진, 여희숙, 조성환, 김영란, 풀꽃, 백수영, 황지숙, 박재신, 염진섭, 이현주, 이재길, 이춘복, 장완, 한명숙, 이세훈, 이종기, 현재연, 문소영, 유귀자, 윤홍용, 김종휘, 이성모, 보리, 문수경, 전장호, 이진, 최애영, 김진회, 백예인, 이강선, 박진규, 이욱현, 최훈동, 이상운, 이산옥, 김진선, 심재한, 안필현, 육성철, 신용우, 곽지희, 전수영, 기숙희, 김명철, 장미경, 정정희, 변승식, 주중식, 이삼기, 홍성관, 이동현, 김혜영, 김진이, 추경희, 물다운, 서곤, 강서진, 이조완, 조영희, 이다겸, 이미경, 김우, 조금자, 김승한, 주승동, 김옥남

뿌리회원(단체/기업)

주/김정문알로에 · KIM JEONG MOON ALOE CO. LTD.

한경재단

design Vita

사단법인 한국가족상담협회·한국가족상담센터

생각과느낌 소아청소년 성인 몸 마음 클리닉

PN풍년

경일신경과 | 내과의원

회원이 아니더라도 이메일(shantibooks@naver.com)로 이름과 전화번호, 주소를 보내주시면 독자회원으로 등록되어 신간과 각종 행사 안내를 이메일로 받아보실 수 있습니다.

전화 : 02-3143-6360 팩스 : 02-338-6360
이메일 : shantibooks@naver.com